3rd Edition

한 손에 잡히는

증권시장

변종국 저

Stock Market

명경사
MYUNGKYUNGSA

머 | 리 | 말

중 · 고등학교의 교과과정에서 금융과 관련된 기초지식을 배울 수 있는 기회를 거의 갖지 못하고 대학에 진학하는 학생들이 대다수이다. 신문이나 인터넷 기사를 검색하여 읽어도 금융, 경제와 관련된 용어가 나오면 이해하기 힘들어 외면하기 때문에 AI로 관심뉴스를 제공하는 인터넷 추천뉴스에서 금융, 경제뉴스가 빠지는 경우가 많아 현실 경제에 대한 관심과 이해하려는 노력이 점점 사라지게 된다.

우리 현실에서 매일 접하는 금융분야를 어떤 책으로 또 어떤 과목을 수강하면 경제뉴스를 큰 어려움 없이 이해할 수 있을까? 이런 의문에 부응하기 위하여 상당한 시간을 들여 준비하여 교과목을 만든 것이 '증권투자의 이해'라는 과목이었고, 마땅한 교재가 없어 고민을 하다 직접 집필하여 초판을 2003년에 발행하였는데 벌써 18년이나 되었다.

방대한 금융 지식을 특정 교과목과 한권의 책으로 전달하기에는 불가능하지만, 신문이나 방송에서 나오는 경제 뉴스와 기사를 이해하면 금융에 관심이 생기게 되고, 이렇게 유발된 흥미는 점점 깊이를 더해가게 됨으로써 현실 경제를 심층적으로 이해하고 적용할 수 있게 된다. 따라서 본 교재는 대학생이 최소한의 교양으로 알아야 할 금융지식을 증권을 통하여 알 수 있도록 체계를 갖추고 있다. 잘못 생각하면 투기를 조장하는 주식투자로 돈 버는 법을 대학에서 가르친다고 비난을 하는 분이 있을지 모르겠지만(실제로 강의 개설 초기에 많은 학생들이 교양과목으로 증권투자 강의를 선택하여 인문학 분야의 특정과목에 수강생의 수가 줄어들어 인문학 분야의 교수들이 대학을 투전판으로 만드느냐고 저자에게 전화를 하셨던 분이 많았다), '증권투자의 이해'는 우리 현실 경제와 관련된 금융제도와 상품, 복잡한 거래구조, 위험 분석과 관리

등을 이해하는 것을 목적으로 하고 있지, 돈 버는 법을 가르치는 교과목이 아니다.

금융환경은 나날이 복잡해지고 변화가 무쌍하여 관련 법령과 제도도 계속 바뀌고 있다. 특히 전통적으로 금융이라면 은행, 증권, 보험을 중심으로 하는 금융회사에서 요즈음에는 비금융회사인 SNS 전문 기업이 금융의 플랫폼(Platform) 역할을 하며 금융분야로 들어왔다. 이것은 정보통신 기술의 발달로 인한 것이지만 향후 어디까지 혁신이 계속될지는 가늠하기가 어렵다. 그러나 이러한 복잡한 금융기법과 상품도 그 구조를 분석하면 쉽게 이해 가능하므로 시장 및 거래의 구조를 면밀히 파악할 필요가 있으며, 본 교재는 이러한 필요를 충족하기 위해 체계적으로 집필되어 있어 대학생이 필수적으로 알아야 할 필수교양을 제공하고 있다.

본서는 총 12장으로 구성되어 있다. 15~16주의 교육과정에 맞추어져 있어 한 학기에 본서 전체를 완전히 마칠 수 있도록 구성하였다. 강의실에서 배운 이론을 실전에 적용하고 응용하는 능력은 경영분석으로 이어지므로 이런 감각을 익힐 수 있도록 증권사에서 대학생 실전투자용 앱과 모의투자를 제공하므로 본서와 함께 병행하면 시너지가 배가 될 수 있다.

본서가 나오기까지 많은 분의 도움이 있었다. 이번 교정을 위해 시간을 할애한 박사과정의 이현정, 이채윤 연구생에게 감사를 드리고 싶고, 명경사에서 교정을 세심히 봐주시고 좋은 책이 출판되도록 도와주신 분들에게도 감사를 드리고 싶다. 금융의 환경, 그에 따른 제도, 신상품 등 새로운 혁신적 변화가 생기면 본서를 다시 보완 점검하여 독자들에게 좋은 내용의 교재를 제공할 예정이다. 마지막으로 가장 큰 감사는 독자 여러분이라는 것을 명심하며 더 많은 격려를 기대한다.

영남대 경산 연구실에서

저자 변종국 드림

| 부·장 차례 |

제 I 부 금융시장과 증권

제 II 부 주식시장의 구조

제 III 부 실전투자분석

제 IV 부 파생 및 금융상품

| 차 례 |

제 I 부 금융시장과 증권

제 1 장 금융시장과 증권시장

제 2 장 유가증권의 이해

제 II 부 주식시장의 구조

제 3 장 발행시장

제Ⅲ부 실전투자분석

제 5 장 시장정보와 주가

제Ⅳ부 파생 및 금융상품

제 11 장 파생상품시장

제 12 장 금융상품

제 I 부

금융시장과 증권

제 1부 금융시장과 증권에서는 자금의 수요자와 공급자를 상호 연결시켜 주는 기능을 담당하는 금융시장은 여타 다른 시장과 다른 여러 가지의 특징이 있으며, 4차 혁명 시대에서는 금융시장의 기능을 담당하는 다양한 플레트폼(Platform)이 진입하고 있다. 이러한 금융시장에서 자금의 수요와 공급자간을 연결하는 매체가 바로 증권(Securities)이며 그 형태가 다양하고 복잡한 구조를 가지고 있다. 제 1장에서는 금융시장과 증권시장의 특징과 각각의 기능을 설명하고, 각 시장을 구성하는 금융기관의 특징과 종류를 설명하고 있다. 제 2장에서는 유가증권이 무엇이며 유가증권의 종류에 대하여 설명하고, 특히 주식 및 채권을 중심으로 각각의 특징과 성격을 명확히 이해할 수 있도록 하였다.

제 I 부
금융시장과 증권

제 1 장 금융시장과 증권시장
제 2 장 유가증권의 이해

제 II 부
주식시장의 구조

제 3 장 발행시장
제 4 장 유통시장

제 III 부
실전투자분석

제 5 장 시장정보와 주가
제 6 장 투자와 투자위험
제 7 장 분산투자와 기대수익률
제 8 장 기본적 분석
제 9 장 기술적 분석
제10장 시장이례현상

제 IV 부
파생 및 금융상품

제11장 파생상품시장
제12장 금융상품

제 1 장

금융시장과 증권시장

1. 금융시장의 의의와 종류
2. 금융기관의 형태 및 종류
3. 증권시장의 의의와 기능
4. 금융투자회사
5. 주요 증권관계기관

1 금융시장의 의의와 종류

1) 금융시장의 개념

일반적으로 금융시장(financial market)이란 자금의 수요와 공급을 서로 연결시키는 기능을 가진 것을 총괄적으로 지칭한다. 즉, 여유자금이 있는 경제 주체와 자금이 부족한 경제 주체, 즉 흑자지출단위(SSU: saving surplus unit)와 적자지출단위(SDU: saving deficit unit)간에 자금의 순환과정을 도와주는 시장을 의미하며 추상적 의미를 지니고 있다. 따라서 반드시 금융기관이나 증권시장 등을 한정적으로 의미하지 않고 자금의 순환이 발생되는 과정이나 거래를 모두 지칭하는 광범위한 개념이다.

2) 금융시장의 기능

금융시장은 흑자지출단위로부터 적자지출단위에게로 잉여자금을 이전시키는데 필요한 수단을 제공함으로써 필요한 곳에 자본이 적절히 배분되어 자본의 효율성을 높이는 것이 가장 주요한 기능이다. 이렇게 배분된 자본은 실물경제에 투입되어 생산 활동을 지원하고 경제가 확대 성장하는데 기여하게 된다. 또한 금융시장을 통하여 소규모의 자금이 한 곳으로 집중됨으로써 거대자금을 통한 기업의 설립이 가능하게 된다. 또한 금융시장은 투자에 대한 대가를 제공함으로써 일반대중에게 재산형성이 가능하도록 한다. 또한 금융시장은 자본의 이전과 지불수단을 도와주므로 시장의 공급자로부터 수요자에게 구매력이 이전되어 재화의 유통을 원활히 촉진하는 기능을 수행하게 된다.

3) 금융시장의 종류

(1) 자금의 중개 방법에 따른 분류

가. 직접금융시장

자금의 거래가 중개기관을 거치지 않고 자금의 최종수요자와 공급자간에 주로 직접증권의 매매형태로 이루어지는 시장을 말한다. 자금의 수요자는 보통 기업과 정부이며 자금의 공급자는 일반 투자자인 개인이나 기관이다. 기업과 정부는 자금을 조달할 때 일정기간 후 원금과 그 기간 동안 발생한 이자를 지불한다는 채무이행증서인 채권(bonds)을 발행하거나 기업은 자금공급자가 제공한 자금에 한하여 한정적으로 소유권을 제공하는 증서인 주식(stocks)을 발행한다. 따라서 직접금융시장으로부터 조달된 자금에 대하여 그 대가로 제공되는 주식과 채권 등은 자금의 제공자가 직접청구권(direct claims)을 가지게 된다.

최근에는 직접금융시장이 확대되고 있는데, 이는 인터넷과 IT의 발달로 일반인의 정보수집 능력 등이 향상되었고 직접금융시장에서 정보수집등에 필요한 거래비용이 과거에 비하여 훨씬 낮아지고 있기 때문이다.

나. 간접금융시장

자금 공급자와 자금 수요자간에 금융중개기관(financialinter mediaries)이 개입하여 자금의 거래가 이루어지는 시장을 말한다. 간접금융시장의 경우 금융중개기관이 다수의 자금 공급자로부터 자금을 모아 자금이 필요한 수요자에게 배분하게 되는데 이 때 거래비용과 정보탐색비용 등에서 비용을 절감할 수 있어 규모의 경제를 실현할 수 있다는 장점이 있다.

즉 소액의 자금을 가진 개인들이 은행에 예금을 통하여 자금을 맡기면 은행은 다수의 예금자로부터 모은 많은 자금을 필요한 곳에 대출을 하게 되는데 이 때 자금의 제공자와 수요자간에 필요한 정보, 예를 들어 간접금융시장에서는 신용 등에 관한 정보를 주고받을 필요가 없이 은행을 통하여 이루어지기 때문에 정보수집과 관련된 비용이 절감되고, 한곳으로 집중되어 관리되므로 규모의 경제를 얻을 수 있다.

간접금융시장은 자금의 수요자와 공급자간의 자금 제공이 두 단계로 이루어지는 시장이다. [그림 1-1]의 상단 부분에 나타나 있듯이 간접금융시장은 은행과 같은 금융중개기관을 통하여 자금이 중개되는 시장이다. 즉, 흑자지출단위인 자금의 공급자가 여유자금을 은행과 같은 금융기관에 예금을 하면 은행은 자금의 공급에 대한 대가로 예금통장이라는 청구권을 발행하고, 은행은 축적된 자금을 자금의 수요자인 적자지출단위에게 대여하여주고 그 대가로 대출채권인 청구권을 취득한다. 이 때 자금의 최초 공급자인 예금자와 자금의 수요자인 대출자 간에 직접적인 청구권이 발생되지 않고 예금자는 은행에 대해 청구권을 그리고 은행은 자금을 빌려간 차입자에대해 청구권을 가지게 되므로 두 단계의 청구권이 존재하게 된다.

그림 1-1 자금의 순환과정과 금융시장

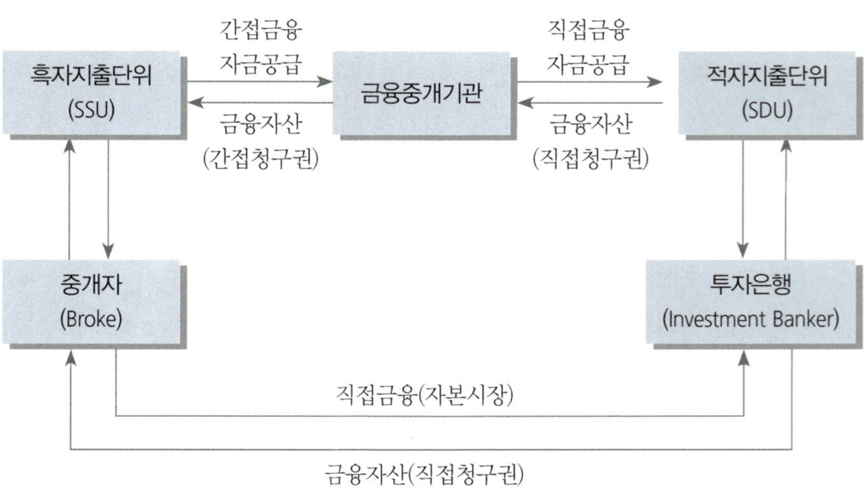

(2) 자금의 공급기간에 따른 분류

가. 자금시장

자금시장(money market)은 금융자산의 유효기간(만기)이 1년 이내로 짧은 단기금융상품이 취급되는 시장이며 화폐시장이라고도 한다. 일반적으로 자금시장에서 거래되는 금융자산은 대량으로 거래되므로 유동성이 높다. 통상적으로 기업에서 단기적으로 필요한 자금(예, 운영자금)을 거래하거나 개인들이 일시적으로 자금이 필요하여 이용하는 시장이다. 기업은 운영자금으로 빌린 자금을 약속한 기간 내에 상환하지 못할 때 부도가 발생하게 된다.

나. 자본시장

자본시장(capital market)은 금융자산의 만기가 1년 이상인 장기금융시장으로 자금시장의 금융자산에 비하여 유효기간(만기)이 장기이므로 그 기간 동안 여러 위험 요인이 발생할 가능성이 있어 부도위험과 가격변동 위험이 높은 특징을 가지고 있다. 자금시장은 은행의 예금과 관련하여 단기금융상품이 거래되는 시장이며 자본시장은 만기가 긴 채권이나 주식 등이 거래되는 시장이므로 예금상품과 주식상품을 비교하면 어떤 시장이 높은 위험을 가지고 있는가를 쉽게 알 수 있다.

또한 자본시장은 자금의 공급 방식에 따라 장기대출시장과 증권시장으로 구분되는데 장기대출시장은 금융기관이 자금의 공급자인 예금자로부터 조달한 자금을 장기자금 수요자에게 대출하는 간접금융시장이며 증권시장은 주식, 채권 등의 유가증권을 통하여 자금을 조달하는 직접금융시장이다. 일반적으로 자본시장이라고 할 경우 협의의 의미로 증권시장을 지칭할수도 있지만 만기 1년 이상의 금융자산이 거래되는 시장을 자본시장이라고 한다.

그림 1-2 금융시장의 분류

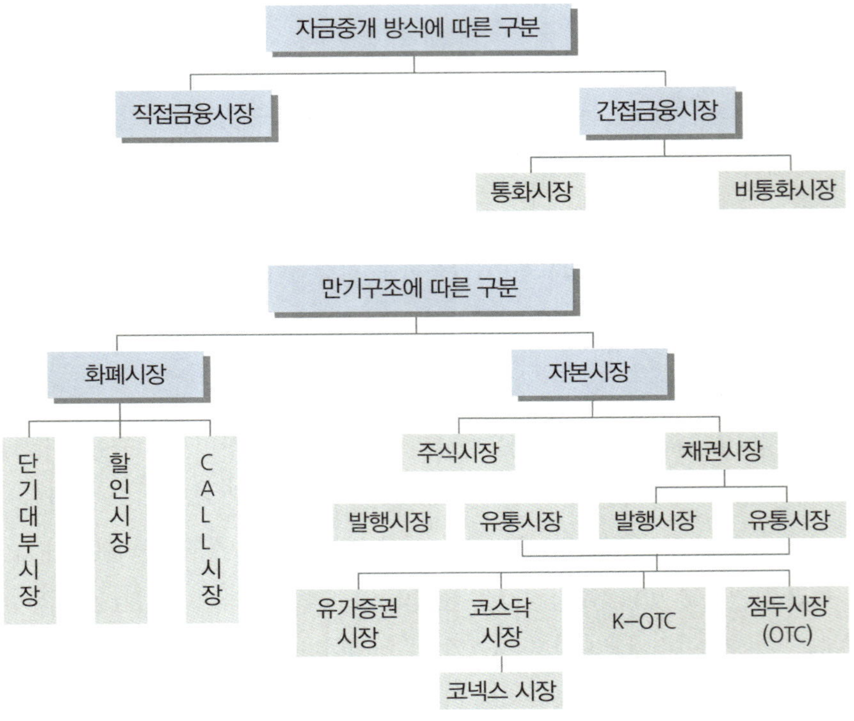

2 금융기관의 형태 및 종류

금융기관을 분류하는 기준은 여러 가지이다. 전통적으로는 국제통화기금(IMF: International Monetary Fund)의 통화성 기준에 따라 금융기관의 통화 창출 기능의 유무에 따른 구별을 하는데, 통화금융기관과 비통화금융기관 그리고 기타기관으로 나누어진다. 최근에는 금융업의 기능별 분류로서 금융업이 취급하는 서비스의 3대 핵심 업무(core business)를 은행(banking), 증권

(securities), 보험(insurance)으로 분류하고 있다. 따라서 금융기관을 금융기관이 취급하는 금융서비스의 성격에 따라 금융기관을 분류하고 있으며 이는 2009년 2월부터 시행되고 있는 "자본시장법"에서도 이와 유사한 분류를 하고 있으며 향후 금융업의 영역이 확대 심화됨에 따라 더 다양한 분류도 가능하리라 본다.

〈표1-1〉에 나와 있는 바와 같이 금융기관은 크게 은행, 증권, 보험 기타로 나누어진다. 먼저 은행은 현금통화를 창출하는 중앙은행과 예금통화를 창출하는 예금은행으로 나누어지며, 예금은행은 다시 은행법에 의하여 설립된 일반은행, 그리고 특수은행법에 의해 설립된 특수은행으로 나누어진다. 한국은행은 화폐의 발행, 금융기관의 지급준비금 조작 등을 통하여 통화정책의 수립과 운영 등에 관한 업무를 수행하고 있다. 일반은행은 상업금융업무, 즉 예금, 신탁등을 받거나 자금이 필요한 수요자에게 대출을 통하여 자금을 제공하며 경우에 따라서 채권의 발행을 통하여 조달한 자금을 자금 수요자에게 공급한다. 일반은행은 전국을 영업구역으로 하는 시중은행과 영업구역이 특정지역에 한정된 지방, 그리고 외국은행으로 국내에서 영업을 하고 있는 외국 은행 국내지점으로 구분된다. 특수은행은 국가의 경제정책을 수행하는 데 특별한 기능이나 목적을 수행하기 위하여 설립한 은행으로 일반은행과는 달리 정부출자자본, 해외로부터의 차입과 채권발행 등에 의해 자본이 구성되어 있다. 한국산업은행, 중소기업은행, 한국수출입 은행, 농업협동조합, 수산업협동조합 등이 이에 속한다.

큰 범주에서 은행업을 영위하고 있지만 비은행으로 분류되는 금융기관에는 종합금융사, 신용협동기구, 상호저축은행, 우체국 등이 있다. 흔히 종금사라 불리는 종합금융회사는 영국식 상업은행(merchant bank)과 미국식 투자은행(investment bank)의 혼합형태의 영업을 하는 금융회사로 1975년부터 외국자금을 도입하여 국내기업에 대규모의 자금을 지원(도매금융)하는 것을 목적으로 설립하기 시작하였다. 예금업무와 보험업무 일부를 제외한 국내은행이 하는 거의 모든 업무를 수행하고 있었으나 2007년 자본시장법과 금융

표 1-1 금융기관의 분류

대분류		소분류
은행업 (banking)	은행	중앙은행
		일반은행
		특수은행
	비은행	종합금융회사
		상호저축은행
		신용협동기구
		우체국예금
증권(securities)관련업 (금융투자회사)		증권회사
		자산운용회사
		선물회사
		투자자문회사
		신탁회사

대분류	소분류
보험 (insurance)	생명보험회사
	손해보험회사
	우체국보험
	공제기관
	수출보험공사
기타	여신전문금융회사
	모험자본금융회사
	증권금융회사

투자업에 따른 법률의 제정으로 2009년 2월 폐지 대체되었다. 신용협동조합은 영세업자의 저축과 대출 등의 편의를 도모하기 위하여 조합원 위주로 운영되는 금융기관이다. 상호저축은행 또한 영세상공인과 서민의 금융편의를 위해 설립된 금융기관으로 2002년에 상호신용금고에서 현재의 이름으로 변경되었다. 업무는 일반은행이 하는 여수신업무와 대동소이하다. 우체국에서도 은행예금에 해당하는 체신예금과 보험회사에서 하는 우체국보험 업무를 하고 있다.

자본시장법에서는 증권과 관련된 업무를 하는 모든 회사를 금융투자회사라고 총칭하며 금융투자업은 6가지로 분류하고 있으며 자세한 내용은 4절에서 다시 다루기로 한다. 금융투자업을 6가지로 분류 하였지만 6개 금융투자업무를 겸영할 수 있게 하여 업무 간에 벽이 존재하지 않는다. 또한 금융투자업과 관련하여 과거에 은행의 고유영역이었던 외국환 업무를 금융투자회사에게도 허용하였다. 이러한 취지는 과거 증권 중개업무 위주의 증권업무와 투자업무를 하던 금융투자회사가 국제적 수준으로 성장할 수 있도록 법적인 기반을 마련하고 금융의 대형화를 통한 금융투자업무의 경쟁력을 향상시키도록 하는 것이 자본시장법의 주된 목적이다. 금융투자회사의 대표적인 금융기관이 증권회사(securities firms)이다. 자본시장법에 의하면 투자매매업, 투자중개업, 그리고 신탁업 등이 증권회사의 주요 업무이며 6가지의 업무를 모두 할 수 있는 금융투자회사이다. 집합투자업을 대표하는 회사가 자산운용회사이다. 자산운용회사는 투자자로부터 자금(펀드)을 직접 모집하거나 혹은 은행이나 증권회사의 창구를 이용하여 모인 펀드를 증권, 파생상품, 부동산 등에 투자 및 운용하여 그 투자수익을 투자자에게 운영실적에 따라 분배하는 회사를 말한다.

보험업과 관련된 금융기관은 모든 보험회사를 지칭한다. 사망, 질병, 노후 대비, 화재, 자동차 사고, 해상사고 등 모든 손해재해 등에 대비하여 보험의 인수 운영을 고유업무로 하는 금융기관을 보험회사라고 한다. 보험회사에서 취급하는 노후대비 혹은 목돈의 관리 등을 위해 판매하는 상품에는 장기저축성 보험도 있지만 엄격한 의미에서 은행의 예금과는 구분된다. 최근에는 정년이후의 생활을 대비한 퇴직연금과 노후대비를 위한 장기저축성 보험의 상품이 증가하고 있다. 우체국에서도 이러한 보험 상품을 취급하고 있다.

3 증권시장의 의의와 기능

1) 증권시장의 개념

증권시장(securities market)은 협의의 의미로 자본시장을 의미하며 주식과 채권 등의 유가증권이 발행되어 투자자가 취득하기까지 일련의 과정을 도와주거나 지원해주는 시장, 그리고 투자자 상호간에 증권이 유통되는 과정을 총괄하는 시장이다. 기업은 주식이나 채권 등을 증권시장을 통하여 발행하여 자금을 조달하며, 조달한 자금을 설비투자 등에 투입하게 된다. 그러나 투자자가 기업에 제공한 자금은 상당시간이 경과되어야 수익이 창출되므로 투자자 입장에서는 투자금을 회수하려고 할 때 어려움을 겪게 된다. 그러나 초기투자자가 자기가 투자한 지분을 다른 사람에게 양도 할 수가 있다면 자신의 초기 투자금을 회수하는 대신 자신의 권리는 다른 사람이 가지게 된다. 증권시장은 초기투자자가 자신의 자금을 회수하고 투자자 그룹에서 빠져 나갈 수 있는 퇴출구(exit)를 제공하는 주요한 기능을 담당하고 있는데 이러한 기능은 증권시장 중에서 유통시장이 담당하고 있다. 이러한 유통기능이 원활이 이루어지려면 증권의 발행업무 또한 효과적으로 수행되어져야 하며 이는 발행시장이 담당한다. 증권시장은 일반적으로 기업이 유가증권을 발행하여 자금을 조달할 때 투자자가 자금을 제공하여 당해 유가증권을 취득하는 발행시장과 투자자가 취득한 유가증권을 다른 투자자에게 양도하고 현금화할 수 있는 유통시장으로 구성되어 있다.

2) 증권시장의 구조

앞에서 설명한 바와 같이 증권시장은 발행시장과 유통시장으로 구분할 수 있다. 증권시장은 장기자금의 수요자인 기업이 유가증권을 발행하거나 매각을 통하여 필요한 자금을 조달하고 투자자 또한 유가증권의 매입이나 매각을 통하여 자신의 금융자산을 운용하는 일련의 과정, 즉 유가증권을 매개로 하여 발행주체와 증권회사 및 투자자 사이에서 유가증권과 자금의 수요공급이 이루어지는 추상적인 개념의 시장이다.

3) 증권시장의 기능

흔히 증권시장을 “자본주의 경제의 꽃”이라 할 정도로 자본주의 경제내에서 증권시장이 차지하는 의의와 비중이 높다. 경제주체인 정부, 기업, 가계 등에 대하여 증권시장은 다음과 같은 중요한 경제적 기능을 수행한다.

(1) 기업의 산업자본 조달

현대 기업은 대부분 거대한 시장을 대상으로 고도의 기술력을 바탕으로 제품을 대량 생산하는 체제에 의하여 운영되고 있다. 따라서 이러한 기업을 운영하는 데에는 막대한 시설투자와 자금이 요구된다. 또한 기업 운영에 소요되는 자금은 그 금액이 거액일 뿐만 아니라, 그 금액이 회수되는 데에도 수년 혹은 수십 년의 장기간이 소요되거나, 회수가 불확실한 경우도 많다.

증권시장은 이러한 장기자본을 조달하는 창구가 된다. 기업은 주식이나 채권을 발행하여 매각함으로써 대중이 소유하고 있는 소액의 유휴자금을 흡수하여 거액의 산업자금을 조달한다.

그 외에도 증권시장은 투자자의 위험을 분산시킴으로써 기업의 자금조달을 용이하게 한다. 만일 기업의 자금조달이 증권발행에 의해서 소액으로 분할되어 조달되지 않고 거액의 투자만이 가능하다면, 투자자가 이러한 금액을 기업에 투자하였을 때 그 기업이 실패하면 투자자는 막대한 손실을 입게 된다. 그러나 기업의 자금조달이 여러 개의 소액증권으로 분할되어 이루어지는 경우에는 투자자는 자기의 자금을 쪼개어 여러 개의 기업에서 발행하는 증권에 투자할 수 있다. 이때에는 한 기업이 실패하여 투자에 손실을 보더라도 다른 기업에서는 성공하여 그러한 손실을 보충할 가능성이 높아진다. 그러므로 증권시장을 통한 투자의 분산화는 기업의 투자 회수의 불확실성에서 오는 위험을 감소시키고, 그에 따라 기업에 대한 투자가 촉진됨으로써 기업의 자금조달이 용이하게 된다.

(2) 개인의 자금운용

증권시장은 가계를 비롯한 각종 경제주체에게 자신의 유휴자금을 운용할 수 있는 장소를 제공한다. 일반적으로 각 경제주체가 자금을 운용할 수 있는 수단은 부동산 등 실물자산에 투자하는 방법과 은행과 같은 금융기관에 자금을 예입하는 방법, 그리고 각종 금융자산에 투자하는 방법 등 크게 세 가지 방법으로 나누어 볼 수 있다. 이 중 증권이나 금융자산에 투자하면 이들 투자수단으로부터 배당과 이자 등의 수익(income gain)뿐만 아니라, 투자한 자산의 가치 상승에 따라 자본이득(capital gain)도 함께 얻을 수 있다.

증권투자는 일반 금융기관의 저축보다는 다소 위험이 따르기는 하지만 그 위험에 대한 대가로 평균적인 수익률은 이들 수단보다 높은 것이 일반적이다. 따라서 금융자산에 투자함으로써 단기간 내 보다 많은 부를 축적하는 것이 가능해진다.

(3) 정부의 재정금융정책의 실현

정부는 도로, 항만, 공해처리시설 등 사회간접자본(SOC : social overhead capital)의 건설이나 그외 각종 자원의 개발, 기간산업의 육성 등 정부의 주요 시책을 시행하는 데 막대한 재정자금을 필요로 한다. 이러한 재정자금은 기본적으로는 국민의 세금에서 충당된다. 그러나 이러한 자금조달에는 한계가 있으므로 만일 정부가 사업을 시행하는 데 재정자금이 부족하면 정부는 채권을 발행하여 재원을 마련한다. 이러한 목적에서 정부가 발행하는 채권을 국채 혹은 정부채(government bonds)라 하며, 정부의 산하 공공기관이 자금조달을 목적으로 발행하는 채권을 공채라 한다. 정부 또는 정부 산하기관이 발행하는 국·공채도 증권시장을 통하여 발행되고 유통된다. 또 경우에 따라서는 정부의 흑자재정 실현으로 재정자금의 잉여가 발생하면 기존에 발행된 국·공채를 상환하는 데 쓰인다. 그러므로 증권시장은 정부의 재정자금을 조절하는 장소가 된다. 이러한 정책성 자금의 조절은 지방자치단체도 마찬가지 방법으로 시행하고 있다. 이때 지방정부가 발행하는 채권을 국채와 구별하여 지방채(municipal bonds)라 한다.

증권시장은 정부의 재정자금을 조절하는 장소가 될 뿐 아니라 통화를 관리하고 금융정책을 실현하는 장소가 되기도 한다. 일반적으로 정부 또는 중앙은행은 통화조절을 위해서 직접 혹은 간접의 여러 가지 수단을 동원할 수 있다. 그러나 시장경제에 가장 잘 부합하고 부작용이 없는 방법으로서 공개시장조작(open market operation)이 채택된다.

공개시장조작은 주로 화폐시장을 통하여 시행된다. 즉, 중앙은행은 시중에 현금이 너무 많이 풀려서 이를 회수해야 할 필요가 있을 때에는 정부 혹은 중앙은행이 발행하는 단기성 증권을 매각한다. 이러한 채권이 매각되면 시중의 투자자는 이 증권을 매입하기 위해서 정부에 현금을 지불해야 하므로 시중의 현금은 정부로 흡수된다. 반면 중앙은행이 시중의 자금수요를 충당하기 위해서 현금을 풀려고 할 때에는 정부 혹은 중앙은행이 기존에 발행한 시중 보유의 단기성 증권을 매입한다. 이때 중앙은행은 단기성 증권을 매입하는 대가로 현금을 지불해야 하므로 정부가 보유한 현금은 시중으로 풀려나간다. 우리나라의 경우 이러한 통화조절 목적으로 한국은행에서 발행되는 단기성 증권으로는 통화안정증권(줄여서 통안증권)이 사용되고 있다.

통화조절과 금융정책의 실현에 있어 증권시장은 화폐시장과 불가분의 관계에 있다. 왜냐하면 자본은 물이 흐르는 것과 같아서 투자수익이 낮은 곳에서 높은 곳으로 흐르기 마련이기 때문이다. 가령, 화폐시장의 투자수단에 대한 수익률이 증권시장보다 높다면 시중의 자금은 화폐시장으로 몰리고 증권시장은 그만큼 위축된다. 이와 반대로 증권시장에서의 수익률이 화폐시장보다 높다면 자금은 화폐시장에서 증권시장으로 빠져나가게 될 것이다. 따라서 정부의 금융정책을 실현하기 위해서는 두 시장에 대한 통제가 동시에 필요하다. 증권시장은 정부가 통화를 조절하고 금융정책을 실현하는 직접적인 장소는 아니더라도 계획된 화폐 · 금융정책을 실현하는 데 필요한 중요한 장소가 된다.

(4) 경제적 민주주의의 실현의 장

근대 자본주의의 근간을 이루는 주식회사 제도는 다수의 영세한 자본인 대중자본을 기초로 한다. 즉, 규모가 거대한 현대의 주식회사라 할지라도 개인적으로 영세한 자본을 가진 일반 국민이 그 주식의 일부를 소유함으로써 기업의 주인이 된다. 따라서 기업의 주인으로서 일반 국민은 그 기업에서 창출하는 이득에 대한 과실배분뿐만 아니라 더 나아가서는 기업의 경영에도 직 · 간접적으로 참여하게 된다.

만일 한 국가내의 대다수 기업의 주식이 전 국민에게 골고루 분산되어 있다면 기업의 소유는 어떤 특정의 자본가 계급이 아니라 일반 국민이 소유하는 것이 되며, 또 그 이득의 과실도 이들 국민에게 골고루 배분된다. 이와같이 주식회사 제도의 발달로 주식의 소유가 일반 대중 사이에 광범위하게 이루어져 일반 국민이 기업경영과 경제성장의 성과를 폭넓게 배분받을 수 있게 되는 상태를 증권자본주의라 한다. 이러한 증권자본주의가 실현되면 국가의 경제력은 어느 특정의 독점적 자본가에게 집중되는 것이 아니라 일반 대중에게 분산되며, 자동적으로 소득의 배분도 평준화되어 두터운 중산층이 형성된다. 따라서 증권자본주의가 고도화되면 부의 소유와 배분이 평등한 경제적 민주주의가 달성된다.

4 금융투자회사

「자본시장과 금융투자업에 관한 법률」이 2007년에 제정되어 2009년에 시행되어 과거의 개별 관련법에서 증권회사나 자산운용사 등이 취급하는 상품 개념에서 원금손실의 발생 가능성 있는 것을 투자 상품으로 포괄적 기능별 체계로 관련법이 전향함에 금융투자업이 하나의 법률로 통합되었다. 이에 따라 금융투자회사는 6가지로 구분된다.

① **투자매매업(dealing)** : 누구의 명의에 관계없이 자기의 계산으로 금융상품을 매도, 매입, 증권의 발행, 이수 또는 청약의 권유, 청약의 승낙 등을 하는 금융업

② **투자중개업(arranging deal or brokerage)** : 누구의 명의에 관계없이 타인의 계산으로 금융상품을 매도, 매입, 증권의 발행, 이수 또는 청약의 권유, 청약의 승낙 등을 하는 금융업

③ **집단투자업(collective investment)** : 2인 이상에게 투자권유를 하여 모은 자금을 자금제공자의 운용지시를 받지 않고 투자를 하여 그 결과 수익을 투자자에게 안분하여 귀속시키는 업무

④ **투자자문업(investment advisory)** : 금융상품의 매입과 처분 등의 투자판단에 자문을 제공하는 업무

⑤ **투자일임업(discretionary investment)** : 투자자로부터 일부 혹은 전부 투자판단을 위임받아 자산을 취득 및 처분하는 업무

⑥ **신탁업(trust)** : 신탁을 수탁하는 업무

금융투자회사의 종류로는 증권회사, 자산운용회사, 선물회사, 투자자문회사, 신탁회사 등으로 구분된다.

1) 증권회사

증권회사가 행하는 주요업무는 투자매매업(investment dealing), 투자중개업(investment brokerage), 그리고 신탁업(trust) 등으로 분류된다. 투자매매업은 과거의 증권거래법상의 증권회사의 고유업무인 매매업(dealing), 인수업(underwriting), 그리고 펀드와 같은 집합투자증권의 판매를 누구의 명의로 하든지 자기계산으로 하는 매매가 여기에 속하는 업무이다. 투자중개업은 종전의 증권거래법상 위탁매매업무(brokerage)이 이와 동일하고 매매위탁의 중개, 주선, 그리고 모집 및 매출의 주선업 등도 여기에 속한다. 투자매매와 중개업에는 유가증권 및 지분평가업무, M&A(기업의 매수 및 합병) 중개 · 주선 · 대리업무, CD(양도성예금증서) 매매 및 중개업무 등도 포함된다. 신탁업무는 원본보전신탁과 같이 수탁재산의 처분운용이 결부되지 않은 순수 관리신탁은 투자자 보호의 필요성이 크지 않기 때문에 금융투자상품에서 제외되었고 이를 제외한 자본시장법상의 금융투자상품의 개념에 속하는 신탁을 수탁하는 것이다. 이를 종합하면 증권회사의 주요업무는 다음과 같다.

(1) 자기매매(dealing)

증권회사가 자기자산 운용을 위한 증권의 매매

(2) 위탁매매(brokerage)

증권회사가 거래되는 증권을 소유하지 않고 단순히 매입자와 매도자를 연결시켜 거래를 성사시켜 주는 업무를 의미한다. 이때 거래 성사의 대가로서 증권회사는 매도자와 매입자 양측으로부터 수수료를 취득한다.

(3) 인수 · 주선업무(underwriting)

기업의 증권 발행시 그 발행사무를 대행해 주거나, 증권 매입자의 모집 또는 매출 주선을 행하고, 또 경우에 따라서는 발행되는 증권을 직접 인수함으로써 증권 발행을 원활하게 하는 업무를 말한다.

이외 증권회사는 투자자에게 유가증권 매매와 관련하여 고객에게 투자자금의 융자 및 유가증권의 대여를 하는 신용공여업무와 저축자와 증권저축 취급기관간의 상호계약에 따라 저축기간을 설정하고 정기 또는 수시로 일정액 이상의 저축금을 납입하고 저축금 한도 내에서 유가증권에 투자 · 운용하는 저축하는 증권저축업무 등도 한다.

2) 자산운용회사

자산운용회사는 2인 이상의 투자자로부터 모은 자금을 투자자 혹은 다른 기금관관리 주체로부터 운용지시를 받지 않고 운용회사 자신이 직접 투자자산에 투자하고 그 수익을 투자자에게 안분하여 귀속시키는 집합투자를 영업으로 하는 회사이다. 즉, 다수의 투자자로부터 모은 뮤추얼펀드(mutual fund)의 재산을 운용하는 곳이다. 뮤추얼펀드는 그 자체가 증권투자회사이며 주식회사의 형식을 갖추고 있으나 서류상의 회사(paper company)로서 실체가 없고 실제 뮤추얼펀드의 자산운용은 자산운용회사가 한다. 자산운용회사는 뮤추얼펀드에 모인 돈을 운용하는 회사로 뮤추얼 펀드 자산을 주식 · 채권 · CP(기업어음) · CD(양도성예금증서) 등 유가증권과 선물, 옵션 등 파생상품에 투자하여 운용한다.

5 주요 증권관계기관

1) 금융위원회와 금융감독원

금융위원회는 국내 금융정책을 총괄하는 국내 금융 분야 최고 의사 결정기구이며, 2008년 3월'금융위원회와 그 소속기관 직제'에 대한 시행규칙이 발표되면서 정식으로 출범했다. 금융산업 선진화, 금융시장 안정, 건전한 신용질서 확립을 설립목적으로 금융 전반에 대한 심의, 의결기능을 한다. 금융위원회는 금융위원회 및 증권선물위원회로 구성되며 증권선물위원회 위원장은 금융위원회 부위원장이 겸직하고 있다.

그림 1-3 금융위원회 업무 개요

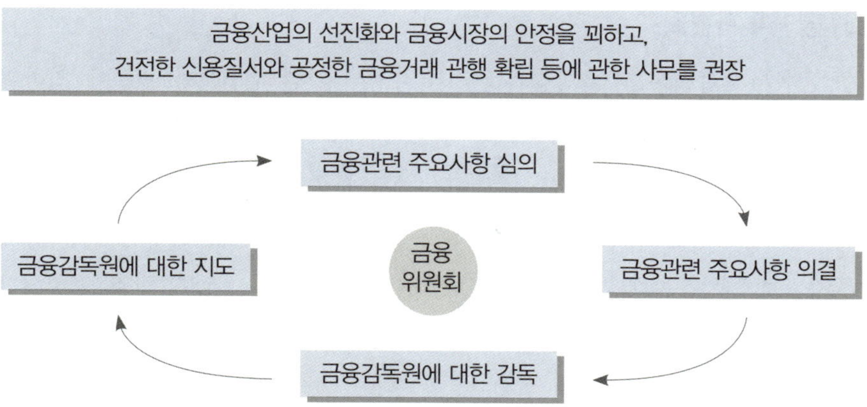

금융감독원은 "금융감독기구의 설치 등에 관한 법률"(1997.12.31 제정)에 의거 전 은행감독원, 증권감독원, 보험감독원, 신용관리기금 등 4개 감독기관이 통합되어 1999.1.2 설립됨 그 후 2008.2.29에 제정된 "금융위원회의 설치 등에 관한 법률"에 의거하여 현재의 금융감독원이 되었다. 금융감독원은 금융기관에 대한 검사·감독업무 등의 수행을 통하여 건전한 신용질서와 공정한 금융거래관행을 확립하고 예금자 및 투자자 등 금융수요자를 보호함으로써 국민경제의 발전에 기여할 목적으로 설립되어 운영되고 있다.

2) 한국거래소

한국거래소(KRX)는 과거의 한국증권거래소(KSE: Korea Stock Exchange), 코스닥시장(KOSDAQ: Korea Securities Dealers Automated Quotation), 한국선물거래소(KOFEX: Korea Futures Exchange) 그리고 코스닥위원회가 합병된 통합거래소이다. 현재는 유가증권시장, 코스닥시장, 코넥스 시장, 파생상품시장으로 구분되어 운영되고 있으며 건전한 거래를 위해 시장감시 위원회를 두고 있다. 한국거래소는 시장에 상장된 유가증권 및 파생상품의 공정한 가격형성과 그 유통을 위하여 위하여 설립된 조직적·계속적 시장을 개설 운영하고 이를 관리하는 기관이다.

3) 금융투자협회

금융투자협회는 '자본시장과 금융투자업에 관한 법률' 제283조에 의하며 설립된 회원 조직으로서, 회원 상호 간의 업무질서 유지 및 공정한 거래를 확립하고 투자자를 보호하며 금융투자업의 건전한 발전을 목적으로 운영된다. 주요업무로는 회원 서비스 및 금융투자업 발전 지원, 업무질서 유지 및 투자자보호(자율규제), 교육 및 전문인력 관리, 장외시장 관리(채권 및 비상장주권 등)을 하고 있다.

4) 한국예탁결제원

한국예탁결제원은 증권거래시 거래되는 유가증권을 거래자간에 직접 수수하는 대신, 대체결제 종목으로 지정한 유가증권을 집중적으로 예탁받아 구좌가 설정된 자들 상호간에 계좌를 중심으로 대체결제를 행해 주는 것을 주요 업무로 하는 기관이다. 이외에도 유가증권의 명의개서 대행업무, 유가증권의 보호예수 업무, 유가증권 관리업무, 기타 법령에서 정한 업무(증권거래세 원천징수, 실질주주 의결권 대리행사)를 수행하고 있다.

5) 한국증권금융

한국증권금융은 증권시장에 필요한 자금을 공급하여 유가증권의 발행 및 유통을 원활하게 하고 공정한 가격형성을 도모하여 증권시장의 건전한 발전에 기여하는 증권금융을 전문으로 하는 회사를 말한다. 고유업무인 증권인수금융, 증권유통금융, 증권담보금융을 기본으로 하여, 증권투자자를 보호하기 위한 고객예탁금 관리, 근로자의 재산형성과 회사에 대한 주인의식 고취를 지원하는 우리사주제도 지원 그리고 일반고객의 재테크를 돕는 예금 및 대출업무 등을 하고 있다.

6) 코스콤

코스콤(KOSCOM, 구 한국증권전산)은 한국거래소와 한국예탁결제원의 전산처리, 증권관계기관 및 증권회사의 전산개발과 그에 대한 용역업무를 수행하고 있다. 인터넷(internet)을 통하여 증권거래를 실시간으로 중계하고 투자에 관한 정보를 제공한다.

제 2 장

유가증권의 이해

1. 유가증권의 의의와 주식회사
2. 주식(Stock)
3. 채권(Bonds)
4. 주주와 채권자

1 유가증권의 의의와 주식회사

1) 유가증권의 의의

일반적으로 재산적 권리를 나타내는 금전적인 청구권을 증서로 표시한 것을 유가증권 또는 줄여서 단순히 증권(securities)이라고 한다. 즉, 넓은 의미의 증권은 재산적 가치를 가진 일체의 증서를 의미한다.

넓은 의미에서의 증권은 크게 상품증권과 화폐증권, 자본증권으로 분

류할 수 있다. 상품증권은 선하증권(B/L : billoflading), 창고증권(warrant), 화물상환증(carriage note)과 같이 실물자산을 지칭하는 증서를 의미한다. 화폐증권은 지폐나 수표, 어음과 같이 일정액의 화폐에 대한 청구권을 의미하는 증서이다. 그리고 자본증권은 주식이나 채권과 같이 자본의 일정부분의 소유와 그에 대한 배당이나 이자 등의 청구권을 나타내는 증서이다. 그러나 좁은 의미의 증권은 우리가 흔히 생각하듯이 시장에서 자유로이 거래될 수 있는 자본증권만을 의미한다.

증권에는 우선 이를 소지한 사람에게 언제 얼마의 금액을 어떤 방법으로 지불하겠다는 계약조건이 기재되어 있다. 증권이 가치를 갖기 위해서는 증서에 기재된 내용을 당초에 증권을 발행한 주체가 성실히 이행할 것이라는 믿음이 따라야 한다. 만일 이러한 믿음이 깨지는 경우에는 증권은 가치를 상실하고 한낱 종이에 불과하게 된다. 이처럼 증권의 가치는 신용에 근거하므로 신용이 확실한 증권은 높은 가격을 형성하는 반면, 신용이 희박한 증권은 낮은 가격을 가지게 된다.

2) 자본시장법상의 증권의 종류

자본시장법에서는 포괄주의를 채택하여'투자성'을 가지는 모든 금융상품을 금융투자상품으로 정의하여 금융투자회사가 취급하고 있거나 향후 취급하게 될 가능성이 있는 금융투자상품까지도 포괄할 수 있도록 하고 있다.

알고 갑시다

- **선하증권**(bill of lading)
  해운회사가 탁송화물에 대해 발행하는 화물대표증권으로 증권에 기재된 조건에 따라 운송하며, 지정된 양륙항(揚陸港)에서 증권의 정당한 소지인에게 그 화물을 인도할 것으로 약정하는 유가증권이다.
- **창고증권**(warrant)
  창고업자가 화물기탁자에게 보관 인수의 증거로 발행하는 증서이며, 그 소지인에게 상환으로 임차물을 인도할 것을 표시한 유가증권이다.
- **화물상환증**(carriage note)
  육상운송에서 운송인이 운송물의 수령을 증명하고 증권소지인에게 운송물을 반환할 것을 약정하는 유가증권이다.

그림 2-1 **유가증권의 종류**

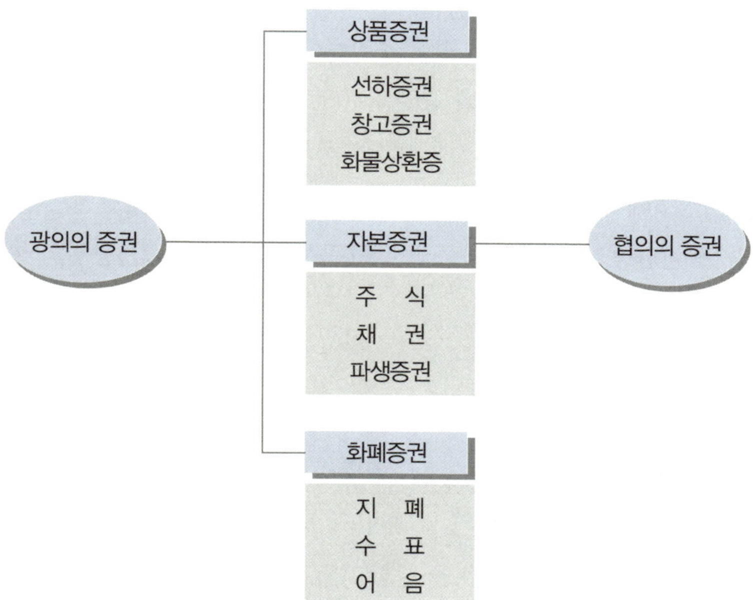

그림 2-2 증권의 종류와 개념

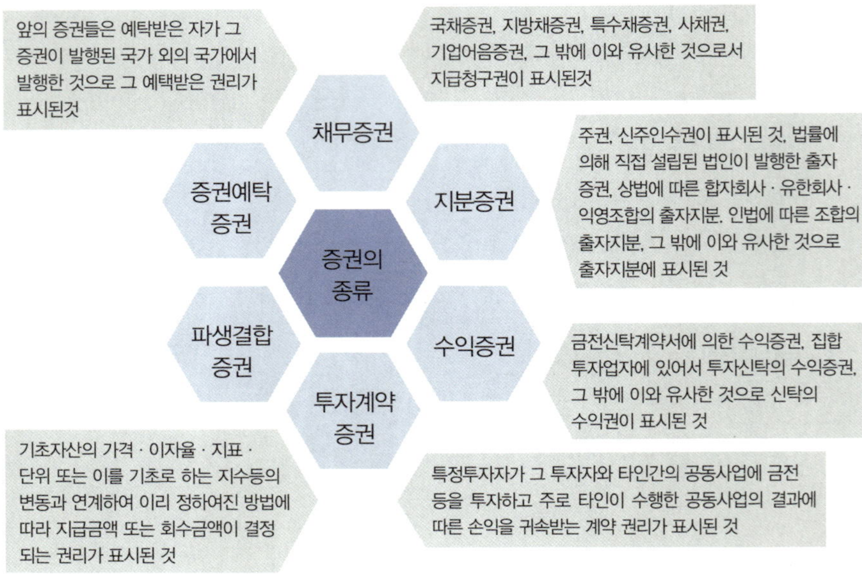

금융투자상품을 상품의 특성에 따라 추가로 지급할 의무가 없이 최대 투자원금까지만 손실이 발생하는 것을 증권(securities)이라고 하고, 투자 원금 이상의 추가지급 의무가 발생하는 것을 파생상품(derivatives)으로 분류하고 있다.

자본시장법에서 증권의 종류는 채무증권, 지분증권, 수익증권, 투자계약증권, 파생결합증권, 증권예탁증권으로 구분되고 있다. 각 증권의 개념은 [그림 2-2]와 같다.

3) 주식회사와 증권

사유재산과 경제활동의 자유 그리고 영리 추구를 특징으로 하는 자본주의는 주식회사 제도와 증권시장의 발달이 그 토대를 이루고 있다. 주식회사의 자금조달 원천은 사내 유보이익을 통한 내부조달과 금융시장을 통한 외부조달로 나눌 수 있다. 이 중 채권과 주식 발행을 통한 자금조달의 비중이 절대적이다. 주식회사는 주권을 나타내는 증권의 한 형태인 주식을 발행하여 대중 속에 흩어져 있는 자금을 모으고, 이렇게 형성된 자본을 자기자본으로 하여 기업을 운용하게 된다. 또한 채권 발행을 통해 타인자본의 형태로도 조달이 가능하다. 따라서 주식회사는 다른 회사형태보다 산업자본의 조달에 유리하며, 기업이 자금을 조달하기 위하여 발행하는 대표적인 증권은 주식과 채권이라 할 수 있다.

그림 2-3 주식회사의 자금조달 원천

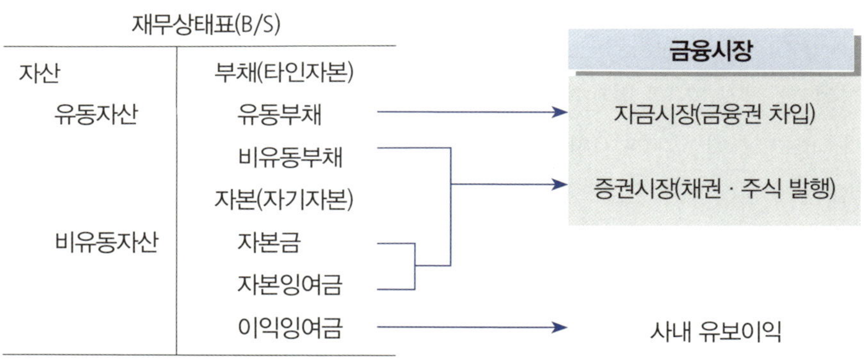

2 주식(Stock)

1) 주식의 개념

주식이란 주권에 대하여 주주가 가지는 권리 및 자본금 중의 출자지분을 나타내며, 여기서 주권이란 주주가 가지는 권리와 출자지분에 대하여 발행되는 유가증권을 의미한다. 주식은 회사가 그 회사에 투자한 투자자의 투자금액에 상응하는 일정한 지분(equity)을 표시하기 위하여 투자자(주주)에게 발행하는 것이므로, 주주는 출자한 자금만큼 자기자본을 형성하게 되고 만기의 개념이 없으며, 약정된 기간에 반드시 이자를 지급하여야 하는 채권과는 달리 기업의 운영결과 발생하는 이익의 범위 내에서 배당(dividends)을 지급받을 수 있다. 주식을 구입함으로써 얻을 수 있는 수익은 배당수익과 주식의 처분시의 처분가격을 들 수 있는데, 이러한 배당수익과 처분가격은 상황에 따라서 변동되므로 불확실한 금액이다. 발행 당시의 주식의 액면가는 그 회사의 장부가치에 따라 결정된다. 예를 들어 회사의 총 출자금이 1억 원이며 총 발행하려는 주식이 100만주가 된다면 주당 장부 가격은 100원(=1억 원/100만주)이 되며 이를 액면가 100원인 주식이라고 한다. 그러나 이 주식의 시장가격은 그 회사의 경영상태에 따라 액면가 100원짜리 주식이 그 이상 혹은 그 이하의 가격에 실제로 거래되며 이를 시장가라고 한다. 따라서 액면가와 시장가는 같을 수도 있지만 전혀 다른 가격인 경우가 일반적이다.

과거 상법(1998년)에는 주식의 액면가는 100원에서 5,000까지 다양하게 하여 반드시 하나의 액면가를 선택하여야 하였으나, 2013년 4월부터 시행되는 상법에서 액면가가 없는 무액면주식의 발행도 허용하고 있다. 또한 기업의 정관에서 정하는 바에 따라 기업이 원할 경우 액면주식과 무액면주식 간의 전환도 가능하도록 하고 있다. 그러나 액면주식과 무액면주식을 동시에 보유하는 것은 금지하고 있다. 무액면주식으로 발행한 부분은 자본금으로 계상되지 않기 때문에 자본준비금으로 계상한다.

현행 상법에서는 직접금융시장에서 주식발행을 통하여 기업이 자금을 원활히 조달 할 수 있도록 다양한 종류의 주식을 발행할 수 있도록 하였다. 기업은 정관에 명시되어 있는 바에 따라 다양한 주식을 발행할 수 있는데, 발행할 주식의 종류는 이익의 배당, 잔여재산의 분배, 주주총회에서의 의결권 행사, 상환 및 전환 등이 어떻게 부여되어 있는가에 따라 다양하게 나누어진다.

2) 주식의 종류

(1) 보통주, 우선주

가. 보통주(common stocks)

주주가 가지는 각종의 권리를 동등하게 보유하고 있는 주식으로 이익배당이나 잔여재산청구 등에 있어서 우선적 지위 혹은 후배적 지위를 결정하는 기준이 되는 주식이다. 일반적으로 주식이라 할 때는 보통주를 말하며, 회사가 단일 종류의 주식만을 발행하는 경우에는 특별히 이 명칭을 붙일 필요는 없다. 보통주는 주식회사의 경영에 참여할 수 있는 권리와 경제적 이익을 얻을 수 있는 권리를 가진 투자대상이다. 일반적으로 1주 1표가 원칙이나 현행 상법에서는 1주에 1표 이상의 의결권을 부여하는 주식 혹은 의결권을 제한하는 주식도 회사의 정관에 따라 발행 가능하도록 하고 있다.

나. 우선주(preferred stocks)

우선주는 이익배당이나 잔여재산청구에 있어서 우선적 지위를 가지는 주식으로 우선적 지위에 여러 가지 선택사항(옵션)을 부여함에 따라 다양한 형태를 띠고 있다.

- **누적 우선주와 비누적 우선주**

  누적 우선주는 당해 연도에 우선 배당률 이하로 배당을 받거나 아주 배당을 받지 못하는 경우 미지급된 배당분이 다음 사업 연도의 우선 배당분에 이월 합산되는 것을 말하며, 반대로 비누적 우선주는 당해 연도에 지급받지 못한 배당분은 당해 결산기가 경과하면 소멸되는 우선주이다.

- **참가 우선주와 비참가 우선주**

  보통주의 배당액이 우선주보다 높을 경우 그 차액에 대하여 참여가 가능한 것이 참가 우선주이며, 반대로 배당 후 잔여이익이 아무리 높아도 참여가 불가능한 것이 비참가 우선주이다.

■ **전환 우선주와 상환 우선주**

우선주 중에는 3~10년 가량 지나면 보통주로 바뀌는 것이 있는데, 이를 전환 우선주라 한다. 한편 상환 우선주도 있는데, 상환 우선주란 특정 기간 동안 우선주의 성격을 가지고 있다가 기간이 만료되면 발행회사에서 이를 되사도록 한 주식이다. 상환 우선주는 상환을 전제로 발행되기 때문에 만기가 있다.

■ **구형 우선주와 신형 우선주**

우선주에는 '구형 우선주'와 '신형 우선주'가 있다. 「1우」라고 표시된 것은 구형 우선주이고, 「1우B」, 「2우B」 하면서 B자가 붙은 것은 '신형 우선주'이다. 1996년 상법 개정 전에 발행된 우선주가 '구형 우선주'로, 보통주보다 배당을 1% 이상 더 해 준다. 신형 우선주는 법 개정 이후 발행된 우선주로 만기가 존재하며 최저배당률이 정해져 있다. 신형 우선주는 확정이자를 주는 것과 다름없어 채권의 성격을 가졌다하여 B자를 붙인 것이다.

(2) 의결권주, 무의결권주

가. 의결권주

주주총회에 상정된 의결사항에 결정권을 가지게 되는 주식을 말하며, 일반적으로 보통주는 의결권주가 되지만 현행 상법에서는 보통주에 대해서도 의결권을 제한 할 수도 있으며, 1주에 대해 1표 이상의 권리를 부여할 수도 있게 하였다.

나. 무의결권주

기업의 의결사항에 참여할 수 없는 주식을 총칭하고 있는데 의결권이 없는 대신 배당이나 잔여재산 청구권에 있어 우선적 권리를 등을 부여하는 경우가 많다. 한국의 우선주는 의결권이 없는 대신에 이익배당에 대하여 최저배당율을 정하였던 것을 현행 상법에서는 폐지하였다. 기업은 의결권을 배제하거나 제한한 종류주식의 총수는 발행주식의 1/4을 초과하여 발행할 수 없도록 하였다.

(3) 액면주, 무액면주

가. 액면주

주식의 발행 당시 액면가액이 정해져 있는 주식을 말하며, 동일 회사에서 발행된 액면주식의 금액은 균일하여야 하고 1998년 상법 개정으로 액면가액은 100원 이상이어야 한다. 액면가액은 최초로 자본을 출자한 주주의 출자자본액의 기초인 동시에 유한책임의 한도를 표시하고 있다.

나. 무액면주

주권에 액면가액이 기재되어 있지 않은 주식으로 미국과 같은 선진국에서는 무액면 주식이 보편화되어 있으며, 현행 상법에서는 우리나라에서도 발행할 수 있도록 하고 있다.

그림 2-4 주권과 채권

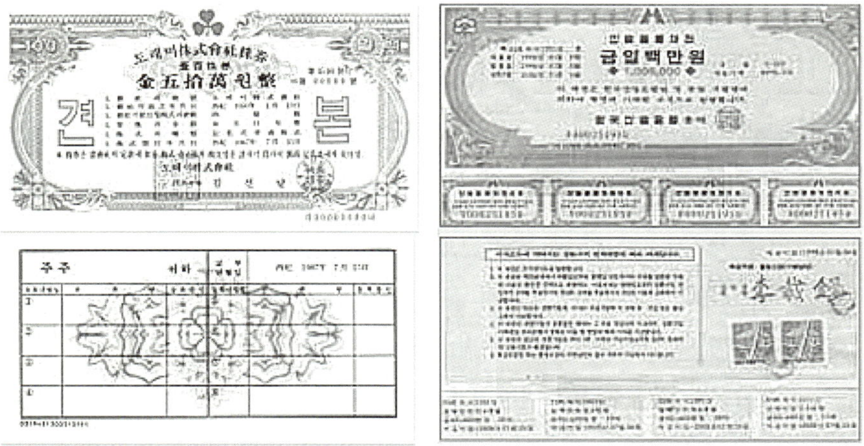

(4) 기명주, 무기명주

가. 기명주

주주의 성명이 주권이나 주주명부에 기재되어 있는 것을 말하며, 현재 우리나라 상법에는 기명주식이 원칙이다.

나. 무기명주

주권을 소유함으로써 주주의 자격을 인정받으나 주권이나 주주명부에 주주의 성명이 기재되어 있지 않은 주식이다. 무기명 주식은 회사의 정관에 규정이 있는 경우에 발행할 수 있도록 하고 있으며 언제든지 기명주식으로 전환을 청구할 수 있다.

(5) 유상주, 무상주

가. 유상주

주금의 납입에 대해 교부되는 신주권을 의미한다.

나. 무상주

실질적인 주금의 납입 없이 잉여금을 자본금으로 전입하면서 무상으로 발생되는 신주권을 의미한다.

3 채권(Bonds)

1) 채권의 개념

채권이란 정부, 공공단체, 특수법인 또는 주식회사가 일반투자자에게 자금을 조달하고 조달한 자금에 대하여 일정기간 동안 정기적으로 이자를 지급하고 만기시에는 원금을 상환한다는 조건을 명시한 유가증권인 차용증서이다.

채권의 보유자인 채권자(creditors)는 채권발행자(issuers)의 이익과 자산에 대하여 채권의 약관(indenture)에 명시된 범위 내에서 제한적인 청구권(claim)을 가지게 된다. 채권자는 주식을 보유하고 있는 주주와 달리 회사경영에 관한 참여권은 없지만 발행자의 수익에 상관 없이 확정적인 이자를 받을 수 있고 채권발행기관의 해산시 주식에 우선하여 원리금을 상환받을 권리가 있다. 채권은 원리금의 상환기간이 발행 당시에 정하여지기 때문에 기한부증권이며 만기까지 남은 잔여기간의 장·단에 따라 채권의 가치가 달라진다. 채권은 일반적인 차용증서와 달리 다수의 투자자가 동일한 조건하에 투자한다는 점과 채권유통시장을 통하여 매각함으로써 현금화함과 동시에 다른 투자자에게 양도가능하다는 것이 다르다. 채권투자의 경우 채권의 보유에 따르는 수익성, 발행자의 채무불이행(default risk)에 따른 위험도, 원하는 시기에 현금화할 수 있는 유동성 등을 고려하여야 한다.

2) 채권의 종류

채권은 발행기관, 이자의 형태와 지급 방법, 상환 방법, 담보의 유무 등에 따라 여러 가지로 분류된다.

(1) 발행기관에 따른 분류

가. 국채

국가가 일반 국민을 대상으로 발행하는 채권으로 대체로 특수한 목적하에 발행된다. 국민들의 주택자금 지원을 위하여 발행하는 국민주택채권, 철도사업의 자금지원을 위한 철도채권, 양곡가격의 안정과 양곡의 원활한 수급 및 양곡매입자금의 효율적인 조달을 위한 양곡기금증권, 외화자금의 수급조절을 위한 외국환평형기금채권 등이 이에 속한다.

나. 지방채

지방채는 지방자치단체가 지방의 부족한 재정을 보완하기 위하여 발행하는 채권으로 지방자치제의 실시로 더욱 활성화될 것으로 전망된다. 대표적인 지방채로 지역개발공채를 들 수 있으며, 서울시와 부산시가 발행하는 도시철도채권, 상수도공채 및 도로공채 등이 있다.

다. 특수채

특별법에 의하여 설립된 특별법인이 발행하는 채권으로 전력공사채권, 토지개발채권 등이 있으며 통화관리를 위해 은행이 발행하는 통화안정증권 및 산업 및 중소기업의 자금 지원을 위한 산업금융채권과 중소기업금융채권 등의 금융채도 이에 속한다.

라. 회사채

주식회사가 장기차입을 할 때 발행하는 채권으로 회사채는 주로 3년 만기가 통용됐으나 최근엔 1년 만기까지 나오고 있다. 과거 대부분 회사채는 금융기관의 보증을 받아 발행하는 게 보통이었으나 최근엔 신용도가 높은 무보증채가 주로 나오고 있다. 회사채를 사채라고도 하며, 발행조건에 따라 여러 가지로 분류된다.

(2) 이자지급 방법에 따른 분류

가. 이표채(coupon bond)

채권발행시 채권의 권면에 정기적으로 지급할 이자(coupon rate)가 명기된 채권을 말한다. 가장 보편적인 채권의 형태이며 회사채의 대부분이 이에 속한다.

나. 순할인채(pure discount bond)

순할인채는 지급하여야 할 이자를 채권발행시 액면에서 미리 공제한 채권을 말하며 만기시까지 지급되는 이자가 없으므로 무이표채(zero coupon bond)라고도 한다, 통화안정증권, 산업금융채권 등 금융채 일부가 이에 해당된다.

다. 복리채(compound bond)

복리채는 채권의 권면에 표시되어 있는 이표이자가 재투자되어 만기시에 원금과 이자를 일시에 지급받는 것으로 국민주택채권, 지역개발공채, 금융채 중 일부 등이 이에 속한다.

(3) 지급이자 변동 여부에 따른 분류

가. 확정이자부사채(fixed rate bond)

시장에서의 이자율이 어떻게 변하더라도 약속기일에 확정된 이자를 지급하는 가장 전형적인 형태의 채권이며, 우리나라에서 발행되는 이표채의 대부분은 확정이자부사채이다.

나. 금리연동부사채(FRN: floating rate note)

금리연동부사채는 일정기간 동안은 계약된 확정이자율로 이자를 지급하지만 일정기간 경과 후에는 정기적으로 금융시장의 이자율에 따라 연동하여 이자를 지급하는 사채이다. 대개 6개월 단위로 이자율 조정이 이루어지며, 만기는 통상 3~5년 만기인 중기채이다.

다. 수익사채(income bond)

원금의 지급은 보장되지만 일정률의 이자지급이 보장되지 않고 이자지급이 기업수익에 따라 변동하는 사채를 말하는 것으로 이자를 지급할 수 있을 때만 이자를 지급한다는 채권이다. 따라서 채권이라고는 하지만 실질적으로는 비누적 · 비참가형의 우선주와 같다.

라. 이익참가사채(participating bond)

기업의 이익수준이 양호할 경우 확정이자를 지급하고, 여기에 추가하여 이익의 일정률 혹은 액면금액의 일정률을 지급하는 채권이다.

(4) 상환기간에 따른 분류

가. 단기채

단기채는 상환기간(만기)이 1년 이하인 채권으로 통화안정증권 등이 있다.

나. 중기채

중기채란 상환기간이 1년에서 5년 미만인 채권으로 국고채권, 외국환평형기금채권, 회사채가 있다.

다. 장기채

장기채는 상환기간이 5년 이상인 채권으로 국민주택채권, 도시철도채권이 있다. 참고로 미국의 경우 장기채라 하면 10년 또는 20년 이상의 것을 말한다.

(5) 담보 · 보증 유무에 따른 분류

가. 담보부채

채권에 물상담보권이 붙어 있는 채권으로 담보물의 내용에 따라 부동산담보부채(mortgage bond)와 유가증권담보부채(collateral bond)로 구분할 수 있다. 금융채와 회사채 중 일부가 이에 해당한다.

나. 무보증채

제3자의 지급보증이 없이 발행주체의 신용도에 의해 발행되어 유통되는 채권이다. 무보증채는 보증채에 비해 투자자들의 원금회수에 대한 위험 부담이 크기 때문에 이자율이 보증채 보다 일반적으로 높으며, 기간이 단기인 것이 특징이다. 또 신용으로 발행하기 때문에 신용도에 따라 발행 이자율이 달라진다. 국민주택채권, 상수도공채, 금융채, 회사채 중 일부가 이에 해당된다.

다. 보증채

원리금 상환을 발행주체 이외에 제3자(정부 또는 금융기관)가 보증하는 채권으로 정부보증채, 일반보증채(시중은행, 보증보험, 신용보증기금등) 등이 있다.

(6) 원금상환방법에 따른 분류

가. 만기일시상환채권

우리나라에서 대부분 발행하고 있는 형태로서 만기일에 일시적으로 전액 상환하는 방식의 채권이다. 어떤 경우에는 상환을 위하여 다시 채권을 발행하는 차환발행이 많아지게 된다.

나. 장기분할상환채권

일정한 거치기간이 경과하면 만기에 이르기까지 일정한 비율로 균등하게 분할상환하는 채권이다.

다. 감채기금부채권

감채기금부채권(sinking fund bond)은 원금상환을 용이하게 하기 위하여 발행자가 매년 일정 금액의 감채기금을 적립하는 채권이다. 채권상환을 확실히 보장하기 위하여 원금의 전액 또는 일부를 상환기금으로 적립하는 조건을 채권 약정에 명시하여 발행한다.

라. 수의상환채권

수의상환채권(callable bond)은 만기 전에 발행주체가 자유로이 상환할 수 있는 채권을 말한다. 이 채권은 금리가 하락하거나 채권의 가격이 높을 때에는 언제나 액면으로 상환할 수 있다. 또한 발행주체의 자금사정이 호전될 때 수시로 상환할 수 있다는 장점을 가지고 있기도 하다. 하지만 채권자들에게는 불리하기 때문에 발행주체가 액면가 이상으로 상환해 주는 것이 일반적인데 이를 프리미엄(premium)이라 한다.

(7) 기타 채권

가. 옵션 관련 채권

주로 회사채에 옵션(option)이 부여된 것으로 채권의 보유자에게 일정한 시기에 일정한 가격으로 발행기업의 증권을 매도 · 매입하거나, 혹은 다른 형태의 증권과 교환할 수 있는 권리가 주어진 것이 특징이다.

- **신주인수권부사채(BW: bond with stock purchase warrant)**

  채권의 보유자에게 일정요건이 충족될 때 일정수 또는 금액에 해당하는 주식(신주)을 매입할 수 있는 권리가 부여된 채권이며 채권자로서의 권리는 여전히 가지고 있다는 점에서 전환사채와 구별된다.

- **전환사채(CB: convertible bond)**

  채권발행 후 일정기간이 경과하고 나면 정해진 조건 하에 채권에서 다른 종류의 유가증권으로 전환할 수 있는 권리가 부여된 채권으로 주로 채권과 주식간의 전환이 많다.

표 2-1 신주인수권부사채(BW)와 전환사채(CB)의 공통점과 차이점

구 분		신주인수권부사채(BW	전환사채(CB)
공통점	투자매력	사채로서의 안정성과 주식으로서의 투기성	
	발행조건	발행회사에 유리(일반사채보다 낮은 이자율, 상환기간은 장기)	
	신주의 가격	사채발행시의 주가를 기준으로 미리 정해짐	
	권리행사시	사채발행회사의 발행주식 수가 증가하고, 사채권자는 주주가 됨	
차이점	권리내용	신주인수권	전환권
	권리행사	• 신주인수권 행사 후에도 사채 존속 • 권리행사를 위한 신규자금 필요	• 전환권행사 후 사채 소멸 • 전환권행사에 신규자금 불필요
	권리의 이전	신주인수권만 유통이 가능	사채와 함께만 가능

■ **교환사채(EB: exchange bond)**

채권발행 후 일정기간이 지나면 일정한 가격으로 채권을 발행한 회사가 보유하고 있는 주식이나 다른 유가증권과 교환을 청구할 수 있는 권리가 부여된 채권이다. 신주인수권부사채나 전환사채와 다른 점은 권리행사시 발행회사의 주식이 발행되는 것이 아니므로 자본금 변동이 발생하지는 않는다. 단지 발행회사가 보유하고 있는 다른 상장법인의 주식이나 유가증권과 교환된다는 점이다.

나. 자산유동화증권(ABS: asset backed securities)

금융기관이나 기업 등이 보유하고 있는 자산을 담보로 발행하여 제3자에게 매각하는 증권을 말한다. 금융기관이나 기업이 보유하고 있는 대출 관련 자산을 특수목적 회사에 넣고 그 자산을 바탕으로 발행하는 증권을 말한다. 1980년대 중반 이후 미국에서 각종 채권 및 자산의 유동화를 목적으로 개발되었다. 초기 형태로는 주택저당대출을 대상으로 한 주택저당담보부채권(MBS: mortgage backed securities)이 있다. 이후 다른 자산에까지 확대 적용되면서 최근에는 자동차할부금융 · 신용카드대출 · 리스대출 등을 대상으로 한 담보채권을 포함하고 있다.

다. 국제채(international bond)

국내채에 대응되는 개념으로 외국에서 유통되거나 외화로 표시되어 있는 채권을 가리킨다. 국제채의 대표적인 것에는 외국채(foreign bond)와 유로채(Euro bond)가 있다. 외국채는 발행 주체의 자국이 아닌 특정 외국에서 발행지 국가의 통화로 발행되어 발행지 국가의 법규에 따라서 인수, 판매되고 유통되는 국제채를 가리킨다. 유로채는 채권에 표시된 통화의 발행국 이외의 지역에서 발행되는 채권으로, 예를 들어 외국기업에 의해 한국 시장에서 달러로 표시된 채권이 유러채가 된다.

라. 정크본드(junk bond)

정크란 본래 쓰레기라는 뜻으로 일반적으로 기업의 신용등급이 아주 낮아 회사채 발행이 불가능한 기업이 발행하는 회사채로 고수익채권 또는 열등채라고도 부른다. 과거에는 M&A(merger and acquisition: 합병 및 인수)에 필요한 자금을 조달하기 위해 발행한 채권 등을 지칭했으나 최근에는 성장성은 있으나 신용등급이 낮은 중소기업 또는 벤처기업이 발행한 채권을 의미한다.

알고 갑시다

외국채는 발행되는 국가에 따라 고유 명칭이 있는데 예를 들어 외국인에 의해 미국 채권시장에서 발행·판매되는 달러화 표시 채권을 양키본드(Yankee bond)라 한다. 이 밖에도 일본의 사무라이본드(Samurai bond), 영국의 불독본드(Bull-dog bond), 캥거루본드(Kangaroo Bond) 등을 들 수 있다. 마찬가지로 외국인에 의해 한국 채권시장에서 원화표시로 발행·판매되는 채권을 아리랑본드(Arirang bond)라 부르는데 1995년 아시아개발은행(ADB: Asian Development Bank)이 한국산업증권을 주간사로 하여 발행한 것이 처음으로 당시 이름을 아리랑본드라고 불렀다. 지난 1997년 10월에 대구시가 뉴욕, 보스턴, 시카고 등 미국 5개 도시에서 3억 달러의 양키본드 발행하기도 하였다.

4 주주와 채권자

1) 주주(stockholders)

주주는 실질적으로는 주식회사의 소유자로서 회사의 최고의사결정 기관인 주주총회를 구성하는 구성원이다. 주주는 자본의 출자 의무를 지며 예외적인 경우를 제외하고 출자한 자본액을 한도로만 회사에 대한 경제적 책임을 지는 유한책임을 원칙으로 한다.

대신에 우리나라 상법에서는 주주에게 많은 권리를 인정하고 있는데 크게 경제적 이익을 얻는 것을 목적으로 하는 자익권과 회사의 관리 · 경영에 참여할 수 있는 공익권, 1주만 있어도 행사가 가능한 단독주주권과 일정 비율 이상의 주식을 가지고 있어야 행사가 가능한 소수주주권, 주주의 동의없이 박탈할 수 있는가 여부에 따라 구분하는 고유권과 비고유권 등으로 구분할 수 있다. 이 중 자익권과 공익권에 대해 설명하고자 한다.

자익권은 주주가 회사로부터 재산적 이익을 얻을 것을 목적으로 한 권리이다. 이에는 잔여재산분배청구권, 이익배당청구권, 신주인수권, 주권불소지조치청구권, 주식매수청구권 등이 있다. 잔여재산분배청구권이란 주식 회사가 해체되는 시기에 기업을 정리하여 현금화한 금액 중에서 기업이 가지고 있는 부채를 채권자에게 우선적으로 상환하여 주고 난 잔여금액이 주식보유자가 가지고 갈 수 있는 몫이 되며, 주식보유자는 자신의 지분 범위 내에서 잔여금액에 대한 청구권을 가지게 되는데 우선주 주주는 보통주 주주에 우선하여 권리를 가진다. 이익배당청구권은 주식에 부여된 배당을 받을 수 있는 권리를 말하는데 이 청구권도 우선주 주주가 보통주 주주에 우선한다.

공익권은 주주 및 회사의 이익을 위한 권리로서 이를 단독으로 행사할 수 있는 단독주주권과, 일정한 수에 해당하는 주식을 가진 주주만이 행사할 수 있는 소수주주권으로 나눌 수 있다. 단독주주권에는 의결권, 주주총회 결의의 취소 · 무효를 제소하는 권리, 각종 서류열람을 청구할 수 있는 권리 등이 있다. 이 중에 의결권(voting right)은 기업의 경영문제에 관한 주요한 의사결정에 참여할 수 있는 권리를 말하며, 보통 1주당 한 개의 의결권을 행사할 수 있지만, 외국의 경우는 1주당 여러 개의 의결권이 부여된 주식도 있다. 소수주주권에는 주주총회의 소집을 청구하는 권리, 회사의 해산을 청구하는 권리, 청산인의 해임을 청구하는 권리 등이 있다.

2) 채권자(creditors)

채권은 발행하는 주체(채무자)가 채권의 매입자(채권자)로부터 자금을 차입하고, 그 대가로 만기까지의 기간 중에는 이자를 지급하고 만기시에는 차입한 원금을 상환하겠다는 약속을 하는 증서이다. 채권 구입으로 인한 이러한 이자수익과 만기시의 원금상환액은 주식의 경우와 달리 그 금액이 확정되어 있으므로 주식보다는 안정적이라고 할 수 있다. 한편 채권자는 채권을 발행한 발행주체에 대해서 이자지급 및 원금상환청구권 등을 가진다. 재무상태표에서 채권자와 관련된 부분은 대변의 부채 항목이다.

지금까지 살펴본 대표적인 유가증권이라 할 수 있는 주식과 채권의 차이점을 [표 2-2]에 제시하였는데 투자자의 투자욕구 다변화 등으로 인하여

아래 표와 같이 주식과 채권의 명확한 특성이 점차 희석되고 있다.

표 2-2 주식과 채권의 차이점

구 분	주 식	채 권
자금조달방법	자기자본	타인자본
발행자	주식회사	정부 · 지자체 · 특수법인 · 주식회사
존속기간	영구적	한시적
소유자의 지위	주주	채권자
원금상환	상환의무 없음	만기시 원금상환
이익형태	배당 · 가변적	이자 · 확정적
경영참가	있음	없음
발행결정	이사회, 주주총회	국회(국채), 이사회(회사채) 등

제 Ⅱ 부

주식시장의 구조

제 2부에서는 주식시장의 구조를 자세히 살펴본다. 주식시장은 불특정 다수인이 경쟁매매를 통하여 상호 거래하고, 기업에게는 자금을 공급하고 투자자에게는 자산의 증식이 가능하게 하는 투자의 기회를 제공하며, 국가 경제 상황을 알려주는 선행지표의 역할을 담당하고 있다. 따라서 건전한 시장을 유지하여 기업과 투자자의 편의를 도모하며 기업에게는 자금의 조달을 도와주고 투자자에게는 투자를 통한 수익을 창출할 수 있도록 여러 가지 제도와 규정을 두고 있다. 제 3장에서는 기업의 공개 및 상장과 주식 및 채권의 발행이 어떻게 이루어지는가를 이해할 수 있도록 발행과 관련된 이론 및 제도를 설명하였고, 4장에서는 기 발행된 주식과 채권이 투자자들 상호간에 거래되는 유통구조를 설명하여 투자자가 사전적으로 알아야 하는 제도를 중심으로 설명하였다.

제 I 부 금융시장과 증권	제 1 장 금융시장과 증권시장 제 2 장 유가증권의 이해
제 II 부 주식시장의 구조	제 3 장 발행시장 제 4 장 유통시장
제 III 부 실전투자분석	제 5 장 시장정보와 주가 제 6 장 투자와 투자위험 제 7 장 분산투자와 기대수익률 제 8 장 기본적 분석 제 9 장 기술적 분석 제10장 시장이례현상
제 IV 부 파생 및 금융상품	제11장 파생상품시장 제12장 금융상품

제 3 장

발행시장

1. 발행시장의 구조
2. 발행시장의 기능
3. 증권의 발행 방법
4. 발행가격이 기존 증권가격에 미치는 영향
5. 기업공개
6. 증자
7. 우리사주제도와 Stock Option(주식매입선택권)

증권시장은 증권을 발행하고, 이미 발행된 증권을 유통시키는 시장을 총칭하는 개념이다. 증권시장은 거래대상의 종류에 따라서 크게 주식시장과 채권시장으로 나눌 수 있지만, 기능적 측면에서 구분하면 발행시장과 유통시장으로 나눌 수 있다.

발행시장은 기업, 정부, 공공기관 등 자본을 수요로 하는 발행주체가 증권을 발행하여 이를 일반투자자에게 매각함으로써 장기적인 자본을 조달하는 시장으로, 증권의 발행자인 기업 및 정부기관과 증권의 수요자인 투자자 사이에 화폐자본과 증권자본 간의 최초 교환이 이루어지므로 1차적 시장 혹은 본원적 시장(primary market)이라고 하며 자본조달의 직접적인 창구이다.

1 발행시장의 구조

발행시장은 참여하는 주체에 따라 발행자, 인수기관, 그리고 투자자로 구분된다. 발행자는 유가증권을 발행하여 자금을 조달하는 자로 증권의 공급자인 동시에 자금수요의 주체자이며, 인수기관은 자금의 수요자인 발행 주체가 필요한 자금을 쉽게 조달할 수 있도록 발행업무를 대행하여 주는 기능을 가진 자이다. 투자자는 발행주체가 발행한 증권을 매입함으로써 자금의 공급자와 증권의 수요자 기능을 수행하는 자로 볼 수 있다. [표 3-1]은 발행시장의 구조를 나타낸 것인데, 각 주체별로 자세히 살펴보자.

1) 발행자

유가증권인 주식, 회사채 및 국공채 등을 최초로 발행하는 기업, 정부 및 공공단체 등을 지칭한다.

표 3-1 발행시장의 구조

구분		내용
발행자 (Issuer)	주식이나 회사채를 발행하는 주식회사	
	국공채를 발행하는 국가 및 지방자치단체	
	특별법에 의하여 설립된 법인(특수법인, 특수은행)	
	국내에서 유가증권을 발행하는 외국법인	
인수기관 (Under writer)	간사단	유가증권의 발행자와 투자자 사이에서 증권이 원활하게거래될 수 있도록 인수단을 구성하고 증권발행에 따른 사무처리, 발행자에 대한 조언 및 사무절차 대행을 행하는 기관
	인수단	인수기관의 기능 중 가장 중요하고 큰 기능을 하는 인수기관의 집단으로서 유가증권을 발행자로부터 직접 매입하는 인수기능을 하는 기관
	청약단	널리 흩어져 있는 불특정 다수인을 대상으로 청약을 대행해주는 기관 자기의 책임과 계산없이 단순히 청약만 대행하며 모집내역을 집계하여 인수단에 직접 청약을 하게 되므로 특별한 자격요건이 없으며 불특정 다수인을 모집할 수 있는 기관이면 가능
투자자 (Investor)	개인들로 구성된 일반투자자	
	법인의 형태를 취하고 있는 기관투자가	

2) 인수기관

증권의 발행자와 투자자 사이에서 증권 발행과 매입에 따르는 모든 사무처리를 관장하는 기능을 담당하는 금융투자회사를 지칭한다. 발행기관의 주요 기능은 다음과 같다.

(1) 인수기능

증권의 발행자가 발행한 증권을 인수하여 중간도매상의 성격을 띠는 청약취급기관이 최종 수요자인 투자자에게 발행된 증권을 매각하는 기능이다. 전자인 인수기능을 담당하는 기관을 인수기관이라고 하며 주인수기관인 주 간사(managing underwriter)와 주간사에 의하여 선택되는 공동인수기관(co-underwriter)으로 구성된다. 인수기관은 증권이 투자자에게 완전히 매각되지 않을 때, 그에 따른 책임을 지게 되므로 인수업무는 높은 위험이 따르고 이

위험을 공동으로 부담하기 위하여 주인수기관인 주간사는 공동인수 기관을 구성하게 된다. 주간사와 공동인수기관을 총칭하여 인수단이라고 하며 인수단은 발행자가 발행하는 유가증권의 전부 혹은 일부를 매입한다.

(2) 분배기능

분배기능을 담당하는 청약기관은 발행자와 투자자 사이에서 증권발행과 매각에 따른 업무를 취급한다는 의미에서 인수기관과 동일하지만 증권 발행에 따르는 위험을 부담하지 않는다는 점에서 그 성격을 달리한다. 즉, 최종 수요자인 투자자에게 인수기관을 대신하여 발행된 증권을 파는 일만 담당하므로 팔다가 팔지 못한 미소화분의 증권은 발행자나 발행기관이 책임지게 되며 증권의 발행에 소요되는 모든 비용 또한 발행자가 부담한다.

3) 투자자

발행된 증권을 최종적으로 매입하여 보유하거나 아니면 유통시장에 다시 매각하는 자를 말한다. 투자자는 소액의 자본을 가진 개인투자자를 포함하여 거액의 자본으로 법인의 형태를 취하고 있는 기관투자자, 그리고 해외자본을 가지고 증권시장에 참여하는 외국인 투자자까지 다양하다. 기관 투자자로는 소액의 자본가들로부터 모은 거대한 자금을 전문성 있는 관리자가 운용해 주는 은행, 증권투자회사, 보험회사, 자산운용사, 각종 연 · 기금단체 및 재단 등이 있다.

그림 3-1 발행시장

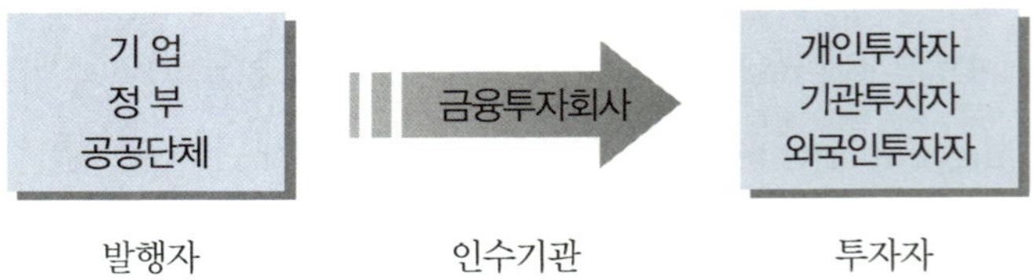

2 발행시장의 기능

1) 자금조달의 기능

발행자는 광범위한 투자자로부터 거대의 장기자금을 일시에 조달하여 경제의 원활한 순환을 가져오게 한다.

2) 자본의 집중 기능

널리 분산되어 있는 투자자의 자금을 한 곳으로 집중하여 자본의 효율성을 가져온다.

3) 최초 소유의 분산 기능

신규로 상장되는 증권의 최초 분산이 가능하며 기업의 소유구조를 분산시켜 준다.

4) 정부의 공개시장조작에 의한 경제조정 기능

증권시장에서 공개시장조작을 통해 통화를 조정함으로써 금리 및 물가의 안정화에 기여한다.

5) 투자수단 제공 기능

증권에 투자하여 배당수익과 자본이득을 추구할 수 있으며 대부분의 주식이 할인발행되므로 신주인수 후 초과이익을 얻는 경우가 많다.

3 증권의 발행 방법

1) 인수자 모집 방법에 따른 분류

인수자의 모집 방법에 따라 사모(私募: private placement)와 공모(公募: public offering)로 구분된다. 사모는 새로 발행되는 증권의 취득의 청약을 권유하는 것으로서 모집에 해당하지 아니하는 것을 말하는데, 기업의 임원이나 종업원, 거래처 혹은 일부 기관투자자 등 자기와 특수 관계에 있는 자에게 주식을 인수시키는 방법이다. 공모는 일반 대중을 대상으로 인수자를 모집하는 방법인데, 자금조달주체가 불특정다수 투자자(50인 이상)를 대상으로 증권을 공개적으로 모집 또는 매출하여 발행하는 형태이다. 여기서 '모집'이란 대통령령으로 정하는 방법에 따라 산출한 50인 이상의 투자자에게 새로 발행되는 증권의 취득의 청약을 권유하는 것을 말하며, '매출'이란 대통령령으로 정하는 방법에 따라 산출한 50인 이상의 투자자에게 이미 발행된 증권의 매도의 청약을 하거나 매수의 청약을 권유하는 것을 말한다.

공모는 다시 주주할당(right issue)과 일반공모(general cash offer)로 나눠진다. 여기서 주주할당이란 새로 발행하는 주식을 기존의 구주주에게 종래 주식을 보유하고 있는 비율에 비례하여 인수시키는 방법이고, 일반공모란 글자 그대로 50인이상의 불특정 다수의 투자자를 공개 모집하고 그들에게 발행 증권을 인수시키는 방법이다.

2) 발행위험 부담 방법에 따른 분류

증권발행시 발행위험을 누가 지느냐에 따라 직접발행과 간접발행의 두 가지 형태로 구분되기도 한다. 여기서 발행위험이란 발행된 증권이 투자자에게 모두 인수되지 않고 미소화분의 증권이 발생할 가능성을 의미한다.

직접발행은 증권발행시 투자자에게 인수되지 않은 미소화분의 증권이 발생하여도 인수기관이 전혀 책임을 지지않는 방법을 말한다. 반면 간접발행시

그림 3-2 증권의 발행 방법

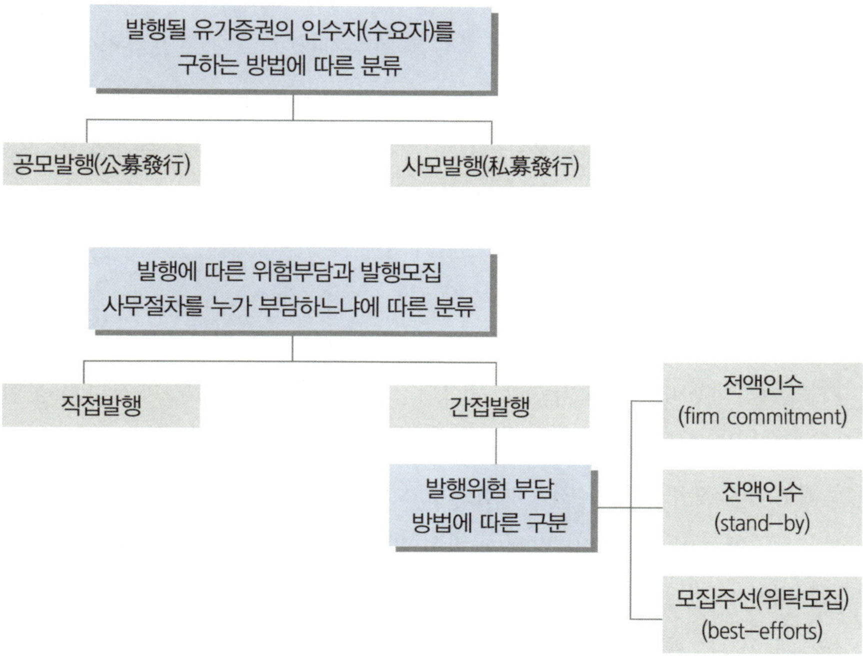

에는 인수기관이 책임지도록 되어 있다.

직접발행은 발행사무를 누가 담당하느냐에 따라 직접모집(자기모집)과 간접모집(위탁모집)으로 구분된다. 직접모집이란 증권발행과 관련된 발행사무를 증권사 등 발행기관에 의존하지 않고 발행회사가 직접 취급하는 방법이다. 반면, 간접모집이란 발행사무를 청약사무취급단과 같은 제3자에게 위임하는 방법이다. 간접발행은 발행위험을 부담하는 방법에 따라 전액인수, 잔액인수, 모집주선 등으로 나눌 수 있다.

(1) 전액인수

전액인수(firm commitment) 방식이란 우선 발행되는 증권을 인수기관이 모두 자기 자금으로 매입한 후, 인수한 증권을 일반투자자에게 다시 매각함으로써 자금을 회수하는 방법이다. 이때 발행기관은 인수한 증권의 매매로 얻어지는 차익으로 이득을 획득하고, 만일 이러한 매매의 결과 일반투자자에게 소화되지 않는 잔여증권이 발생하면 인수기관이 그대로 보유하게 된다. 따라서, 전액인수 방법으로 증권을 발행할 때에는 발행에 따른 발행 주체의 위험이 전액인수기관에게 전가되므로 인수기관은 발행하는 증권의 가격을 대체로 낮게 책정하는 경향이 있다.

(2) 잔액인수

잔액인수(stand-by)는 인수기관이 발행증권을 발행회사로부터 전액인수하지 않고 발행업무를 도와주다 모집기간이 경과하고 나서도 매각하지 못한 잔량이 남을 때에는 미리 약속된 인수가격으로 잔량분을 인수하여 인수기관이 책임지고 판매하거나 자기계정으로 보유하는 인수 방식이다. 따라서, 모집기간 중에는 발행주체가 발행에 관한 위험을 책임지며 모집기간 후에는 잔량에 대하여 인수기관이 책임을 지게 된다. 잔액인수의 방법으로 증권을 발행할 때 인수기관이 얻는 이익은 발행주체가 지불하는 수수료이다.

(3) 모집주선

모집주선(best-effort)이란 인수기관이 증권 발행사무를 담당하여 모집에 최선을 다하지만 만일 이러한 모집의 결과 미소화분의 증권이 발생하면 이를 발행자에게 되돌려 줌으로써 발행위험을 부담하지 않는 방법이다. 이것은 앞의 발행형태로 보아 직접발행 방식과 간접모집 방식(위탁모집)이 혼합된 형태라고 볼 수 있다.

3) 사이버증권 발행

인터넷의 개발과 함께 전 세계가 하나의 단일체제 속으로 흡수 통합되어짐에 따라 증권시장에도 발행업무의 일대 혁신이 일어나고 있다. 사이버 증권 거래는 투자자와 중개기관간의 전통적인 거래를 탈피하여 유가증권의 거래에 사람의 직접적인 접촉을 배제하는 것을 지칭한다. 따라서 발행시장에서 유가증권의 인수자는 모집 방법에 변화가 요구되었고 새로운 발행의 방법이 구현화되었다.

(1) web상에서 공모

현재 web을 통하여 이루어지는 대부분의 발행업무는 온라인 중개업무가 주종을 이루고 있지만, 증권회사인 브로커는 개입시키지 않고 인터넷상에서 직접공모를 하는 방법이 이미 시행되고 있다. 1996년에 Salomon Brothers 사는 Berkshires Hathaway사의 주식을 인터넷을 통하여 최초 공모하였고, Yahoo사도 보통주의 추가공모에서 사업설명서를 인터넷에서 다운로드 받게 하고 공모신청을 받았다.

(2) 직접공모

인터넷을 통한 직접공모는 인수인 또는 공동인수단에 의해 공모가 이루어지지 않고 중개자의 개입 없이 스스로가 직접모집을 하는 것을 말한다. 1995년 Spring Street Brewing사가 인터넷을 통하여 최초로 직접 공모하여 자금을 조달하였고 우리나라의 경우에도 이미 골드뱅크가 인터넷을 통해 9억 9천만 원의 자금을 모집한 사례가 있다.

인터넷을 통한 직접공모에는 다소 차이가 있겠지만 발행자의 홈페이지에서 모집안내서와 신청서류를 다운받아 실시하기 때문에 인수자와 발행자간 발행위험의 발생과 그에 따른 경비부담이 줄어든다는 장점이 있다. 그러나 발행주체에 대한 객관적 정보를 충분히 얻을 수 없다는 단점을 가지고 있다. 따라서 향후 인터넷을 통하여 기업의 발행업무를 전담으로 실시하고, 객관적인 정보를 제공하는 인터넷 전문 발행회사가 탄생하는 등 기업의 자금조달에 일대 변혁이 예고된다.

알고 갑시다

• 크라우드펀딩이란?

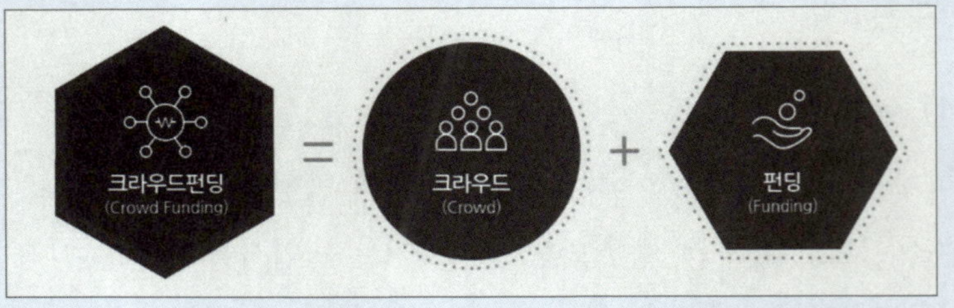

크라우드펀딩은 군중 또는 다수를 의미하는 영어단어 크라우드(Crowd)와 자금조달을 뜻하는 펀딩(Funding)을 조합한 용어입니다.

창의적 아이템을 가진 초기 기업가를 비롯한 자금수요자가 중개업자(온라인소액투자중개업자)의 온라인플랫폼에서 집단지성(The Wisdom of Crowds)을 활용하여 다수의 소액투자자로부터 자금을 조달하는 행위를 크라우드펀딩이라 합니다.

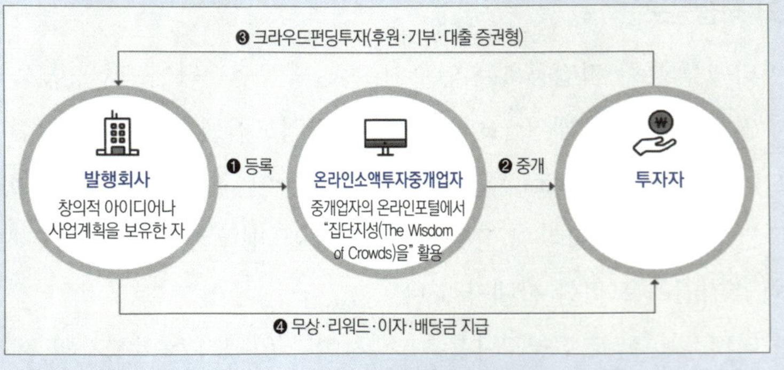

• 크라우드펀딩 유형

자금모집 및 보상방식 등에 따라 1.후원기부형 2.대출형 3.증권형의 세가지 유형으로 구분됩니다.

후원기부형	대출형	증권형(투자형)
자금모집방식 : 후원금·기부금 납입	**자금모집방식** : 대출계약 체결	**자금모집방식** : 증권(주식·채권) 발행
보상방식 : 무상 또는 비금전적 보상	**보상방식** : 금전적 보상(원금·이자)	**보상방식** : 금전적 보상(배당금·원금·이자 등)
주요사례 : 문화·예술·복지·아이디어 상품	**주요사례** : 자금이 필요한 개인, 사업자	**주요사례** : 창업 초기기업

4 발행가격이 기존 증권가격에 미치는 영향

일반적으로 기업이 새로운 증권을 발행하면 그 발행가격이 어떻게 결정되는가에 따라 기존에 발행되어 있는 증권의 가격에 영향을 미치게 된다. 그러한 관계를 보기 위하여 어떤 기업이 새로운 주식을 발행할 때 나타나게 되는 주가의 변동을 살펴보자.

가령, 어느 시점에 A기업이 발행하고 있는 기존의 총발행주식수는 10,000주가 발행되어 있다고 하자. 이 기업의 현재 주가는 50,000원이고 이것은 기업의 현재 상태를 적절히 반영하고 있는 합리적인 가격이라고 하자. 이 기업은 부채가 전혀 없다고 가정한다. 그러면, 이 기업이 발행한 주식의 총가치는 10,000주×50,000원=5억 원이 될 것이다. 여기서 이 가치는 기업에 대하여 증권시장에서 평가한 시장가치가 된다. 즉, 증권시장에서는 수익성과 모든 전망을 반영하여 기업의 가치를 총 5억 원으로 평가한 셈이다. 따라서 만일 이 기업을 현재 인수하고자 하는 사람이 있다면 5억 원을 투자하여 발행주식을 모두 사면 자신의 개인기업으로 만들 수 있다. 증권시장에서는 총가치 5억 원이 발행주식 10,000주에 모두 동등하게 구현되어 한 주당 50,000원의 가격이 형성된 셈이다.

그런데, 이 기업이 새로운 주식을 5,000주 추가로 발행하여 자금을 조달할 때 추가로 발행하는 주식의 발행가격을 어떤 수준으로 하는가에 따라 기존의 주식을 가지고 있는 구주주와 새로 발행되는 주식을 매입하는 신주주 사이에 이해의 갈등이 발생한다. 이를 알아보기 위하여 새로 발행하는 신주의 가격을 구주의 가격과 동등한 50,000원, 이보다 싸게 발행하는 20,000원, 그리고 비싸게 발행하는 80,000원의 경우를 각각 살펴보자(단, 발행주식 모두 판매되었다고 가정한다).

상기의 결과에서 보듯이 신주의 발행가격이 신주발행 전의 주식가격과 동일한 때에는 구주주와 신주주 모두에게 손해와 이득의 변화가 전혀 없다는

신주발행가격이 50,000원인 경우		
신주로 인한 총유입자금	50,000원×5,000주	2억 5천만 원
신주발행 전 구주의 총가치	50,000원×10,000주	5억 원
신주발행 후 기업 총가치		7억 5천만 원
총 발행 주식수		15,000주
신주발행 후 주당 총가치 (1)	7억 5천만 원÷15,000주	5만 원
신주발행 전 주당 총가치 (2)	5억÷10,000주	5만 원
변 화 (1)−(2)		0원

신주발행가격이 20,000원인 경우		
신주로 인한 총유입자금	20,000원×5,000주	1억 원
신주발행 전 구주의 총가치	50,000원×10,000주	5억 원
신주발행 후 기업 총가치		6억 원
총 발행 주식수		15,000주
신주발행 후 주당 총가치 (1)	6억 원÷15,000주	4만 원
신주발행 전 주당 총가치 (2)	5억÷10,000주	5만 원
변 화 (1)−(2)		(−1)만 원

신주발행가격이 80,000원인 경우		
신주로 인한 총유입자금	80,000원×5,000주	4억 원
신주발행 전 구주의 총가치	50,000원×10,000주	5억 원
신주발행 후 기업 총가치		0억 원
총 발행 주식수		15,000주
신주발행 후 주당 총가치 (1)	9억 원÷15,000주	6만 원
신주발행 전 주당 총가치 (2)	5억÷10,000주	5만 원
변 화 (1)−(2)		+1만 원

것을 알 수 있지만, 신주의 발행가격이 구주의 가격보다 낮은 20,000원인 경우에는 신주발행 후에 새로 형성되는 주당가치는 40,000원이므로 구주주는 50,000원 가치의 주식이 신주발행으로 40,000원이 되고 그 결과 구주주는 주당 10,000원의 손해를 입게 된다. 반면에 신주를 매입한 신주주는 20,000원

신주발행가격이 50,000원인 경우	
총투자액	= 구주가치 + 신주매입총액 = (50,000원 × 100주) + (50,000원 × 50주) = 750만 원
신주발행 후 가치	= 보유주식주 × 발행 후 주당가격 = 150주 × 50,000원 = 750만 원
변화	= 총투자액 − 신주발행 후 가치 = 0

신주발행가격이 20,000원인 경우	
총투자액	= 구주가치 + 신주매입총액 = (50,000원 × 100주) + (20,000원 × 50주) = 600만 원
신주발행 후 가치	= 보유주식주 × 발행 후 주당가격 = 150주 × 40,000원 = 600만 원
변화	= 총투자액 − 신주발행 후 가치 = 0

신주발행가격이 80,000원인 경우	
총투자액	= 구주가치 + 신주매입총액 = (50,000원 × 100주) + (80,000원 × 50주) = 900만 원
신주발행 후 가치	= 보유주식주 × 발행 후 주당가격 = 150주 × 60,000원 = 900만 원
변화	= 총투자액 − 신주발행 후 가치 = 0

에 매입한 주식이 40,000원으로 상승하여 주당 20,000원의 혜택을 얻는다. 이와 대조적으로 신주의 발행가격을 구주보다 높은 80,000원에 책정하여 발행하면, 신주발행 전에 주당 50,000원이던 구주가 신주발행 후 60,000원으로 상승하게 하여 구주주는 주당 10,000원의 이익을 얻지만 신주주는 주당

80,000원에 매입한 주식이 신주발행 후 주당 60,000원이 되어 주당 20,000원의 손실을 입는다. 따라서, 발행가격의 수준에 따라 신주와 구주 사이에 이해의 갈등이 발생한다.

이런 불공정한 결과를 피하기 위해서 신주발행시 신주를 매입할 수 있는 자격을 구주주에 한정하는 방법을 사용하는데 이를 권리유상증자(right offer)라고 한다. 가령, 투자자 甲은 이 회사의 주식을 100주 보유하고 있다고 하자. 총 발행주식수가 현재 10,000주이므로 100주/10,000주=1%의 지분을 가지고 있고, 따라서 새로 발행되는 신주 5,000주의 1%인 50주를 매입할 자격이 있는 셈이다. 신주의 발행가격이 5만 원, 2만 원, 8만 원일 경우 투자자 甲의 부(富)에는 아무 변화가 없다는 것을 아래와 같이 알 수 있다.

신주의 발행가격이 구주의 가격보다 높은 경우 신주주가 본의 아니게 손실을 입는다는 것을 알아보았는데 현실적으로 종종 이런 경우가 발생한다. 흔히 '물타기 증자'라고 부르는 경우가 이에 속한다.

물타기 증자는 기업의 내용을 과대 포장함으로써 현재의 적정가격보다 높은 가격으로 주식을 발행하여 신주주가 손실을 보게 되는 경우를 말한다. 만일 현재의 주가가 항상 기업의 실질적 내용을 정확하게 반영한다면 물타기 증자는 성립될 수 없다. 그러나 현실적으로 기업의 외부자인 주주는 기업의 실질적 내용을 속속들이 파악하기 어렵고, 그보다는 그가 수집한 정보에 의하여 투자 여부를 판단한다. 이때 만일 기업의 임원이나 대주주와 같은 기업의 내부자가 잘못된 정보를 시장에 유포한다면 기업의 외부자는 주식의 가격을 잘못 판단하게 된다. 물타기 증자는 기업의 내부자가 이러한 상황을 이용하여 고의로 주가를 적정 가격보다 부풀려 놓고, 그러한 시기를 택하여 증자를 시행하는 것이다. 내부자는 이렇게 증자를 시행하여 이득을 본 후, 정확한 정보가 시장에 유포되어 주가가 적정 가격으로 환원되기 전에 이미 그 주식 투자로부터 빠져나가는 수법을 이용한다.

5 기업공개

1) 기업공개의 의의와 필요성

기업공개(going public)란 회사의 주주가 창업주와 그 혈연을 중심으로 한 소수 주주로 구성되어 폐쇄성을 띠고 있는 주식회사가 법정절차와 방법에 따라 일반대중을 대상으로 주주를 공개모집하여 발행주식의 30% 이상을 매각함으로써 일반대중이 유가증권을 자유로이 매매할 수 있게 하는 것을 의미한다. 이때 주식공모는 신주모집에 의하거나 구주매출을 의해 또는 이 둘을 병행하게 되는데 이처럼 기업공개시의 공모주를 최초공모주(IPO: initial public offerings)라고 한다. 그리고 기업공개는 소수의 대주주가 소유하고 있는 주식을 일반대중에게 분산시켜 당해 기업의 주식이 증권시장을 통하여 자유롭게 거래될 수 있게 함으로써 궁극적으로 한국거래소의 정식 거래대상 종목으로 상장되는 것을 의미한다.

기업공개는 기업이 자금조달을 원활하게 수행하고 기업경영의 합리화를 도모하며, 더 나아가서는 대중자본주의의 창달과 금융구조의 정상화를 통하여 건전한 경제 발전을 이루기 위한 기초를 마련한다. 증권시장에서 활발한 기업공개가 요구되는 구체적 이유는 다음과 같다.

첫째, 기업공개는 기업의 자금조달 능력을 증대시킨다. 공개되지 않은 기업에서는 기업운영에 소요되는 자금을 조달하기 위하여 은행차입등 간접 금융 방식에 의존할 수밖에 없다. 그러나 기업을 공개함으로써 증권시장을 통한 자금조달이 가능해지므로 기업공개는 기업이 직접금융에 의하여 자금 조달을 할 수 있는 첫걸음이 된다.

둘째, 기업공개는 기업이 전문경영인에 의하여 경영될 수 있는 기틀을 마련한다. 기업공개를 통하여 주식의 소유가 완전히 분산되고 대주주가 없어지면 기업경영은 특정 대주주의 영향을 받지 않고 전문경영인에 의한 합리적 경영이 가능해진다. 또한 기업공개의 결과, 재무 내용이 공시되고 정기적인

알고 갑시다

- **최초공모주(IPO)의 저가발행 현상**

  현재 기업공개에 있어 인수기관이 발행기업과 협의하여 발행가격을 자율적으로 정하도록 하고 있다. 하지만 발행기업과 인수기관은 당해 주식에 대한 정확한 시장수요를 모르는 상태에서 발행가격을 결정하게 되며, 동시에 일반투자자는 발행기업에 대한 정보가 미비한 가운데 투자에 임하기 때문에 최초공모주 발행에는 많은 불확실성을 내포하고 있다. 따라서 공개 이후 형성된 주가에 비하여 발행가격이 일반적으로 낮게 발행되는 경향이 있는데 이를 최초공모주의 저가발행현상이라고 한다. 이러한 현상은 전 세계적으로 나타나고 있는데 미국의 경우 약 16%, 일본은 32%, 영국은 11% 정도 저평가되고 있다. 우리나라 또한 최초공모주 저가 발행 현상은 나타나고 있으며, 선진국에 비해 저평가의 정도가 높은 것으로 보고되고 있다.

외부감사를 받게 되며, 또한 보도매체를 통하여 기업이 홍보되는 기회가 증대되므로 기업경영의 내용이 건실해지게 된다.

셋째, 기업이 단순한 소수인의 전유물이 아닌 사회적 공유물이 되게 한다. 또한 기업에 대한 소유 분산을 통하여 경제력이 지나치게 개인에 집중되는 것을 막고, 기업의 성장과실과 이익이 일반대중에게 골고루 분배됨으로써 증권자본주의의 실현을 가능케 한다.

넷째, 기업공개로 투자자 계층이 확대되며 투자수단도 넓어진다. 증권이 상장되면 자유로운 거래로 환금성이 높아지므로 투자가 촉진되고, 대주주도 보유주식을 담보로 금융기관의 대출을 받거나 보증금, 공탁금 등에 활용할 수 있으므로 재산운용의 수단을 넓힐 수 있다.

2) 기업공개와 상장

기업공개는 개인이나 가족 등 소수의 주주에 의해 폐쇄적으로 경영되던 기업의 주식을 다수의 대중에게 분산하는 것이라고 할 수 있다. 반면에 상장은

표 3-2 기업공개와 상장의 개념 비교

구분	기업공개	상　　장
시장	발행시장	유통시장
목적	기업의 자금조달	유가증권의 원활한 유통, 공정한 가격형성
성격	주식분산의 한 형태	거래적격 유가증권의 선별
규제취지	공시주의(발행당사자)	규제주의(상장 적격성 여부 심사)
특성	발행기업과 청약자의 이해조화 발행물량의 소화를 중시	공익성과 투자자 보호 기업의 계속성, 시장성 중시

한국거래소가 상장 기준을 충족하는 유가증권에 대하여 유가증권시장에서 집단적대량적으로 매매거래 될 수 있도록 승인하는 행위이다. [표 3-2]에서 보는 바와 같이 기업공개와 상장은 본래의 의미에서는 확실한 차이가 있다.

3) 공기업의 민영화와 국민주

(1) 민영화와 국민주의 의의

공기업의 민영화란 정부가 소유한 공기업을 증권시장을 통하여 공개하는 것을 의미한다. 즉, 기업공개가 사기업의 주식을 증권시장을 통하여 일반대중에게 분산하는 것이라면, 공기업의 민영화는 정부 또는 지방자치단체 등 공공조직이 소유하고 있는 공기업의 지분을 증권시장을 통하여 일반대중에게 매도하여 분산하는 것을 의미한다.

원래 공기업은 기업운영에 대하여 정부의 강력한 통제가 필요하거나 대기업의 독점에 따른 불공정성을 방지하기 위하여 국가가 기업을 직접 소유한 형태로 운영하는 것이다. 그러나 그러한 기업이 당초의 설립목적을 이미 달성하였거나, 사업 내용이 다른 기업과 중복되거나, 또는 기업 간 경쟁 요인의 결여와 경영의 비효율성으로 민간 부문보다 생산성이 떨어지는 경우에는 이러한 기업을 민영화시키게 된다.

한편, 국민주란 이러한 공기업의 민영화 과정에서 공기업의 지분이 다수의 국민 대중에게 분산 매각됨으로써 시장에 공급되는 주식을 말한다. 일반적으로 공기업은 설립과 성장과정에서 금융세제상 지원 등 국민의 부담하에 국가의 막대한 지원을 받아온 기업이다. 따라서 이러한 기업이 민영화될 때에는 그 기업이 소유한 재산과 수익을 다수의 국민에게 골고루 분배하는 것이 마땅하다. 국민주는 대규모 공기업을 민영화함에 있어 그 공개되는 주식을 일반 국민, 특히 저소득층에게는 실제가치보다 할인된 가격으로 매각함으로써 국민 대다수가 공기업의 성과과실을 골고루 향유할 수 있게 하는 제도이다. 이렇게 하여 민영화된 기업은 실질적인 국민의 기업이 됨으로써 국민의 감시하에 합리적인 경영을 하게 될 것이다.

(2) 공기업 민영화와 국민주 보급실적

공기업을 민영화함에 있어 국민주로 개발 · 보급하려면 공기업의 규모가 크고 국민 경제적 비중이 높으며, 영업기반이 정착되어 있어 앞으로도 계속적인 발전과 배당이 가능하여야 한다. 이러한 조건에 따라 우리나라에서 국민주로 발행된 제일 첫번째 주식은 1988년 4월에 발행되었던 '포항제철'의 주식이다. 당시 포철의 주식을 배정받은 총 인원은 310만명이며, 총 매각대금은 4,133억 원에 이르렀다. 그 후 1989년에는 '한국전력'의 주식이 공급되었고, 1995년에는 '외환은행'의 주식이 과거 한국거래소에 상장되었고 그 외 다수가 있다.

6 증자

1) 유상증자

(1) 의 의

유상증자는 이미 설립되어 있는 주식회사가 자기자본을 조달하기 위하여 새로운 주식을 발행하는 것을 말한다. 따라서 유상증자시에는 주식의 증가와 함께 회사의 자산도 실질적으로 증가하게 된다. 유상증자시에는 신주발행에 의하여 자기자본이 확대되기 때문에 기업이 부채 사용을 억제하고 재무구조를 개선하는 기본적인 방법이 된다. 즉, 유상증자는 자본금의 증가와 함께 자기자본의 증가가 이루어지는 것이다.

일반적으로 기업이 유상증자를 하는 목적은 시설자금이나 운전자금의 조달, 부채의 상환, 자본금의 대형화를 통한 공신력 제고, 재무구조의 개선 등 다양한 이유에서 행해진다.

현재 우리나라는 수권자본제도를 채택하고 있다. 이것은 회사설립시 발행할 주식의 총수는 정관에 기재하여야 하지만 회사설립시 그 주식을 전부 발행하여야 하는 것은 아니고, 정관에 기재된 수권자본의 1/4만 납입하면 되도록 하고 있다. 따라서 회사가 설립된 이후 필요하다면 수시로 수권 자본 내에서 신주를 발행할 수 있다. 이때 신주의 발행과 동시에 현금이나 현물을 납입시켜 기업에 신규로 자금 또는 재산이 들어오게 하는 것을 유상 증자라 한다.

(2) 유상증자의 방법

유상증자시 발행되는 신주의 인수권을 누구에게 주는가에 따라 주주할당발행과 연고자할당발행, 일반공모발행, 주주우선공모발행의 네 가지 방법에 의할 수 있다.

그림 3-3 유상증자의 예

재무상태표(B/S)

자산	부채(타인자본)
유동자산	유동부채
당좌자산	비유동부채
재고자산	자본(자기자본)
비유동자산	자 본 금
투자자산	자본잉여금
유형자산	이익잉여금
무형자산	자본조정

자본금 → 5,000원(액면가)×100주 =500,000원

자본잉여금 → 3,000원(액면가초과분)×100주 =300,000원(주식발행초과금)

가. 주주할당 방법(구주주 배정)

이것은 기존의 주주에게 새로운 주식의 인수권을 부여하는 방법이다. 이 방법에 의하면 정관에 다른 정함이 없으면 주주는 그가 가진 주식 수에 비례하여 신주를 배정받을 수 있는 권리가 주어진다. 주주할당 방식에 의하면 구주주의 기득권이 인정되고, 신주가 시장가격보다 낮게 발행되는 경우에도 구주주의 손실이 방지된다.

나. 연고자할당 방법(제3자 배정)

이것은 회사의 특정 연고자(회사임원, 특정주주, 거래처, 거래은행 등)에게 신주인수권을 부여하는 방식으로, 이러한 배정을 하였을 때에는 회사의 경영권과 기존주주의 이해관계에 중대한 영향을 주기 때문에 정관에서 특별히 정하거나 주주총회의 특별결의를 거쳐야 하는 등 엄격한 통제를 가하고 있다.

다. 일반공모(공모증자)

공모는 50인 이상의 불특정 다수의 일반투자자로부터 신청을 받아서 공정한 가격으로 신주를 발행하는 방법이다. 일반공모발행은 정관에 구주주의 신주인수권에 대한 제한규정이 있어야 가능한데, 그러한 규정이 없으면 주주총

회의 특별결의를 거쳐 정관을 변경하여야 하기 때문에 우리나라에서는 아직 크게 이용되지 않는 제도이다. 다만 기업공개시에는 이 방법에의하여 신주가 발행된다.

라. 주주우선공모

주주우선공모는 유상증자시 구주주에게 그들이 소유한 주식의 비율 범위 내에서 공모주식을 우선적으로 청약하도록 기회를 부여하고, 그 결과 만일 미청약 부분이 발생하면 그 부분을 다시 일반투자자로부터 모집하는 것을 말한다. 만약 여기서 또 모집이 미달되면 그것을 간사회사가 인수하여 증자 전액을 기업에 납입케 하는 제도이다. 이때 구주주가 청약하지 않는 주식을 실권주라 한다. 이 방법은 최근 주식의 발행가액이 점차 시가에 접근함에 따라 주주배정 방법에 의한 실권주 발생률이 점차 높아져 이를 개선하고자 1989년 6월부터 도입된 제도로서, 최근 우리나라의 유상증자는 거의 모두 이 방법에 의하고 있다.

(3) 신주 발행가격의 결정

유상증자시 주식의 발행가격은 크게 액면발행과 시가발행제도로 구분할 수 있다.

가. 액면발행

액면발행은 기존에 발행된 구주의 시가에 관계없이 신주를 주식의 액면가액으로 발행하는 것이다. 이러한 액면발행에는 근본적인 문제가 있다. 즉, 앞의 제4절에서 언급한 바와 같이 만일 새로 발행되는 신주가 액면가액에 의하여 공모가 된다면 구주식의 시가가 액면가액보다 높은 경우, 공모에 의하여 주식을 배정받은 신주주는 이득을 얻지만 구주주에게는 손실이 야기되기 때문이다. 그러므로 이 경우에는 구주주의 손실을 방지하기 위하여 신주의 배정을 기존주주에게만 한정하는 주주할당 방식을 채택할 수밖에 없다. 이러한 경우 기업의 자금조달원은 구주주로 제약을 받게 된다. 또한 액면발행은 발행가격이 기업의 수익력과 이익전망을 반영하지 못하므로 타당한 가격이 되지 못한다.

나. 시가발행

시가발행이란 기업이 신주의 발행가격을 설정할 때, 그 발행가격을 주식의 액면가액과는 무관하게 주식시장에서 형성되는 구주의 시세를 기준으로 하여 산정된 가격으로 신주를 발행하는 것을 말한다. 시가발행제도는 주주할당 방식에 의하여 신주를 발행해야 하는 액면발행과는 달리 신주의 발행 방법을 보다 다양화할 수 있고, 액면가액보다 높은 시세에 신주를 발행함으로써 기업의 자금축적을 용이하게 하며, 그에 따라 기업의 재무구조를 개선하고, 유상증자 후 주가의 급격한 변동을 방지하는 효과 등 이점이 있다. 따라서 액면발행제도보다 시가발행제도는 보다 합리적인 제도라 할 수 있다.

우리나라에서는 신주발행을 합리화하기 위하여 1983년 12월 시가발행 제도를 처음 도입한 이래 여러 차례 개선을 거쳐 왔다. 그후 1987년 8월 이후 모든 상장법인에 대하여 시가발행을 의무화하여 현재 증자시 발행가액의 결정은 이 제도에 의하고 있다. 다만, 시가발행시 발행가액을 완전 시가로 한정하지 않고 다소의 할인을 인정하고 있는데, 1989년 1월부터는 할인폭을 시가의 10%로 하여 완전시가발행에 근접했으나, 1989년 12월부터는 이를 다소 완화하여 30%까지 할인할 수 있도록 하였고, 현재는 완전히 자율화하였다.

2) 무상증자

(1) 의 의

무상증자는 기업에 현금이나 현물의 납입 없이 새로운 주식을 발행하여 기존의 주주에게 그들이 소유한 주식의 비율로 무상으로 배부하는 것을 말한다. 무상증자를 실시할 때에는 재무제표 계정상 준비금이나 자산재평가적립금 등으로 분류된 계정을 자본금으로 전환하고 그에 해당하는 금액만큼 새로운 주식을 발행하게 된다.

따라서 무상증자시에는 기업에 새로운 자금이 유입되는 것이 아니고 단지 재무제표상 항목간 변동을 통하여 자본금이 명목상 늘어날 뿐이며, 발행주

그림 3-4 무상증자의 예

EX) 이익잉여금 중의 300,000원과 자본잉여금 중의 200,000원을 자본금으로 전입하고 그 금액에 해당되는 500,000원 만큼의 주식을 발행하여 주주들에게 나눠줌으로써 자본금이 500,000원 증가하지만, 이익잉여금과 자본잉여금이 각각 300,000원과 200,000원씩 감소했으므로, 결국 자기자본의 크기에는 아무런 변화가 없다.

자산	부채(타인자본)
유동자산	유동부채
당좌자산	비유동부채
재고자산	자본(자기자본)
비유동자산	자 본 금 ←
투자자산	자본잉여금
유형자산	이익잉여금
무형자산	자 본 조 정

식 수도 늘어나게 된다. 즉, 무상증자는 명목상의 자본금은 증가하지만 자기자본은 증가하지 않는다. 무상증자는 주로 기업이 자금조달을 목적으로 하지 않고 재무제표상 자본구성을 시정하거나 사내유보를 적정화하기 위하여 시행된다.

(2) 무상증자의 형태

가. 준비금의 자본전입에 의한 무상증자

주식회사는 기업의 영업활동에서 생기는 이익 중에서 일정한 금액을 이익준비금으로 내부에 축적하도록 되어 있으며, 또 영업활동이 아닌 자산 거래에서 발생하는 차익을 자본준비금으로 적립하도록 의무화되어 있다. 이와 같이 법률규정에 의하여 적립된 법정준비금은 이사회 결의를 통하여 그 전부 또는 일부를 자본금으로 전환하고 그에 해당하는 금액만큼 새로운 주식을 발행하여 기존주주에게 무상으로 교부할 수 있다.

나. 재평가적립금의 자본전입에 의한 무상증자

인플레이션율이 높아서 통화가치가 지속적으로 하락하는 상황에서 기업이 소유하고 있는 자산의 장부상 가치는 시장의 실질가치보다 낮게 되는 것이 일반적이다. 이때 기업이 자산을 시장가치에 따라서 재평가하게 되면 재평가한 금액과 장부상 가치의 차액은 실제 기업이 현금으로 얻는 이득은 아닐지라도 명목상 이득으로 계산된다. 이러한 차익을 적립한 것을 재평가 적립금이라 하는데, 재평가적립금도 무상증자의 대상이 되고 있다. 이때 재평가적립금은 자본금으로 전입되고 그에 해당하는 금액에 대하여 새로운 주식이 무상으로 발행된다.

(3) 무상증자와 유사한 증자

가. 주식배당(stock dividend)

회사의 이익을 주주에게 배당함에 있어 현금배당 대신 신주식을 발행하여 교부하는 것을 주식배당이라 한다. 주식배당의 경우에는 현금배당시사외로 유출될 자금을 자본화시켜 주식으로 지급하는 것이기 때문에 자산이 그만큼 기업 내부에 유보되는 셈이다.

기업이 주식배당을 시행하는 경우 기업의 실질적 내용에는 아무런 변동이 없고, 다만 각 주주가 자신이 보유한 주식 수에 비례하여 신주를 교부받기 때문에 그 실질적인 내용은 무상증자와 동일하다.

나. 주식분할(stock splits)

주식분할이란 주식회사가 자본금의 변화 없이 기존에 발행한 주식에 대하여 주당 가격을 낮추어 주식수를 증가시키고 이들 주식을 주주에게 그들이 보유한 주식수에 따라 비례적으로 교부하는 것이다. 이것은 주식의 액면가를 시장관행에 맞추거나, 주식의 거래 단위를 낮춤으로써 보다 거래를 활발하게 하려는 의도에서 시행된다. 주식분할과 반대로 주식을 결합하여 발행주식 수를 감소시키는 것을 주식병합이라 한다.

우리나라에서는 주식분할에 관한 법규가 없기 때문에 기업의 자유의사에 따라 시행되고 있으며, 주식분할도 기업 내용의 변화 없이 발행주식 수만 증가시킨다는 점에서 무상증자와 동일한 효과를 갖는다.

(4) 기타의 증자

가. 전환사채의 전환에 의한 증자

전환사채의 보유자가 사채를 주식으로 전환할 경우, 전환액에 상응하는 신주를 발행한다. 이렇게 하면 기업의 부채가 감소되고 그만큼의 자기자본이 증가하게 되므로 전체적인 자산가치는 변화가 없다.

나. 신주인수권부 사채에 의한 증자

신주인수권부 사채는 채권자가 신주인수권리를 행사할 경우 유상증자가 자동적으로 행하여지며 신주인수권을 보유한 자는 미리 정한 일정가액에 일정 수량을 매입할 수 있다. 유상증자만큼의 전체적인 자산가치가 증가하게 된다.

7 우리사주제도와 Stock Option(주식매입선택권)

1) 우리사주제도

우리사주제도 혹은 종업원지주제도(從業員持株制度)라 하는 것은 기업이 종업원에게 자기회사 주식을 취득 보유하게 하여 종업원이 그 기업의 주주로서 기업경영 및 이익배분에 참여하도록 하는 제도를 말한다. 그리고 이때 종업원이 보유하게 되는 그 회사 주식을 우리사주라 한다.

이 제도는 나라마다 혹은 기업마다 다양한 형태를 지니고 있으나 일반적으로 다음과 같은 특징을 갖고 있다. 첫째, 종업원이 자기회사의 주식을 취득하고, 둘째, 종업원의 독자적인 주식취득이 아니라 종업원이 단체를 조직하여 자기회사의 주식을 장기적으로 보유하도록 제도화되어 있으며, 셋째, 종업원의 주식취득을 돕기 위하여 자금의 대출이나 세금혜택 등 편의를 제공하는 것이 일반적이다.

이러한 우리사주제도를 채택함으로써 다음과 같은 효과를 기대할 수 있다.

첫째, 우리사주제도에 의하여 종업원이 기업의 주식을 소유하면 종업원이 회사의 주주로서 경영과 이익에 참여하게 되므로 기업과 종업원의 공동체 의식이 높아지고 그에 따라 기업의 생산성이 향상될 수 있다.

둘째, 안정적인 주주를 확보함으로써 외부자본에 의한 기업지배의 위험을 방지하고 경영을 안정시킬 수 있다.

셋째, 종업원의 재산형성을 촉진시킬 수 있다. 종업원의 자사주 구입을 위한 저축을 증대시키고 장기간 적립투자를 유도하여 재산을 증식시킬 수 있다. 또한 우리사주제도에 의한 자사주 구입은 시장가격보다 유리한 조건에서 구입할 수 있고, 구입자금의 일부를 융자받을 수 있으며, 세금상 혜택도 부여되므로 종업원에 상당히 유리한 투자기회가 된다.

우리나라에서 우리사주제도를 운영하기 위해서는 종업원의 자율적 기구인 우리사주조합을 결성하여야 한다. 조합원의 가입은 종업원의 자유의사에 의한다. 종업원의 우리사주조합원이 자사주를 취득하는 방법은 기업 공개시 우선배정과 유상증자시 우선배정, 상여금대체지급의 방법에 의하여 취득할 수 있다.

2) Stock Option(주식매입선택권)

스톡옵션이란 기업이 기업의 임직원 및 기업 관련 전문인력에게 자기회사의 주식을 미리 약정한 가격으로, 일정한 수량을, 일정한 기간 내에 매수할 수 있는 권리를 부여하는 제도로서 임직원보상제도의 일종이다. 스톡옵션은 주식연계형 보상수단으로 창업 초기 자금력의 부족으로 우수인력을 유치하기 힘든 벤처기업에서 우수인력을 유치하기 위한 수단이나, 전문경영인 체제

하에서 경영자와 임직원에게 성과향상을 위한 동기부여의 주요한 수단으로 최근 각광받고 있다.

예컨대 A사가 유능한 최고경영자를 외부에서 스카우트하면서 연봉 외에 1년 후 일정기간(행사기간) 동안 이 회사 주식 1만주를 현재 시세(1만 원)로 살 수 있는 권리를 부여했다고 가정하자. 만일 이 경영자가 회사를 잘 경영하여 1년 뒤 이 회사주가가 2만 원이 된다면 이 경영자는 1주 당 1만 원씩 벌어들일 수 있으며, 연봉 외에 1억 원을 보너스로 받는 것과 마찬가지 결과를 가져온다. 그러나 회사 주가가 5,000원으로 떨어진다면 이 경영자는 스톡옵션을 행사하지 않으면 된다. 물론 이 회사 이사회는 부실경영책임을 물어 경영자를 해고할 수 있을 것이다.

제 4 장

유통시장

1. 유통시장의 의의와 기능
2. 유가증권의 상장
3. 유통시장의 구조
4. 매매거래제도
5. 매매거래 관리
6. 시장별 주요 매매거래제도 및 관리의 비교
7. 신용거래제도
8. 공정거래 질서를 위한 제도

부록: 상장요건 참고자료

일반투자자들이 말하고 있는 증권시장은 이미 발행된 증권을 사고파는 유통시장에 국한하여 이해하는 경우가 많다. 유통시장은 발행시장과는 달리 항상 거래되는 계속적 시장이며 투자자들 간의 거래가 이루어지는 수평적 시장이다. 따라서 증권시장을 정확히 이해하지 못하는 투자자는 유통시장을 단순히 증권의 매입과 매도 가격 간의 차이를 얻기 위한 투기성 높은 시장이라고 판단하게 된다.

기업이 장기적인 자본을 조달할 경우 발행시장을 통하여 증권을 매각하게 되지만 증권의 발행 규모와 조건, 발행 시기 등에 영향을 주는 시장은 유통시장이므로 유통시장은 기업의 자금조달을 간접적으로 도와주는 보완적 기능을 가진 시장이다. 즉, 유통시장에서 증권가격의 하락세가 우세할 경우, 발행시장에서 팔릴 증권을 투자자가 기피하게 되고, 발행된 증권은 시장의 공급을 증가시키게 되어 유통시장에서 증권의 가격을 더욱 하락시키는 요인으로 작용한다.

1 유통시장의 의의와 기능

증권의 유통시장은 이미 발행된 유가증권이 투자자들 상호 간에 매매 거래되는 시장으로서, 1차시장(primary market)인 발행시장에 대비하여 2차시장(secondary market)이라고 한다. 즉, 유통시장은 투자자가 소유하고있는 주식이나 채권 등 유가증권을 매각하여 투자자금을 회수하거나 이미 발행된 유가증권을 취득하여 금융자산을 운용하는 시장을 의미한다.

그러므로 유통시장에서의 거래는 기업의 자금조달과 직접적인 관련이 없다. 즉, 기업이 자금을 조달하는 것은 발행시장에서 최초 증권을 발행하여 그것을 일반에게 매각할 때 조달되는 것이지, 그후 발행된 증권이 유통시장에서 소유주를 바꾸어 거래되는 것은 증권 발행 기업의 자금조달과 직접적인 관련이 없다. 그러면 이러한 유통시장을 제도화함으로써 증권의 자유로운 거래를 보장하는 이유는 무엇인가? 그것은 유통시장이 다음과 같은 중요한 기능을 수행하기 때문이다.

1) 증권의 유동성 부여

만일 유통시장이 존재하지 않아 발행된 증권이 추후에 거래될 수 없다면 어떻게 될 것인가? 그러면 투자자는 발행된 증권을 현금화하기 위해서 증권의 만기까지 기다려야 할 것이다. 특히 주식의 경우에는 만기가 없으므로 투자금액의 상환을 위해서는 기업의 해체시까지 기다려야 한다. 따라서 조만간에 현금이 필요한 투자자는 증권에 대한 투자를 포기할 것이다.

그러나 발행된 증권이 자유로이 유통되어 투자자가 원할 때 마음대로 현금화할 수 있다면 투자자는 망설이지 않고 증권에 대한 투자를 행할 것이다. 따라서 유통시장은 증권에 대한 유동성을 보장함으로써 증권투자를 촉진한다.

2) 증권의 가격결정

발행된 증권은 유통시장에서 수시로 거래됨으로써 가격이 수시로 평가된다. 유통시장에서 형성되는 가격은 증권시장에 참여하는 수많은 투자자가 공통된 견해에 의해서 가장 합리적이라고 믿는 가치이다. 따라서 이 가격은 어떤 개인이 독자적인 판단에 의해 임의적으로 평가한 가치보다 공정하다. 유통시장은 거래되는 증권에 대하여 이러한 공정한 가치판단을 가능케 하는 기반을 마련해 준다.

3) 자본의 효율적 배분

일반적으로 한 나라의 경제 내에서 기업이 사용할 수 있는 투자자금의 양은 한정되어 있다. 그러므로 경제가 원활히 발전하기 위해서는 한정된 투자자금이 가급적이면 효율적이고도 고부가가치를 창출하는 기업에 배분되어야 한다. 유통시장에서 거래자는 단순히 자신의 이익을 추구하기 위하여 거래 행위를 한다. 그러나 그러한 행위로 말미암아 자동적으로 증권의 공정한 가격이 수시로 평가되며, 결과적으로는 기업의 자금조달시 한정된 자금이 경제 내 효율적인 방향으로 흐르도록 유도된다. 만일 유통시장이 없다면 증권의 발행가격은 자의적으로 결정될 수밖에 없다. 이렇게 자의적으로 결정된 가격은 경제 내 자원의 배분을 왜곡시킨다.

2 유가증권의 상장

1) 상장의 의의와 효과

상장(listing)은 유가증권이 일정한 요건과 절차를 갖춰 한국거래소에서 매매될 수 있도록 등록이 되는 것을 말한다. 이때 매매대상으로 등록된 증권을 상장증권이라 하며, 상장증권을 발행한 회사를 상장회사라 한다. 한국거래소에서 상장증권으로 등록되기 위해서는 일정한 심사를 거쳐야 하는데, 그것은 유가증권이 공정한 가격으로 원활하게 유통되도록 함으로써 투자자를 보호하기 위해서이다.

상장회사 측면에서의 상장효과는 당해 유가증권이나 상장회사에 대한 신뢰성을 높여 주식가치의 향상, 기업 자금조달의 용이, 담보가치의 향상, 회사명성이나 지위의 향상, 광고효과의 제고 등에 기여한다. 그러나 증권을 상장한다는 것은 어디까지나 자유로운 거래시장을 제공하는 것이지 상장증권의 가치를 보증하는 것은 아니다. 투자자 측면에서는 유가증권의 높은 시장성으로 환금의 용이, 신속·공정한 거래형성을 통한 투자자의 보호, 신뢰성 있는 투자자료 입수가 가능하여 투자판단에 도움이 된다.

상장폐지는 발행회사의 기업 내용에 중대한 사태가 발생하여 당해 유가증권을 계속해서 상장시키면 투자자에게 불의의 손실을 입힐 우려가 있거나(예 : 사업 및 반기보고서 미제출, 회사의 정리절차의 개시, 회사영업 활동 정지, 부도수표의 발생 등에 해당하는 주식의 경우), 증권시장에 대한 신뢰를 그르칠 수 있다고 인정될 때(예 : 감사보고서에 부적정 의견이 발생한 주식, 시장성을 크게 상실한 채권의 경우) 거래소는 상장폐지 조치를 취할 수 있다.

알아두기 참고 자료 한국거래소에서 제공하는 상장의 혜택에 대한 자료

기업에 대한 혜택

1. 공모를 통한 유상증자 용이(자본시장법 제165조의6)
   상장법인은 정관이 정하는 바에 따라 이사회의 결의로써 주주의 신주인수권을 배제하고 불특정 다수인(당해 기업의 주주를 포함한다)을 상대로 하여 신주를 모집할 수 있다.
2. 의결권 없는 주식의 발행한도 특례(자본시장법 제165조의15)
   비상장법인은 의결권 없는 주식을 발행주식총수의 25%까지 발행할 수 있다. 그러나 상장법인이 외국에서 주식을 발행하거나 외국에서 발행한 해외전환사채, 해외신주인수권부사채, 기타 주식과 관련된 증권 또는 증서의 권리행사로 발행하는 의결권 없는 주식은 발행한도의 계산에 산입되지 않는다.
3. 주식배당의 특례(자본시장법 제165조의13)
   비상장법인은 주식배당을 배당가능이익액의 1/2를 초과하지 못하나, 상장법인은 배당가능 이익총액에 상당하는 금액까지 주식배당을 할 수 있다.
4. 주주총회 소집절차의 간소화(상법 제542조의4)
   비상장법인의 주주총회의 소집통지는 각 주주에게 서면으로 하게 되어 있으나, 상장법인의 주주총회 소집통지는 의결권 있는 발행주식총수의 1% 이하를 소유하는 주주에 대하여 정관이 정하는 바에 따라 주주총회일 2주 전에 2개 이상의 일간신문에 각각 2회 이상 공고하거나 금융감독원 또는 한국거래소가 운용하는 전자공시시스템을 통하여 공고함으로써 이를 갈음할 수 있다.

주주에 대한 혜택

1. 주식양도소득에 대한 비과세(소득세법 제94조, 동법시행령 제157조제4항)
   상장주식은 대주주 등을 제외하고 주식양도에 따른 양도소득세를 부과하지 않고 있기 때문에 상장을 위해 모집하거나 유가증권시장을 통하여 양도하는 경우에는 양도소득세가 면제된다. 그러나 비상장주식은 양도차익의 20%(중소기업의 경우 10%, 대주주의 1년 미만 보유한 중소기업 외의 법인의 주식의 경우 30%, 대주주의 그 외의 주식의 경우 양도차익이 3억 원 이하는 20%, 3억 원 초과는 25%)를 세금으로 납부하여야 한다.
2. 상속 및 증여재산의 시가평가(상속및증여세법 제63조 및 동법시행령제53조)
   비상장법인이 발행한 주식을 상속 또는 증여할 경우 상속세 및 증여세법에서 정한 산식으로 평가하나, 상장법인이 발행한 주식을 상속 또는 증여할 경우 평가기준일 전 · 후 각각 2개월간 최종시세의 평균액으로 평가한다.
3. 증권거래세 탄력세율 적용(증권거래세법 제8조 및 동법시행령 제5조)
   증권거래세 탄력세율 적용(증권거래세법 제8조 및 동법시행령 제5조) 비상장법인의 발행주식을 양도하는 경우 0.5%의 증권거래세율이 적용되지만, 유가증권시장을 통해 양도되는 상장법인의 주식은 0.1%(0.15%의 농특세 추가부담)의 세율이 적용된다.
4. 소수주주권 행사완화 등(상법 제542조의6, 제542조의7)
   상장법인의 경우 상법상 소수주주권 및 집중투표제 행사요건(1%) 등이 완화되어 적용된다.

상장의 효과

1. 필요자금 조달의 용이
   유상증자, 해외DR 발행, 전환사채, 교환사채 등 다양한 방법을 통해 대규모 필요자금을 쉽게 조달할 수 있다.
2. 기업인지도 제고
   상장법인의 주가 등이 언론매체에서 수시로 보도됨으로써 기업의 홍보효과가 극대화되고 국내외 투자자에 대한 당해 기업의 인지도를 제고할 수 있다. 또한 기업인지도 제고에 따라 우수 인재의 입사지원 증가 및 우수인력의 확보가 용이하다.

3. 기업구조조정의 원활한 추진
상장법인의 분할 또는 합병 등에 의해 설립된 회사를 쉽게 상장할 수 있도록 상장요건 정비 등 환경을 조성함으로써 상장법인의 경영목적에 맞는 방법으로 구조조정을 원활하게 추진할 수 있다.

2) 상장의 유형

(1) 신규상장

한국거래소에 유가증권을 최초로 상장하는 것을 말한다.

(2) 신주상장

상장법인이 유·무상증자와 합병 등으로 새로 발행한 주권을 상장하는 것을 말한다.

(3) 변경상장

기상장된 주권의 종목, 종류, 액면금액, 수량 등을 변경한 경우 기존 주권을 새로운 주권으로 교체 발행하여 상장하는 것을 말한다.

(4) 주권의 재상장

주권이 상장 폐지되거나 합병·분할 또는 분할합병된 후 일정 기간 내에 당해 주권을 다시 상장하는 경우를 말한다. 이때 상장을 용이하게 하기 위하여 재상장요건은 신규상장요건보다 완화하여 적용한다.

그림 4-1 상장의 유형

신규상장	재상장
기업이 발행한 주권을 증권시장에 처음으로 상장시키는 것을 말한다. 신규상장은 상장예비심사청구후 공모(모집 · 배출)을 하였는지 여부에 따라 공모상장과 직(유통)상장으로 구분되며, 직상장의 경우는 코스탁상장법인이 공모없이 시장이전 하는 경우에만 인정된다.	상장법인의 분할 또는 분할합병에 의하여 설립된 법이나 상장법인간의 합병에 의하여 설립된 법인 또는 상장이 폐지된 후 5년이 경과되지 않은 법인이 발행한 주권을 상장시키는 것을 말한다.

신주상장	변경상장
상장법인이 증자, 합병, 전환사채 또는 신주인수권부사채를 소유한 자의 권리행사 등으로 인하여 새로이 발행한 주권을 상장시키는 것을 말한다.	주권의 기재내용이 변경(상호, 종류, 액면금액 등)되는 경우, 새로운 주권을 교체 · 발행하여 상장시키는 것을 말한다.

3 유통시장의 구조

우리가 흔히 유통시장이라고 하면 정규시장인 한국거래소(KRX: Korea Exchange)를 의미하는 경우가 많지만 엄밀한 의미에서는 장외시장을 포괄하는 개념이다. 한국거래소는 지정된 장소와 건물에서 증권이 계속적이고도 조직적으로 거래되는 시장을 의미한다. 한국거래소에서는 상장증권(listed securities)만이 거래되며, 경쟁매매를 원칙으로 일정한 매매거래제도에 따라 증권거래가 이루어진다. 이에 반하여 장외시장은 조직적인 한국거래소가 아닌 다른 곳에서 전산에 의하여 매매되는 비조직적인 시장을 포괄한다.

우리나라의 정규시장은 현재 한국거래소(KRX: Korea Exchange)로 과거 한국증권거래소와 코스닥 · 한국선물거래소 · 코스닥위원회가 합병된 통합 거래소이며, 2005년 1월 27일에 한국거래소로 출범해 2009년 2월4일 상호를 변경하였다. 한국거래소 설립에 따라 동 거래소가 개설하는 시장이 유가증권시장, 코스닥시장 및 파생상품시장으로 나누어졌는데 이 중 유가증권시장은 종전 한국증권거래소가 코스닥시장은 종전 증권업협회가 관리 · 운영하던 시장이다. 장외시장은 거래소 밖에서 유가증권의 매매가 이루어지는 시장으로 과거'프리보드'를 개편한 것으로 한국금융투자협회가 개설 운영하는 한국장외시장인 K-OTC를 들 수 있다. 또 하나의 장외시장으로 상장유가증권은 물론 비상장유가증권에 대하여 고객과 증권회사, 증권회사 상호간 또는 고객 상호 간의 개별적인 접촉에 의해 거래가 이루어지는 비조직적 · 추상적 시장인 점두시장(OTC: over-the-counter market)이 있다.

또한 증권의 유통시장은 거래되는 증권의 종류에 따라 주식 유통시장과 채권 유통시장으로 구분된다. 증권의 유통은 [그림 4-2]에서처럼 투자자 상호간에 직접 이루어지기도 하지만 대부분의 경우에는 금융투자회사의 중개에

그림 4-2 유통시장의 구조

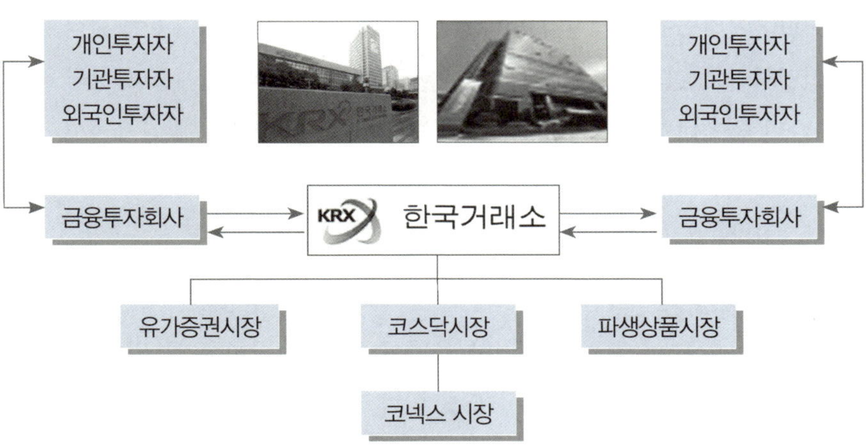

의하여 거래된다. 금융투자회사는 투자자로부터 매입 혹은 매도 주문을 받아 거래소를 통하여 매매를 체결하고 그에 대한 위탁수수료를 취득한다.

1) 유가증권시장

(1) 유가증권시장의 의의

유가증권의 매매거래가 이루어지는 시장을 널리 유가증권시장이라고 할 수 있으나, 법률상 유가증권시장은 종전의 증권거래소시장을 말한다. 좀 더 자세히 말하면 한국거래소 설립에 따라 동 거래소가 개설하는 시장이 유가증권시장, 코스닥시장 및 파생상품시장으로 나누어졌는데 이 중 유가증권시장은 종전 증권거래소가 개설·운영하던 시장이라고 할 수 있다. 대규모 우량기업의 주식과 채권이 주로 거래되는 시장이며, 가장 많은 기업들과 투자자들이 참여하고 있는 시장이기도 하다.

(2) 유가증권시장의 상장

가. 상장절차

유가증권시장의 상장절차는 상장을 위한 선행단계, 준비단계, 상장단계로 나눌 수 있다. 개괄적으로 상장절차를 보면 유가증권을 상장하고자 하는 회사는 한국거래소에 상장신청을 하고 거래소는 소정의 심사기준에 따라 심사 후 적정하다고 인정되는 경우에 상장을 결정하게 된다. 거래소가 상장을 결정한다면 금융위원회가 상장승인을 하면 이를 신청한 회사에 통보하고 상장을 시행한다. 코스닥 시장에서의 상장절차도 유가증권시장에 준하며, 구체적인 상장절차는 [그림 4-3]과 같다.

나. 상장요건

상장요건은 당해 증권이 공정한 가격의 형성, 원활한 유통 및 투자자 보호에 공헌할 수 있는가에 중점을 두고 있다. 상장요건은 다양한 사항이 포함되어 있지만 크게 나누어 기업의 규모, 재무 내용, 유통성, 건전성 및 공익과

그림 4-3 증권시장의 상장 PROCESS

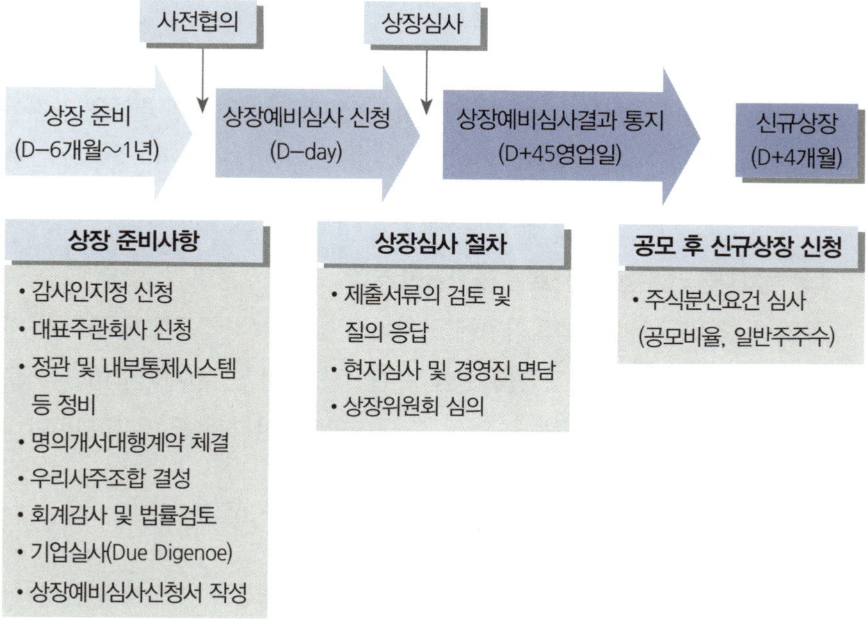

자료 : 한국거래소

투자자 보호에 관한 요건을 충족할 것을 요구하고 있다(구체적 상장요건은 부록: 참고자료 참고).

2) 코스닥시장

(1) 코스닥시장의 의의

코스닥시장은 협회중개시장(KOSDAQ: Korea Securities Dealers Automated Quotation)의 영문 첫 글자를 딴 이름으로 미국의 NASDAQ(National Association Securities Dealers Automated Quotation)을 벤치마킹하여 증권업협회가 개설하여 운영한 시장이었다. 하지만 현재에는 통합거래소 체제로 단일화되어 하나의 거래소 내에 사업본부제 형태로 운영 · 관리되고 있다.

(2) 코스닥시장의 기능

가. 중소기업 자금조달 창구

유가증권시장의 상장요건을 충족하지 못하는 중소기업이나 벤처기업들이 증권을 발행하여 자금을 조달하기 위해서는 발행된 증권이 환금성을 가져야 한다. 코스닥시장은 유망 중소기업이나 벤처기업 등이 자유로이 증권을 발행하여 자금을 조달할 수 있도록 유통기능을 제공하는 것이다.

나. 투자자금의 운용 및 새로운 투자기회 부여

유망한 중소기업이나 벤처기업에 투자하고 싶은 투자자들에게 투자의 기회를 부여한다. 그러나 성장 가능성을 가진 중소기업 및 벤처기업이 실제로 성장 발전할 경우에는 고소득을 얻을 수 있지만, 그렇지 못한 경우에는 막대한 손실을 입을 위험성도 있다.

다. 벤처산업의 육성

벤처기업에 투자하고 싶은 투자자들이 매입한 증권을 중도에 현금화 할 수단이 없다면 투자를 자제하게 된다. 코스닥시장은 벤처기업에 전문으로 투자하는 벤처금융(venture capital) 회사가 투자를 확대하도록 동기를 부여함으로써 유망한 벤처산업을 육성 발전시키는 역할을 담당한다.

(3) 코스닥시장의 특징

가. 벤처기업 및 중소기업 중심 시장

성장 잠재력이 높은 벤처기업과 유망 중소기업이 주로 등록하여 자금을 조달하는 시장이다.

나. 유가증권시장과 독립된 시장

거래소에 상장하기 위해 사전적으로 시험무대를 제공하는 시장이 아니라 거래소와 독립된 시장이다.

다. 금융투자회사의 책임과 역할이 중시되는 시장

코스닥시장의 상장요건은 유가증권시장의 상장요건에 비하여 상당히 완화되어 있으므로 우량종목의 발굴에 대한 금융투자회사의 책임과 역할이 중요시된다.

라. 고위험 · 고수익의 시장

성장 잠재력은 현실로 가시화되는 경우도 있지만 실패할 가능성도 높다. 코스닥시장에 상장된 대부분의 주식들은 현대의 이익수준에 대한 주식 가격의 형성보다는 미래의 성장 가능성에 대한 주식가격의 폭이 훨씬 크다. 따라서 형성된 가격의 내재가치를 정확히 판단하기가 어렵고 유통물량이 적어 단시일 내에 상승 혹은 하락의 가능성이 높다.

(4) 코스닥시장의 상장요건

자본시장과 금융투자업에 관한 법률(자본시장법)에 의해 금융위원회에 등록을 한 법인이 발행한 주권으로서 코스닥시장상장규정상 소정의 상장요건을 갖추어야 한다(구체적 요건은 부록: 참고자료 참고).

3) 코넥스 시장

(1) 개념

코넥스(KONEX, Korea New Exchange)는 자본시장을 통한 초기 중소 벤처기업의 성장지원 및 모험자본 선순환 체계 구축을 위해 개설된 중소기업전용 신시장이다. 자본시장을 통한 중소기업의 자금조달은 은행대출에 편중되어 있어 상장기업에 비해 부채비율이 높고, 이자비용 부담도 과중한 실정이다. 또한 중소기업 지원을 위해 설립된 코스닥 시장은 상장요건이 강화되었으며 K-OTC 시장에는 부실기업이 혼재하고 있다는 인식이 있어 중소기업에 알맞는 자본시장의 필요성이 제기되었다. 이에 중소기업의 특성을 반영해 코스닥이나 K-OTC에 비하여 진입 및 퇴출 요건, 공시 및 기업지배구조 등이 대폭 완화된 코넥스 시장이 중소기업의 자금조달을 지원하려는 목적으로 개설되었다.

(2) 코넥스 시장의 특징

가. 중소기업 특화된 시장

상장대상은 중소기업법에서 정의된 중소기업이 발행한 주권을 대상으로 진입방법(공모, 사모, 직상장)을 다양화하고 진입요건을 최소화한 시장이다. 코스닥 시장은 공모를 통해서만 상장이 가능한 것과 구별된다.

나. 모험자본의 선순환(투자회수 및 재투자) 체계 지원

모험자본(창투조합, 엔젤투자 등)이 기업에 자금을 지원하고 지원한 자금을 회수하려면 투자한 자금을 다른 사람에게 양도할 수 있는 퇴출창구 가 필요하다. 코넥스 시장에서는 모험자본이 다른 투자자에게 자신이 투자한 지분을 양도하고 투자한 자금을 회수 가능하게 하여 자본의 선순환 체계가 만들어진다. 코넥스 시장은 초기 투자자금을 제공하려는 투자자 중심으로 이루어지기 때문에 전문투자가가 아닌 일반 투자자에 게는 위험성이 높아 기본예탁금제도를 두고 있다.

다. 기업인수 및 합병 등 구조조정 지원

초기 중소기업의 인수합병 등을 통한 기업 성장을 지원하고, 원할한 지분매각을 위하여 합병요건(우회상장)을 완화하고, 주권의 대량매매 및 경쟁매매 제도를 도입하였다.

(3) 지정자문인제도

코넥스 시장에는 기업에게 상장 및 상장유지를 지원하는 후견인 역할을 수행하고, 투자자에게는 코넥스 시장의 완화된 규제를 보완하는 역할을 담당하는 지정자문인제도를 두고 있다. 코넥스 시장 상장법인은 상장기간동안 지정자문인과 선임계약을 체결하고 유지하는 것이 상장조건이 된다. 지정자문인은 코넥스 시장의 핵심 요소로 높은 성장성과 우수한 기술력을 보유한 초기 중소 · 벤처기업을 발굴하여 상장을 지원하고, 공시 및 신고 대리, 자본시장법규 준수에 대한 자문 · 조언 · 지도, 기업현황보고서 작성 및 주식의 유동성공급업무 등을 담당함으로써 기업의 상장의무이행 활동을 뒷받침한다. 또한 지정자문인은 상장예정법인의 상장적격성을 심사하고 지정자문인 계약해지 등을 통해 부실기업을 사전에 퇴출하여 코넥스 시장의 건전성을 유지하고 투자자를 보호하는 역할을 한다.

4) K-OTC 시장

(1) K-OTC 시장의 의의

K-OTC(Korea Over-The-Counter)는 비상장주식의 매매거래를 위하여 한국금융투자협회가 「자본시장과 금융투자업에 관한 법률」에 따라 개설 · 운영하는 제도화 · 조직화된 장외시장이다. 한국금융투자협회는 비상장 중소 · 벤처기업의 직접금융 활성화를 위해 2005년 7월부터 프리보드를 운영하여 왔으나, 주식거래 대상기업이 소수의 중소기업 위주로 한정되어 시장의 역할이 크게 저하되었고, 2013년 7월 중소기업 전용 주식시장인 코넥스 시장이 개설되면서 그 역할이 모호해졌다. 이에 중소 · 벤처기업의 직접금융 활성화에 중점을 두던 시장운영방식을 개선하여 중소기업을 포함한 모든 비상장법인의 주식을 투명하고 원활하게 거래할 수 있는 실질적인 장(場)을 제공하는데 중점을 두고 시장개편을 추진하게 되었다. 이를 통해 국내 주식거래 인프라를 완비함으로써 투자자의 주식거래 편의성을 제고하고 기업의 자금조달을 지원하고자 2014년 8월 25일부터 프리보드가 K-OTC 시장으로 새롭게 출범하였다.

(2) K-OTC 시장의 특징

가. 비상장 대기업, 중견기업 주식이 새롭게 시장에 편입

장외에서 활발하게 거래되고 있는, 비상장 대기업, 중견기업 등 공모실적이 있는 사업보고서 제출대상 비상장법인의 발행주식이 K-OTC 시장에서 거래된다(비신청 지정제도 도입).

나. 투자자에게 새로운 투자기회를 제공

고위험 · 고수익을 추구하는 투자자가 성장가능성이 있는 비상장기업에 대해 투자할 수 있는 시장이다.

다. 비상장주식 투자의 편의성 및 결제안정성을 제공

투자자는 K-OTC 시장을 통하여 비상장주식을 편리하게 거래할 수 있으며, 호가정보와 시세정보가 투명하게 공개되고, 매매체결 시 결제가 안전하게 이루어진다.

라. 투자자의 자기책임원칙이 강조

규제가 최소화된 장외시장이므로, 투자자는 기업 내용과 투자위험성 등을 충분히 검토하고 철저히 자기 판단과 책임 하에 투자하여야 한다.

4 매매거래제도

1) 매매거래의 절차

한국거래소에서 거래할 수 있는 자는 투자매매업 및 투자중개업의 인가를 받고 거래소의 회원으로 등록된 금융투자회사로 한정되어 있다. 금융 투자회사는 한국거래소에 시장대리인을 파견하여 매매거래를 성사시킨다.

그러므로 일반투자자가 주식을 매매하려면 반드시 금융투자회사에 위탁하여야 한다. [그림 4-4]은 매매거래의 일반 절차를 나타내고 있다.

(1) 계좌의 설정

일반투자자가 증권을 매매하기 위해서는 우선 매매를 위탁할 금융투자회사를 선택하여야 한다. 금융투자회사의 주문은 전산단말기를 통해 한국거래

그림 4-4 매매거래의 일반 절차

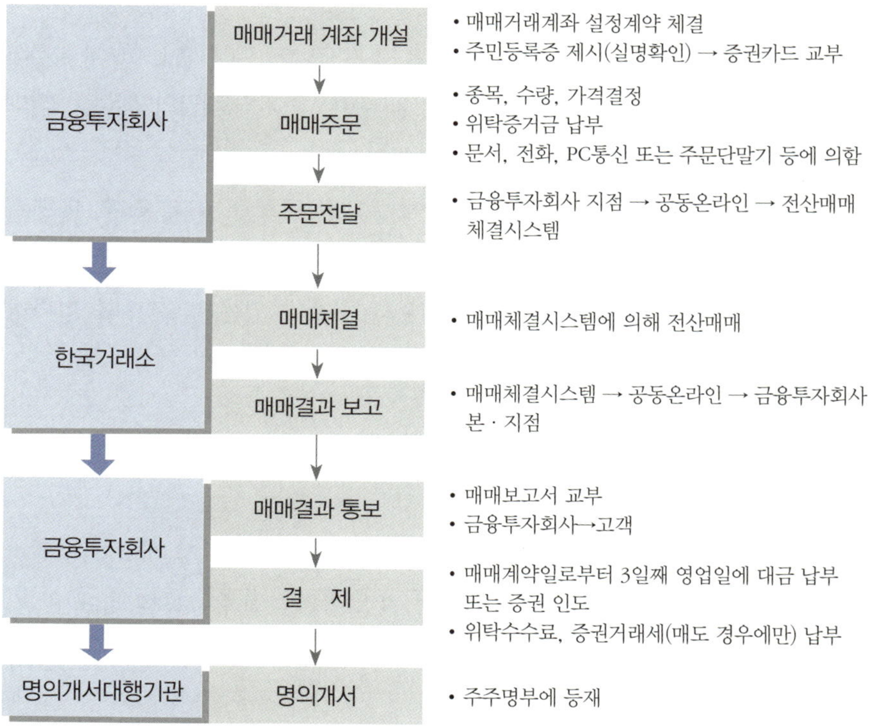

소로 전달되기 때문에 어느 금융투자회사에 주문해도 매매계약의 체결에는 아무런 차이가 없다. 다만 증권매매의 판단은 최종적으로 투자자가 내리게 되지만 금융투자회사나 그 담당자가 증권투자에 관해 조언을 해줄 수 있으므로 정보능력이나 시황판단이 정확하고 주문의 처리를 신속하게 행하는 금융투자회사를 선택하는 것이 유리하다. 매매거래의 위탁을 위해서는 도장, 주민등록증, 현금 또는 유가증권을 가지고 금융투자회사에 가서 구좌개설을 신청하여야 한다. 그러면 금융투자회사와 위탁자 간에는 매매거래구좌 설정계약이 체결되고 위탁자 앞으로 매매거래계좌가 개설된다. 이때 금융투자회사는 고객에게 증권카드(ID)나 통장을 교부한다.

(2) 매매주문의 방법

매매주문은 문서 혹은 전신 · 전화 등을 이용하거나 인터넷을 통한 On-line으로 주문할 수 있다. 주문시 요구 혹은 기재하여 할 사항은 ① 매매거래의 종류, ② 종목, ③ 매도 또는 매수주문, ④ 수량, ⑤ 가격(채권의 경우 가격 또는 수익률), ⑥ 위탁주문의 유효기간, ⑦ 현금거래 또는 신용거래의 구분 등이다. 매매주문시에는 특히 다음과 같은 점들에 유의할 필요가 있다. 첫째, 매매거래시 아무런 지시가 없으면 보통거래로 처리된다. 둘째, 매매종목을 명확히 하여야 한다. 특히 같은 종목이라도 신주와 구주가 있는 경우 이를 명확히 하여야 한다. 셋째, 주문의 가격을 명확히 하여야 한다.

(3) 주문의 유형

가. 지정가 주문

지정가 주문은 종목, 수량 및 가격을 지정하는 주문으로서 시장에서 일반적으로 가장 많이 이용되는 주문형태로, 지정된 가격 또는 그보다 유리한 가격에서 매매거래를 하는 주문이다.

나. 시장가 주문

시장에서 형성된 가격으로 매매거래를 하고자 하는 주문으로 가격을 지정하지 않는 주문으로서 체결가격 보다는 체결가능성을 중시하는 주문이다.

다. 조건부지정가 주문

종가 결정 직전까지 매매가 안된 경우 시장가 주문으로 전환되는 것을 조건으로 하는 지정가 주문이다.

라. 최유리지정가 주문

주문이 시장에 도달된 시점에서 가격이 상대 최우선호가의 가격으로 지정되는 주문이다. 시장가 주문처럼 가격을 지정하지 않으나 주문이 시장에 도달된 때 가장 빨리 집행될 수 있는 가격을 지정한 것으로 간주하는 주문으로서 시장가 주문과 지정가 주문의 성격을 동시에 갖고 있다. 시장가 주문의 경우 주문이 시장에 도달된 이후 다른 주문이 도달하여 가장 빨리 집행될 수 있는 가격이 변하면 그 변한 가격대로 매매체결되지만 최유리지정가 주문은 주문이 시장에 도달된 때 가장 빨리 집행될 수 있는 가격으로 고정되는 점에서 차이가 있다.

마. 최우선지정가 주문

주문이 시장에 도달된 시점에서 가격이 동일방향의 최우선호가의 가격으로 지정되는 주문이다.

(4) 주문의 조건

지정가, 조건부지정가, 시장가 및 최유리지정가 주문의 경우 다음의 주문조건을 허용한다.

가. 즉시집행후 잔량취소(IOC: Immediate-Or-Cancel)

호가 수량 중 접수시점에 매매를 체결할 수 있는 수량에 대하여는 매매거래를 성립시키고, 체결되지 않은 잔량은 즉시 취소하는 조건이다.

나. 즉시전량집행(FOK: Fill-Or-Kill)

호가 수량을 접수시점에 전량 매매체결할 수 있는 경우에는 매매거래를 성립시키고, 전량체결을 충족시키지 못하는 경우 호가 전량을 즉시 취소하는 조건이다.

알고 갑시다

- **지정가 주문**(Limit order)

  투자자가 주문을 낼 때 받아들일 수 있는 가격을 지정하여 주문을 내는 것을 말한다. 가령 A주식을 팔고자 할 때, 'A주식 50,000원에 100주 팔자 주문'이라고 가격을 지정하면 주문을 위탁받은 증권사는 최소한 50,000원 이상에 팔아야 하며, '50,000원에 사자' 주문일 때에는 투자자가 최대한 지불할 수 있는 가격이 50,000원이다. 따라서 가격을 지정받는 증권사는 지정받은 가격으로부터 투자자에게 유리한 가격에 주문을 체결하여야 한다.

(5) 위탁증거금

매매주문을 낼 때에는 매매대금의 일정비율을 위탁증거금으로 미리 자기 계좌에 입금시켜야 한다. 이것은 금융투자회사의 자기방어나 사고를 막기 위한 것이다. 그 징수비율은 각 금융투자회사별로 자율화되어 있으며 증거금을 차감한 나머지 잔액은 3일째 되는 날까지 결제시 입금하면 된다. 현재 위탁증거금은 각 금융투자회사별로 자율화되어 있다.

(6) 위탁수수료

금융투자회사가 고객의 주문을 받아 거래를 성사시켰을 경우에는 결제시 고객으로부터 위탁수수료를 징수한다. 현재 각 금융투자회사가 징수하는 위탁수수료율은 거래대금의 약 0.4%~0.5%에서 회사가 자율로 결정한다. 그러나 사이버 거래에서는 거래금액의 0.1% 내외에서 수수료를 책정하고 있다.

2) 매매거래의 형태

각 나라의 거래소는 증권의 매매에 따른 증권의 인 · 수도와 그에 다른 대금결제를 실시하는 기간을 달리하고 있다. 우리나라는 매매되는 주식과 거래대금을 계약이 채결된 날을 포함하여 3일째 되는 날(공휴일 제외)까지 결제하도록 규정하고 있는데 이를 보통거래라 한다. 따라서 매입 · 매도되 는 주식은 실제로 거래당사자에게 인 · 수도되지 않고 대체결제를 통하여 한국예탁결제원에 예탁되지만 거래대금은 계약 체결일로부터 3일째 되는 날까지 지불하여야 한다. 그러나 관리종목과 일부 채권은 계약체결 당일에 모든 결제가 완료되도록 하는 당일결제거래 방식을 채택하고 있다.

3) 매매거래시간

우리나라 한국거래소의 매매거래시간은 점심시간 등의 휴식시간 없이 단일장으로 이루어지며, 정규시장과 시간외시장으로 운영되고 있다. 시간외시장은 투자자들에게 추가적으로 매매기회를 부여하기 위하여 제공되는 시장이며, 대량매매 수요 등을 수용하기 위하여 정규시장과는 별도로 운영되는 시장이다. 하지만 K-OTC는 한국거래소와 달리 정규시장만이 존재한다.

매매거래일은 월요일부터 금요일까지이며, 토요일, 법정공휴일, 근로자의 날(5월 1일), 12월 31일(공휴일 또는 토요일인 경우 직전 매매일), 기타 거래소가 필요하다고 인정하는 날에는 매매거래 및 결제가 이루어지지 않는다. 한국거래소의 매매거래시간은 [표 4-1]과 같다.

표 4-1 **한국거래소 매매거래시간 및 호가접수시간**

구 분		매매거래시간	호가접수시간
정규시장		09:00 ~ 15:30 (6시간 30분)	08:30 ~ 15:30 (7시간)
시간외시장	장개시전	08:00 ~ 09:00 (1시간)	08:00 ~ 09:00 (1시간)
	장종료후	15:40 ~ 18:00 (2시간 20분)	15:30~ 18:00 (2시간 30분)

알고 갑시다

- **ECN시장(전자장외주식시장 :** Electronic Communications Network)

2001년 6월에 운영되기 시작했던 ECN시장은 인터넷 등 전자통신 기술의 발전에 힘입어 온라인 증권거래가 급증하면서 증권매매의 새로운 형태의 사이버시장이었다. KOSPI 200 구성종목과 KOSDAQ 50 구성종목을 매매대상으로 증권거래소나 코스닥증권시장 마감 후부터 일정시간(16:30~21:00) 동안 장외에서 인터넷등을 통해 매매하는 시장이었다. 하지만 운영주체였던 한국ECN증권의 적자가 누적되어 2005년 5월 27일을 마지막으로 폐쇄되었다. 이에 한국거래소는 ECN시장 대신 장 마감 이후 투자수요를 충족시키기 위해 5월 30일부터 시간외거래 시간을 오후 6시까지로 연장하였다.

표 4-2 호가가격단위

구분	호가가격단위		
	유가증권시장	코스닥시장	K-OTC
1,000원 미만	1원	1원	1원
1,000원 이상 ~ 5,000원 미만	5원	5원	5원
5,000원 이상 ~ 10,000원 미만	10원	10원	10원
10,000원 이상 ~ 50,000원 미만	50원	50원	50원
50,000원 이상 ~ 100,000원 미만	100원	100원	100원
100,000원 이상 ~ 500,000원 미만	500원	100원	500원
500,000원 이상	1,000원	100원	1,000원
채 권	1원		
외화표시채권	1포인트		

4) 매매거래의 단위

(1) 호가단위

호가란 매매시장에서 유가증권의 종목별로 가격과 수량 등을 상대방에게 제시하여 거래를 하기 위한 의사표시이다. 따라서 호가단위는 시장에서 가격 표시의 최소단위를 말하는 동시에 시세변동 측정에 관한 기준 역할을 하며, 원활한 매매거래 수행을 위해서 별도로 정하고 있다. 유가증권시장, 코스닥시장 및 프리보드시장의 호가단위는 [표 4-2]과 같다.

(2) 매매수량단위

매매수량단위는 매매 수요와 공급을 신속하고 원활하게 처리할 목적으로 정해진 매매의 최저수량단위를 의미한다. 시장별 매매수량단위는 [표 4-3]와 같다.

표 4-3 매매수량단위

구 분		매매수량단위	호가접수시간
주권		1주	2014년 6월 2일 개정
외국주식예탁증권(DR)		1증권	2014년 6월 2일 개정
상장지수집합투자기구 집합투자증권(ETF)		1주	2002년 9월 30일 도입
신주인수권증권		1증권	2009년 8월 3일 개정
신주인수권증서		1증서	2009년 8월 3일 개정
주식워런트증권(ELW)		10증권	2005년 8월 26일 도입
수익증권		1좌	2014년 6월 2일 개정
채권	일반채권	액면 1,000원	-
	소액국공채	액면 1,000원	-
	외화표시채권	1만포인트	-
	국채지표종목	액면 10억 원	국채딜러간매매거래에 한함

5) 매매계약의 체결

(1) 매매계약의 체결 유형

일반적으로 매매계약을 체결하는 방법은 ① 단일의 매도자와 매수자 간에 매매가 이루어지는 상대매매, ② 단일의 매도자와 복수의 매수자 또는 단일의 매수자와 복수의 매도자 간에 이루어지는 경매(또는 입찰매매), ③ 복수의 매도자와 복수의 매수자 간에 이루어지는 경쟁매매의 세 가지로 구분할 수 있다.

그리고 경쟁매매는 집단경쟁매매와 개별경쟁매매로 구분된다. 이 중 집단경쟁매매는 매도측과 매수측 회원의 시장대리인이 한 장소에 모여 손짓이나 발성으로 거래하고자 하는 가격과 수량을 공개적으로 경합하고 조건이 부합하는 대리인 간에 거래를 체결하는 방법이다. 한편 개별경쟁매매는 입회장에 설치된 매매입회대(post)에 각 거래원별로 호가표를 제출하면 거래소직원이 이 호가표를 정리 · 집계하여 일정한 원칙에 따라 매매를 성사시키는 방법이다.

현재 한국거래소에서는 단일호가로 가격을 결정한 직후부터 경쟁매매 방식 그 중에서도 개별경쟁매매 방식에 따라 거래를 성사시키고 있다. 하지만 K-OTC는 매수호가와 매도호가가 일치하는 경우 자동적으로 매매계약이 체결되는 상대매매 방식으로 거래가 이루어진다. 개별경쟁매매는 또 다시 단일가격에 의한 개별경쟁매매와 복수가격에 의한 개별경쟁매매로 구분된다.

(2) 개별경쟁매매의 가격결정

가. 단일가격에 의한 경쟁매매(단일가매매)

일정시간 동안 접수한 호가를 하나의 가격으로 매매체결시키는 방식으로 수요와 공급을 집중시켜 시장의 균형가격을 도출할 필요성이 큰 경우에 이용된다. 즉, 장개시 시점에서의 최초가격, 시장의 전부 또는 일부가 정지된 후 재개시 최초의 가격, 매매거래중단 후 재개시 최초의 가격, 장종료시의 가격, 정리매매 종목의 경우에 이용된다.

나. 복수가격에 의한 경쟁매매(접속매매)

한국거래소에서는 단일가격에 의한 경쟁매매 방법으로 시가가 결정된 직후부터 장이 종료되기 10분 전까지는 복수가격에 의한 경쟁매매를 실시하고 있다. 이 방법은 매매주문이 접수되는 대로 매도호가와 매수호가의 경합이 이루어지면 가격 및 시간우선의 원칙에 따라 가격과 수량 면에서 조건이 합치되는 대로 거래를 계속적으로 성사시키는 방법이다. 따라서 이 경우 복수가격이 형성될 수 있으며 거래가 계속적으로 형성되므로 일명 접속매매라고도 한다.

접속매매의 과정을 예를 들어 설명하여 보자. 주식 A는 오전개장 전의 동시호가에서 결정된 시가 19,000원으로 오전장을 시작하였다. 개장을 하자마자 투자자 甲은 19,500원에 100주 사자 주문을 내었고, 때마침 주식 A를 보유하고 있는 투자자 乙이 200주를 19,300원에 팔자 주문을 내었다. 투자자 乙이 제시한 매도호가 19,300원은 최소로 이 가격을 받겠다는 의사이므로 투자자 甲이 제시한 매입호가 19,500원에 당연히 팔 것이다. 투자자 甲이 시간적으로 먼저 주문하였기 때문에 이때 체결되는 가격은 19,500원이 되며 전광판에 적혀 있던 시초가 19,000원이 +500원인 19,500원으로 바뀌게 된다. 그후 계속적으로 사자 · 팔자 주문이 나오면 주문이 체결되는 대로 주식 A의 가격이 바뀌며 전광판에 나타나게 된다.

일반적으로 접속매매는 이상과 같은 절차에 의해 이루어지지만 거래에 따라서는 그외 여러 가지 복잡한 경우가 발생할 수 있으므로 다음과 같은 일정한 경쟁매매 원칙을 차례대로 적용하여 매매계약을 체결시킨다.

① 가격우선의 원칙

현재까지 접수된 주문 중 팔자주문은 높은 가격의 팔자주문보다 낮은 가격의 팔자주문을 우선적으로 처리하고, 사자주문은 낮은 가격의 사자주문보다 높은 가격의 사자주문을 우선적으로 처리한다.

② 시간우선의 원칙

동일한 가격의 주문에 대하여는 먼저 접수된 주문이 뒤에 접수된 주문보다 우선적으로 처리된다.

알고 갑시다

• 동시호가제도

과거 매매체결을 수작업으로 처리하던 때에는 단일가매매에 참여한 호가에 대하여 시간개념에 배제가 불가피하였기 때문에 단일가매매에 참여한 호가에 대하여는 시간우선원칙을 배제하고 동시호가로 처리하였다. 그러나 전산매매가 일반화됨으로써 호가접수시간을 정확히 파악할 수 있고, 시장에 먼저 제출된 호가는 상대적으로 많은 위험을 부담하나 매매체결상 우선순위를 확보하지 못하는 불합리한 점이 있어 2001년 9월 3일부터 원칙적으로 동시호가제도를 폐지하였다. 다만, 가격제한폭제도를 유지하고 있는 점을 감안하여 시가 등이 상·하한가로 결정되는 경우에는 여전히 동시호가로 간주하고 있으며, 동시호가 간에는 위탁매매우선의 원칙과 수량우선의 원칙을 적용하고 있다.

③ 위탁매매우선의 원칙

단일가 매매시에 적용되며 가격이 동일한 경우 위탁매매가 회원의 자기매매에 우선된다.

④ 수량우선의 원칙

단일가 매매시에 주문이 동일 가격에 이루어지고 그 접수시간의 선 · 후도 분명치 않은 경우에는 수량이 많은 주문이 적은 주문보다 우선적으로 처리된다.

6) 대량매매 및 시간외 거래

가. 대량매매

대량매매제도는 거래규모로 보아 일반매매방법으로는 시장에서 처리하기 곤란한 대량물량에 대하여 일시적인 수급불균형과 시세급변을 방지하면서 매매를 원활하게 처리할 수 있도록 도입한 제도로서 신고대량매매, 장 중대량 · 바스켓매매, 시간외대량매매 및 시간외바스켓매매로 구분된다.

신고대량매매는 종목 및 수량이 동일한 대량주문에 대해 양 당사자 간에 단일가매매시 형성되는 가격(시가 또는 종가)으로 매매체결시킨다. 장 중대량 · 바스켓매매는 정규시장의 매매거래시간 동안 당해호가의 접수직전까지 형성된 최고 · 최저가격 이내의 가격으로 매매체결시킨다. 시간외 대량매매는 장개시 전 또는 장종료 후 시간외매매시간 동안 종목 및 수량이 동일한 대량주문에 대하여 당일의 상 · 하한가 범위 이내에서 매매체결시킨다. 시간외바스켓매매는 장개시 전 또는 장종료 후 시간외매매시간 동안 5 종목, 2억 원 이상인 바스켓 주문에 대하여 당일의 상 · 하한가 범위 이내에서 매매체결시킨다.

나. 시간외 종가 매매

시간외종가매매는 투자자에게 추가적인 매매거래기회를 제공하기 위하여 정규매매시간 종료후 및 장개시전 일정시간동안 당일종가로 시간우선의 원칙만 적용하여 매매거래를 성립시키는 제도를 말한다. 시간외종가매매의 주요내용은 〈표 4-4〉와 같다.

표 4-4 시간외종가매매 주요내용

구 분	주요내용
거래대상	주권, ETF, 외국주식예탁증서 (당일 거래정지종목 제외)
거래시간	08:30 ~ 08:40(10분), 15:40 ~ 16:00(20분)
호가접수시간	08:30 ~ 08:40(10분), 15:30 ~ 16:00(30분)
체결가격	당일종가(장종료후), 전일종가(장개시전)
주문유형	종가주문
매매체결	시간우선원칙을 적용
정정, 취소	주문가격의 정정은 불가, 매매체결전까지 수량정정 및 취소는 가능
매매수량단위	1주

다. 시간외 단일가 매매

시간외단일가매매는 투자자에게 추가적인 매매거래기회를 제공하기 위하여 장종료후 일정시간동안 10분 단위 단일가매매를 통하여 당일종가±10% 이내(다만, 당일 상하한가 이내)의 가격으로 매매거래를 성립시키는 제도이다.

표 4-5 시간외단일가매매 주요내용

구 분	주요내용
거래대상	주권, ETF, 외국주식예탁증권 (당일 거래미형성 종목 제외)
거래시간	16:00 ~ 18:00 (2시간)
매매방법	10분 단위 주기적 단일가매매
가격변동범위	당일종가 ±10% (다만, 당일 상하한가 이내)
매매수량단위	1주
주문유형	지정가주문

라. 시간외 대량매매

시간외대량매매는 시간외시장의 매매거래시간 동안 신청종목의 호가가격에 호가수량을 곱한 금액이 5천만 원 이상에 해당하는 수량 이상인 거래로 종목 및 수량이 동일한 매도 · 매수호가에 대하여 회원이 당일의 상 · 하한가 범위내의 가격으로 매매거래를 성립시키기 위하여 신청하는 경우, 그 가격으로 매매거래를 성립시키는 제도이다.

표 4-6 시간외 대량매매 주요 내용

구 분	주요내용
거래대상	주권, ETF, 외국주식예탁증서 (당일 거래정지종목 제외)
거래시간	08:00 ~ 09:00, 15:40 ~ 18:00
집행가격	투자자간 협상가격(당일 상 · 하한가 이내)
주문유형	주문내용이 일치하는 매도 · 매수 쌍방주문
매매수량	매매수량단위 5000배(ETF : 500배) 이상 또는 수량과 가격을 곱한 금액이 1억 원 이상
매매체결	매도 · 매수 쌍방의 당해호가간 당해 주문가격으로 체결
정정, 취소	매매체결전까지 정정 및 취소 가능

마. 시간외 바스켓매매

일정수 이상의 다수종목으로 구성된 주식집단을 시간외매매 거래시간 중 일괄하여 매매거래하고자 하는 매도 · 매수 쌍방주문에 대하여, 이를 당해 호가간에 체결시켜주는 제도이다. 수량요건은 5종목 이상 그리고 2억 원 이상이어야 하고, 가격은 당일 가격제한폭 이내이다.

표 4-7 시간외 바스켓매매 주요 내용

구 분	주요내용
거래대상	주권, ETF, 외국주식예탁증서 (당일 거래정지종목 제외)
거래시간	08:00 ~ 09:00, 15:40 ~ 18:00
집행가격	투자자간 협상가격(당일 상 · 하한가 이내)
주문유형	주문내용이 일치하는 매도 · 매수 쌍방주문
매매수량	5종목 이상 그리고 2억 원 이상
매매체결	매도 · 매수 쌍방의 당해호가간 당해 주문가격으로 체결
정정, 취소	매매체결전까지 정정 및 취소 가능

바. 장중 대량/바스켓매매

장중대량매매는 정규시장의 매매거래시간 동안 회원이 대량 및 바스켓 매매거래를 성립시키기 위하여 신청하는 경우, 매매거래를 성립시키는 제도이다. 수량요건은 시간외 대량 · 바스켓매매와 동일하며, 가격은 당해호가 접수직전까지 형성된 최고 · 최저가격 이내로 가능하다.

표 4-8 장중 대량/바스켓 매매 주요내용

구 분	주요내용
거래대상	주권, ETF, 외국주식예탁증권 (당해호가 접수직전까지 정규시장에서 매매거래가 성립하지 아니한 경우 제외)
거래시간	09:00 ~ 15:30
체결가격	투자자간 협상가격(당해호가 접수직전까지 형성된 최고 · 최저가격 이내)
주문유형	주문내용이 일치하는 매도 · 매수 쌍방주문
매매수량	시간외대량 및 시간외바스켓매매 요건과 동일
매매체결	매도 · 매수 쌍방의 당해호가간 당해 주문가격으로 체결
정정, 취소	매매체결전까지 정정 및 취소 가능

5 매매거래 관리

1) 가격제한폭(restriction of price range)

우리나라 증권시장에서는 증권의 공정한 가격형성과 급격한 시세변동 등에 따른 투자자의 피해를 방지하고 거래질서를 확립하기 위하여 하루에 변동할 수 있는 증권의 가격을 일정한 범위로 한정하고 있다. 이때 하루 중 상승할 수 있는 최고의 가격을 상한가라고 하며, 하루 중 하락할 수 있는 최저의 가격을 하한가라 한다.

한국거래소의 일일 가격제한폭은 원칙적으로 전일종가를 기준으로 정해지고 있다. 그러나 권리락과 배당락 종목, 30일 이상 매매거래가 중지된 종목, 주식분할 및 병합 종목과 신규상장 종목 등은 그 기준가격이 따로 정해지고 있다. 2019년 12월 기준 한국거래소 정규시장의 가격제한폭은 기준가격(전일종가) 대비 유가증권, 코스닥시장은 상하 30%, 코넥스 시장은 상하 15% 이다. K-OTC는 기준가격 대비 상하 30% 이다.

2) 매매거래중단제도(Circuit Breakers)

한국거래소는 가격제한폭의 확대로 인하여 증권시장의 변동폭이 확대 되어 하루 중 지수가 일정수준 이상 급락하는 경우 시장 참여자들에게 냉정한 투자판단 시간을 제공하기 위하여 일시적으로 매매거래를 중단하는 Circuit Breakers제도를 1998년 12월 7일 도입하였다. 2019년 12월 기준 한국거래소에서는 한국종합주가지수(KOSPI), 코스닥 종합지수가 전일대비 8%/15%/20% 이상 하락한 경우 매매거래 중단을 예고할 수 있다. 먼저 1단계로 지수가 직전 매매거래일의 최종수치보다 8% 이상 하락하여 1분간 지속되는 경우 모든 종목의 매매거래를 20분간 중단한다. 2단계는 1단계 매매거래 중단 및 재개 후 직전 매매거래일 최종수치보다 15% 이상 하락하고 1단계 발동지수보다 1%이상 추가하락하여 1분간 지속되는 경우에 모든 종목의 매매거래를 20분간 중단한다. 마지막 3단계는 1, 2단계 매매매거래 중단 및 재개 후 직전 매매거래일 최종수치보다 20% 이상 하락하고 1단계 발동지수보다 1% 이상 추가하락 하여 1분간 지속되는 경우에 발동되며 당일 시장을 종료한다.

이 Circuit Breakers제도는 각 단계별로1일 1회에 한하여 발동되며, 1, 2단계는 장 종료 40분 전 이후에는 발동하지 않으나 3단계는 장종료 40분 이후에도 발동 가능하다. 1, 2단계의 매매거래 중단 후 20분이 경과한 때에는 거래를 재개하며, 매매거래 재개시점부터 10분간 호가를 접수하여 단일가로 매매를 체결하고, 그 이후에는 접속매매로 매매를 체결한다.

알고 갑시다

- **프로그램매매**(program trading)

  프로그램매매는 주식시장과 채권시장, 그리고 선물 및 옵션시장간 연계투자를 통하여 거래를 성사시키는 방법을 지칭하며, 급변하는 시장상황에서 컴퓨터에 의해 미리 입력된 프로그램에 따라 거래를 행한다는 의미에서 프로그램매매라고 한다. 프로그램매매의 종류는 아주 다양한데, 주가지수선물을 이용한 차익거래(arbitrage), 옵션과 주식을 이용한 포트폴리오보험, 선물 혹은 채권과 주식을 이용한 연동자산배분전략 등을 지칭한다. 프로그램매매를 통하여 이윤을 실현하기 위해서는 최초의 거래형태와 반대의 주문을 통하여 포지션을 정리하게 되는데 경우에 따라서는 주식시장이 하락하여도 주식을 매입해야 하거나, 반대로 주식시장이 상승하여도 주식을 매도해야 할 경우가 나타난다. 시황정보 중 "주식시장이 하락세로 유지되었으나 장 종료시 프로그램매매 물량(주식매입주문)이 쏟아져 하락세가 반전되었다"라는 내용은 프로그램매매의 성격을 반영하고 있는 것이라 볼 수 있다.

3) 프로그램매매 호가 일시효력정지제도(Sidecar)

주가지수선물시장의 개설과 함께 프로그램매매 호가관리제도, Sidecar를 도입하였다. 이 제도는 파생상품시장이 현물시장에 미칠 수 있는 영향을 최소화하여 현물주식시장의 안정화를 도모하고자 도입되었다. 이 제도에 따르면 파생상품시장에서 기준종목의 가격이 기준가 대비 5%(코스닥시장의 경우 6%, 코스닥150지수의 수치가 직전 매매거래일 최종수치 대비 3%)이상 상승 또는 하락하여 1분간 지속되는 경우, 상승의 경우에는 프로그램매수의 호가효력을, 하락의 경우에는 프로그램매도의 호가효력을 5분 동안 정지하며, 프로그램매매의 호가효력이 5분 동안 정지된 후에는 접수순서에 따라 매매를 체결시킨다. 장종료 40분전 이후, 그리고 프로그램매매호가의 효력정지시간 중 주식시장의 Circuit Breakers에 의하여 주식시장의 매매거래가 중단된 후 당해 매매거래가 재개된 때에도 Side Car의 발동을 해제하도록 하였다.

4) 시장경보와 관리종목

(1) 시장경보

한국거래소 시장감시위원회는 시장감시규정에 따라 거래동향이나 주가가 비정상적인 움직임을 보이는 경우, 투자주의 종목, 투자경고 종목, 투자위험 종목을 지정해 이를 시장참가자들에게 알려줌으로써 해당 종목의 투자시에 신중을 기하도록 하고 있다.

투자주의 종목이란 시장감시위원회가 투기적이거나 불공정거래의 개연성이 있는 종목을 투자주의 종목으로 공표하여 투자자들의 뇌동매매 방지 및 잠재적 불공정 거래행위자에 대한 경각심을 고취시키고 있다. 소수지점거래 집중종목, 소수계좌거래 집중종목, 종가 급변종목의 경우 등에 지정한다. 투자경고 종목은 특정종목의 주가가 비정상적으로 급등할 경우 가수요를 억제하고 주가급등을 진정시키는 등 시장안정화를 위한 조치로, 단기 급등, 중장기 상승, 투자주의 종목 반복지정의 경우 등에 지정한다. 이러한 투자경고 종목을 매수할 경우에는 위탁증거금을 100% 납부하여야 하며, 신규 신용융자로 매수할 수 없으며 해당 종목은 대용증권으로(단, 코넥스 주권은 제외) 인정되지 않는다.

투자위험 종목은 투자경고 종목 지정에도 불구하고 투기적인 가수요 및 뇌동매매가 진정되지 않고 주가가 지속적으로 상승할 경우에 지정하며, 투자경고 종목 지정후의 거래제약과 더불어 지정과 동시에 매매거래가 1일간 정지되며 주가가 추가로 급등할 경우 1일간 매매거래가 정지될 수도 있다.

(2) 관리종목

한국거래소는 상장법인들이 일정한 관리종목 지정기준에 해당되는 경우, 해당 법인의 발행증권을 관리종목으로 지정하며, 투자자의 주의환기를 위하여 일정기간 매매거래를 정지하기도 한다. 관리종목에 지정되면 해당 증권은 신용거래종목에서 제외되고, 위탁증거금이나 신용거래보증금과 관련해 대용증권(주식, 상장지수펀드, 채권, 수익증권 등)의 이용이 불가능하게 된다.

관리종목 지정기준으로는 사업보고서 반기보고서 또는 분기보고서 미제출, 감사의견 부적정 또는 의견거절, 영업활동 정지, 부도발생 또는 은행 거래정지, 자본전액잠식, 주식분산기준 미달, 반기별 월평균 거래량이 상장주식수의 1/100 미만인 경우, 회사정리절차 개시, 사회이사수 미달 또는 감시위원회 미설치, 불성실공시(고의상습위반) 등이 있다. 관리종목으로 지정된 이후에는 지정사유 해소여부에 따라 상장폐지 또는 지정해제의 조치가 취해진다.

5) 개별종목의 매매거래 정지 및 재개

한국거래소는 투자자보호와 시장관리상 필요하다고 인정하는 경우에는 특정종목의 매매거래를 일시적으로 정지한다. 즉, 어음 또는 수표의 부도발생 · 은행과의 거래정지 또는 금지 · 영업활동의 전부 또는 일부정지 등 상장법인의 존폐와 관련된 풍문 등의 사유로 주가 및 거래량이 급변하거나 급변이 예상되는 종목에 대해서 매매거래를 정지한다.

매매거래 재개는 중단사유에 대한 조회결과를 공시한 시점부터 30분이 경과한 때에 재개한다. 다만, 14시 30분 이후에 공시하는 경우에는 다음날부터 매매거래가 재개된다. 한편, 당해 풍문 등이 공시 후에도 해소되지 않거나 공시내용이 상장폐지기준에 해당하는 경우 및 관리종목 지정사유에 해당하는 경우에는 매매거래의 재개가 연기될 수 있다.

6) 배당락과 권리락

(1) 배당락

주식회사는 한 사업 연도가 종료되면 그해 영업실적을 결산하고 당기에 발생한 순이익을 확정하게 된다. 그리고 이러한 순이익 중 일부는 주주에게 배당으로 지급된다. 그러나 주식은 계속적으로 유통되어 소유주가 매번 바뀌게 되므로 배당을 지급하기 위해서는 어느 시점을 기준으로 배당의 지급을 받을 주주를 확정할 필요가 있다. 따라서 매 사업연도가 종료된 후 실시되는 정기주주총회에서는 매년 사업연도 최종일(결산기 말)을 기준으로 이러한 주주의 권리를 확정하고, 그 다음날부터 주주총회 종료일까지 주주명부를 폐쇄하고 주식의 명의변동을 정지하게 된다. 따라서 사업 연도 종료일까지 주식을 소유한 주주는 전 사업연도의 이익에 대한 배당을 받게 되지만 그 다음 날부터 주식을 매입하는 자는 배당을 받을 권리가 없다.

우리나라는 거래가 체결된 날로부터 3일째 되는 날까지 결제할 수 있으므로, 예를 들어 사업회계연도가 9월 1일~익년 8월 31일로 정해진 8월 결산법인인 경우에는 사업연도 종료일인 8월 31일까지 주주가 되기 위해서는 8월 29일까지 주식을 매입하여야 된다. 이에 대한 것은 [그림 4-5]에 잘 나타나 있다.

배당금을 지급받게 되면 주식의 가격은 지급받는 주당 배당금만큼 하락하게 되는데 이를 배당락이라고 한다. 배당락을 시키는 이유는 이론적으로 지급받게 되는 배당금이 주주에게 할당되지 않고 기업 내부에 유보되면 그만큼 기존 주가에 반영되므로 실제로 배당을 지급할 때에는 주가에서 지급받는 주당 배당금만큼 빼 주어야 합리적인 가격이 되기 때문이다. 우리나라에서는 주식거래시 보통거래제도에 의하여 계약이 체결된 날로부터 3일째 되는 날 주권이 결제되므로 사업연도 종료일 전일의 매매분부터 배당락 조치가 취해지고 있다.

그림 4-5 배당락

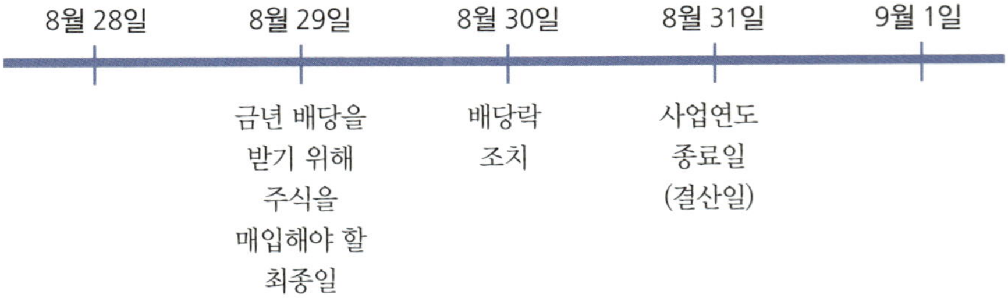

(2) 권리락

권리락이란 구주식에 포함되어 있는 신주인수권 또는 신주의 무상교부를 받을 수 있는 권리가 없어짐으로써 주가가 하락하는 것을 말한다. 앞 장의 발행시장에서 언급한 바와 같이 유상증자시 신주의 발행가격이 시가보다 낮게 발행되는 한 유상증자 후 주가는 하락한다. 또한 무상증자시에도 발행되는 주식수에 비례하여 기존의 주가는 하락하게 된다. 이와 같이 유 · 무상증자시에 구주식의 주가가 하락하는 것은 구주식에 부여되어 있던 신주의 배정권리가 신주의 교부와 함께 소멸되기 때문인 것으로 볼 수 있다.

유 · 무상증자시에도 배당시와 마찬가지로 증자에 따른 신주배정을 위하여 주주를 확정하여야 한다. 기업은 증자시 신주인수권을 가진 주주를 확정하기 위해서 신주배정기준일을 정한다. 신주배정일까지 주식을 소유한 주주는 신주인수권이 부여되지만 그 이후 주식을 매입한 투자자에게는 신주인수권이 부여되어 있지 않다. 따라서 이 날을 중심으로 주가가 하락하게 되는데, 증권거래소에서는 이를 합리적으로 관리하기 위해서 유 · 무상증자가 발생한 증권에 대하여 권리락 조치를 취하고 있다. 실제 우리나라에서는 보통거래제도를 택하고 있으므로 권리락이 행해지는 날짜는 신주배정기준일의 전일이 되고 있다. 왜냐하면 신주배정일 기준 이틀 전까지는 주식이 권리부가 되어 신주인수권이 포함되어 있기 때문이다. 신주배정기준일이 5월 16일로 정해진 기업의 권리락 조치일 전후에 관한 내용은 [그림 4-6]에 잘 나타나 있다.

그림 4-6 **권리락**

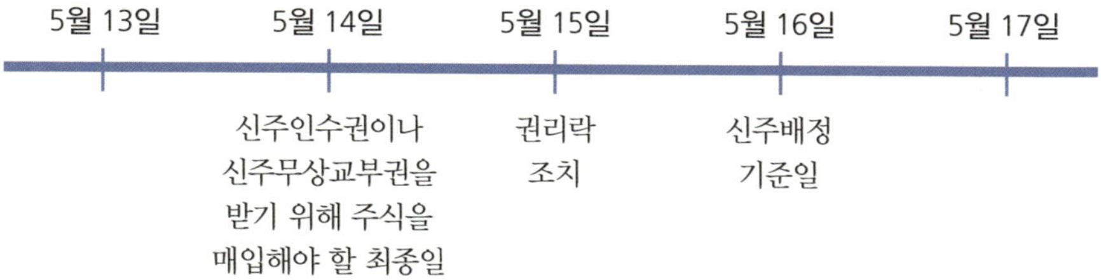

6 시장별 주요 매매거래제도 및 관리의 비교

지금까지 주식 유통시장을 중심으로 한 매매거래제도 및 관리에 대해서 설명하였다. 유가증권시장, 코스닥시장, K-OTC 시장으로 구분하여 비교한 것을 [표 4-9]에서 나타내었다.

표 4-9 시장별 매매거래제도 및 관리

구 분	유가증권시장	코스닥시장	K-OTC
운영주체	한국거래소	한국거래소	금융투자협회
매매시간	정규시장 · 시간외시장	정규시장 · 시간외시장	정규시장
매매단위	10주	1주	1주
주 문	지정가, 시장가 이외	지정가, 시장가 이외	지정가 주문만 가능
위탁증거금	증권사 자율	증권사 자율	매수: 현금 100% 매도: 당해주식 100%
매매방식			
가격제한폭	±30%	±30%	±30%
결제전매매	가능	가능	가능
매매결제	3일 결제	3일 결제	3일 결제

7 신용거래제도

1) 의 의

신용거래란 투자자가 주식매입 자금이나 매도 주식을 보유하고 있지 않은 경우 증권회사에서 자금을 차입하여 주식을 매입하거나, 주식을 차입하여 매각하는 거래를 의미한다. 이때 고객이 주식의 매입을 위한 자금이 부족하여 자금을 차입하여 주식을 매입하는 것을 신용거래융자라 하며, 자신이 소유하지 않은 주식을 증권회사로부터 차입하여 매각하는 것을 대주(貸株) 또는 공매(short sale)라고 한다.

신용거래시 자금이나 주식의 차입은 증권회사로부터 차입할 수도 있지만 증권금융회사를 통하여 차입하기도 한다. 이때 증권회사가 자금이나 증권을 직접 고객에게 빌려주는 것을 자기신용이라 하고, 증권금융의 대출을 받아 고객에게 빌려주는 것을 유통금융이라 한다.

신용거래융자는 주가가 상승하여 매입시보다 높은 가격에 주식을 처분하면 이득이 발생한다. 그러나 대주의 경우에는 주가의 하락시 이득이 발생하게 된다. 가령 어떤 투자자가 증권회사로부터 특정 주식을 차입하여 1주당 50,000원에 주식을 매도하였다고 하자. 그러나 그후 이 주식을 상환하게 되었을 때 1주당 45,000원이 되었다면 투자자는 이 가격에 주식을 매입하여 증권회사에게 빌린 주식을 상환하면 1주당 5,000원의 이득을 얻게 된다. 만일 주식의 상환시 주가가 오히려 55,000원으로 상승하면 주당 5,000원의 손실이

그림 4-7 공매(空賣) 거래절차

EX) 투자자 A가 향후 (주)월드컵의 주가하락을 예상하고 공매를 하려고 한다. 설명의 편의를 위해 1주를 빌려서 공매하기로 한다면 그 흐름은 다음과 같다.

1. 현재

2. 일정기간 후(길어도 90일 이내) 실제 주가가 하락했을 경우

발행하므로 이 주식을 매입하지 않을 것이다. 그러나 증권회사에서 빌린 주식은 반드시 90일 내로 상환하여야 한다는 조건이 있으므로 이 기간이 다 되었는데도 주식의 가격이 하락하지 않는다면 손실을 무릅쓰고 매입하여 상환하여야 한다.

증권시장에서 신용거래는 증권의 수요를 증가시킴으로써 현물거래의 수급불균형으로 야기되는 가격의 급등을 방지하고 유통을 원활하게 하기 위한 제도이다. 또 증권 당국은 신용거래의 한도나 보증금률을 조정함으로써 증권시장을 부양하거나 진정시키는 정책을 추진할 수 있다.

일반적으로 신용에 의한 거래는 투자자금의 수익도 큰 반면 손해도 큰 위험을 가지고 있다. 따라서 자금력이 부족한 사람이나 주식투자에 미숙한 사람들에게는 이러한 거래가 바람직하지 못하다.

2) 신용거래의 관리

신용거래계좌는 보통거래계좌를 개설한 후 3개월이 경과한 후에 설정할 수 있으며, 이를 설정하기 위해서는 본인이 서명 날인한 신용거래 계좌 설정 약정서, 주민등록증사본, 인감증명서, 계좌설정 보증금 등이 요구된다. 관리종목, 일부 시장경보 종목 및 예납조치 대상 종목은 신용거래를 할 수 없다.

한편 신용거래 상환기간은 융자나 대주를 받은 날로부터 90일 이내에 이를 상환하도록 되어 있다. 고객이 신용거래를 행하였을 때에는 매매수수료 이외에 매입자금에 대한 이자율 및 주식 차입에 대한 이용료를 부담해야 하며, 이것은 금융감독위원회가 정한다.

신용거래를 상환하는 방법은 크게 두 가지가 있다. 하나는 융자를 받은 사람이 매입대금을 상환하고 현물주식을 인도받거나 대주의 경우 차입한 증권과 동일한 내용의 주식으로 상환하는 현물상환과, 또 하나는 융자시 거래와 반대매매를 행하여 상환하는 방법이 있다. 반대매매에 의한 상환은 융자에 의해 주식을 매입한 투자자는 이것을 되팔고, 대주에 의하여 주식을 매도한 투자자는 이것을 되사서 결제하고 그 결과 차익을 취하는 방법을 말한다.

신용거래는 많은 투기성을 내포하고 있으므로 거래에 여러 가지 제약을 취하고 있다. 우선 종목별 또는 증권회사별로 신용거래 한도가 설정되어 있으며, 증권회사는 신용거래를 설정할 때 고객으로부터 신용거래 보증금을 징수하도록 되어 있다. 신용거래 보증금률은 현재 증권사별로 자율화되어 있다.

8 공공거래 질서를 위한 제도

1) 기업 내용 공시제도

(1) 의의

공시제도는 투자자 보호제도의 일종으로써 상장법인으로 하여금 일반 투자자의 투자판단에 필요한 모든 기업정보를 제공토록 하는 것이다. 이로써 공정한 가격형성을 기하고 증권시장을 통한 효율적 자원배분을 기할 수 있다. 따라서 공시되는 정보가 정확하고 최신의 정보가 제공되어야 하며 이용이 용이해야 한다.

(2) 유형

자본시장법상의 공시 유형은 발행시장과 유통시장에서의 공시로 나눈다. 발행시장에서의 공시는 기업이 자금조달에 필요에 의해 직접금융을 조달해 가는 대가로서 하는 일회성 공시로서 유가증권신고서, 투자설명서, 유가증권 발행실적보고서 등의 제출이 여기에 해당된다. 유통시장에서의 공시는 기업의 경영활동내역을 공시하도록 하는 제도로서 정기공시, 수시공시, 공정공시로 나눌 수 있는데, [표 4-10]은 유통시장에서의 공시유형별 공시 내용을 요약한 것이다.

표 4-10 공시유형별 공시 내용

구분		의미
정기공시		투자자에게 기업내용과 함께 일정기간의 영업성과 및 재무상태를 정기적으로 공시하는 것(사업보고서, 반기보고서, 분기보고서)
수시공시	조회공시	증권의 공정한 거래와 투자자 보호를 위하여 기업의 주요 경영사항 또는 그에 준하는 사항에 관한 풍문 또는 보도(풍문 등)의 사실여부나 당해 기업이 발행한 주권 등의 가격이나 거래량에 현저한 변동(사항)이 있는 경우 거래소가 상장법인에게 중요한 정보의 유무에 대한 답변을 요구하고 당해 기업은 이에 응하여 공시하는 것.
	자율공시	상장법인의 공시능력을 제고하고자 자진공시 및 일부항목에서 제한적으로 운용되던 자율공시항목을 확대하여 주요경영사항 이외의 사항에 관하여 상장기업의 자율적인 판단에 의해 당해 기업에 관한 주요 경영상의 정보 등을 공시하는 것
공정공시		상장법인 증권시장을 통해 공시되지 아니한 중요정보를 기관투자자 등 특정인에게 선별적으로 제공하고자 하는 경우 모든 시장참가자들이 동 정보를 알 수 있도록 그 특정인에게 제공하기 전에 증권시장을 통해 공시하는 것

(3) 공시 운영체계

상장법인은 금융감독원이 운영하는 전자공시시스템(DART: Data Analysis, Retrieval and Transfer system)과 한국거래소의 유가증권시장이 운영하는 전자공시시스템(KIND) 그리고 코스닥시장이 운영하는 전자공시 시스템(KEDIS)을 통하여 공시하게 된다.

(4) 불성실공시

상장법인이 자본시장법 및 공시규정에 의한 공시의무를 성실히 이행 하지 아니하여 공시불이행, 공시번복 또는 공시변경의 유형에 해당된 경우를 불성실 공시라 한다. 상장법인이 공시불이행, 공시번복 및 공시변경의 사유에 해당될 경우에는 불성실공시법인으로 지정되게 된다. 또한 매매거래정지, 불성실 공시사실 공표, 금융감독위원회에 통보, 당해 종목 매매상황에 대한 감리에 착수하고 이상매매 발견시 금융감독위원회에 통보, 관리 종목 지정 및 상장폐지 등의 불성실공시에 대한 제재조치를 받게 된다.

2) 불공정거래행위의 제한

(1) 내부자거래의 제한

회사의 임직원 또는 주요 주주 등 내부자 및 준내부자, 정보수령자가 상장법인의 신고사항 중 중요한 미공개정보를 이용하여 당해 기업의 유가증권을 매매하는 것을 내부자 거래한다. 내부자거래는 증권시장의 공정거래 질서를 저해하는 것으로 자본시장법 등에서 엄격하게 규제하고 있다.

(2) 시세조정 금지

시세조정 금지는 증권시장에서의 인위적 개입을 제한하기 위한 제도로 누구든지 거래가 성황을 이루고 있는 듯이 오인케 하거나 그릇된 판단을 유발케 하는 행위를 금지하는 것이다. 또한 부당한 이득을 취하기 위해 고의로 허위의 사실 등을 유포하거나 불완전한 문서를 이용하는 등의 행위도 함께 금지한다. 앞서 설명한 내부자거래는 시장에서 형성된 주가로 거래하는 반면에, 일명'작전'이라고도 하는 시세조정은 주가를 인위적으로 조작한다는 점에서 다르다.

부록 상장요건 참고자료

■ 유가증권시장 상장요건

상장요건		일반회사	지주회사
규모요건(모두)	기업규모	자기자본 300억 원 이상	좌동
	상장주식수	100만주 이상	좌동
분산요건(모두)	주식수	다음 중 하나만 충족하면 됨 ❶ 일반주주소유비율 25%이상 또는 500만주 이상(다만, 상장예정주식수 5천만주 이상 기업은 상장예정주식수의 10% 해당 수량) ❷ 공모주식수 25% 이상 또는 500만주 이상(다만, 상장예정주식수 5천만주 이상 기업은 상장예정주식수의 10% 해당 수량) ❸ 자기자본 500억이상 법인은 10%이상 공모하고 자기자본에 따라 일정규모이상 주식 발행 자기자본 500억~1,000억 원 또는 기준시가총액 1,000억~2,000억 : 100만주 이상 자기자본 1,000억~2,500억 원 또는 기준시가총액 2,000억~5,000억 : 200만주 이상 자기자본 2,500억 원 이상 또는 기준시가총액 5,000억 이상 : 500만주 이상 ❹ 국내외동시공모법인은 공모주식수 10% 이상 & 국내공모주식수 100만주 이상	좌동
	주주수	일반주주 700명 이상	좌동
	양도제한	발행주권에 대한 양도제한이 없을 것	좌동

<table>
<tr><td rowspan="4">경영
성과
요건
(택1)</td><td>매출액 및
수익성</td><td>매출액 : 최근 1,000억 원 이상 및 3년 평균 700억 원 이상 &

최근 사업연도에 영업이익, 법인세차감전계속 사업이익 및 당기순이익 각각 실현 &

다음중 하나 충족
❶ ROE : 최근 5% & 3년 합계 10% 이상
❷ 이익액 : 최근 30억 원 & 3년 합계 60억 원 이상
❸ 자기자본 1천억 원 이상 법인 :
최근 ROE 3% 또는 이익액 50억 원 이상이고 영업현금흐름이 양(+)일 것</td><td>좌동</td></tr>
<tr><td>매출액 및
기준시가총액</td><td>설립후 3년 이상 경과 & 계속적인 영업활동(합병 등이 있는 경우 실질적인 영업활동기간 고려)</td><td>좌동</td></tr>
<tr><td>기준시가총액
및 이익액</td><td>최근적정, 직전2년 적정또는한정
(감사범위 제한에 따른 한정의견 제외)</td><td>좌동</td></tr>
<tr><td>기준시가총액
및 자기자본</td><td>최근적정, 직전2년 적정또는한정
(감사범위 제한에 따른 한정의견 제외)</td><td>좌동</td></tr>
<tr><td rowspan="3">안정성
및
건전성
요건</td><td>영업활동기간</td><td>설립후 3년 이상 경과 & 계속적인 영업활동(합병 등이 있는 경우 실질적인 영업활동기간 고려)</td><td>좌동
(주요자회사의 실질적인 영업활동기간 고려)</td></tr>
<tr><td>감사 의견</td><td>최근적정, 직전2년 적정또는한정 (감사범위 제한에 따른 한정의견 제외)</td><td>좌동
(개별 및 연결재무제표)</td></tr>
<tr><td>매각제한
(보호예수)</td><td>최대주주등 소유주식 & 상장예비심사신청전 1년 이내 최대주주등으로부터 양수한 주식 : 상장후 6월간

상장예비심사신청전 1년 이내 제3자배정신주 : 발행일로부터 1년간. 단, 그날이 상장일로부터 6월 이내인 경우에는 상장후 6월간</td><td>좌동
(금융지주회사의 경우 최대주주등 소유주식 매각제한 제외)</td></tr>
</table>

■ 코스닥시장 상장요건

(2019.4.17. 개정규정 기준)

<table>
<tr><th rowspan="2">구분</th><th colspan="2">일반기업(벤처 포함)</th><th colspan="2">기술성장기업</th></tr>
<tr><th>수익성 · 매출액 기준</th><th>시장평가 · 성장성 기준</th><th>기술평가 특례</th><th>성장성 추천</th></tr>
<tr><td>주식분산
(택일)</td><td colspan="4">❶ 소액주주 500명 & 25% 이상, 청구후 공모 5% 이상(소액주주 25% 미만시 공모 10%이상)
❷ 자기자본 500억 이상, 소액주주 500명 이상, 청구후 공모 10% 이상 & 규모별 일정주식수 이상
❸ 공모 25% 이상 & 소액주주 500명</td></tr>
<tr><td rowspan="2">경영성과
및
시장평가
등
(택일)</td><td rowspan="2">❶ 법인세차감전계속사업이익 20억원 [벤처: 10억 원] & 시총 90억 원
❷ 법인세차감전계속사업이익 20억원 [벤처: 10억 원] & 자기자본 30억 원 [벤처: 15억 원]
❸ 법인세차감전계속사업이익 있을 것 & 시총 200억원 & 매출액 100억원 [벤처: 50억원]
❹ 법인세차감전계속사업이익 50억원</td><td rowspan="2">❶ 시총 500억 & 매출 30억 & 최근 2사업연도 평균 매출증가율 20% 이상
❷ 시총 300억 & 매출액 100억 원 이상 [벤처50억 원]
❸ 시총 500억 원 & PBR 200%
❹ 시총 1,000억 원
❺ 자기자본 250억 원</td><td colspan="2">❶ 자기자본 10억 원
❷ 시가총액 90억 원</td></tr>
<tr><td>• 전문평가기관의 기술 등에 대한 평가를 받고 평가결과가 A등급 이상일 것</td><td>• 상장주선인이 성장성을 평가하여 추천한 중소기업일 것</td></tr>
<tr><td>감사의견</td><td colspan="4">최근사업연도 적정</td></tr>
<tr><td>경영투명성
(지배구조)</td><td colspan="4">사외이사, 상근감사 충족</td></tr>
<tr><td>기타 요건</td><td colspan="4">주식양도 제한이 없을 것 등</td></tr>
<tr><td>질적 요건</td><td colspan="4">기업의 성장성, 계속성, 경영의 투명성 및 안정성, 기타 투자자 보호, 코스닥시장의 건전한 발전, 업종별 특성, 고용창출효과 및 국민경제적 기여도 등을 종합 고려</td></tr>
</table>

제Ⅲ부

실전투자분석

제Ⅲ부에서는 실전투자를 위한 필요한 정보의 수집과 정보의 해석, 투자에 따른 기대수익률과 위험 등을 이론적 측면에서 설명하여 실전투자에 응용하도록 하였고, 위험을 분산하는 포트폴리오에 대한 이론적 배경 및 구성방법 등에 대하여 증권투자에 초보자가 이해하기 쉽도록 설명하였고 실전투자에 반드시 알아야 할 기본적 분석, 기술적 분석, 그리고 시장이례 현상 등을 다루었다. 제5장에서는 시장전반에 대한 정보의 종류와 각각의 정보가 무엇을 의미하는지를 설명하였고, 제6장 및 7장에서는 주식의 기대수익률과 위험의 의미와 위험을 분산하는 포트폴리오 투자기법을 이론적으로 기술하여 실전투자에 대비하는 목적으로 기술하였다. 제8, 9, 10장에서는 투자할 주식을 선별하고 투자시기를 파악하기 위한 방법을 경제분석, 산업분석, 기업분석을 통하여 파악하고, 실전에 자주 나타나는 챠트를 기반으로 하는 기술적 분석, 그리고 이론적으로 설명되지 않지만 현실적으로 자주 나타나는 특이한 현상 등을 이해하여 실전투자에 응용할 수 있도록 하였다.

제 5 장

시장정보와 주가

1. 주가시세표 읽는법
2. 주가지수의 의미와 종류
3. 거래현황분석의 중요성
4. 장세지표의 의미
5. 증시 주변 자금동향에 관한 지표

산업화 · 정보화 사회가 가속화됨에 따라 한 국가의 경기 동향이나 경제 수준을 주식시장의 규모와 가격을 이용하여 분석하는 경향이 높아지고 있다. 우리나라의 경제발전이 급속도로 성장하는 것과 동시에 신문이나 TV 뉴스에서 주식시장과 관련된 내용의 비중이 현저하게 늘어난 것은 우리 사회의 산업화와 정보화의 추이를 반영하는 지표로 주식시장이 주목받고 있음을 알 수 있다. 각종 뉴스미디어로부터 발표되는 주식과 관련된 내용을 이해하고 분석함으로써 미래의 경제상황과 경기동향을 예측할 수 있다.

주식시장에 모인 투자자들은 미래의 경제상황과 경기동향을 나름대로 분석하여 주식의 매입과 매도시에 가격이라는 도구를 통하여 분석의 정확성 여부를 결정짓게 된다. 주식의 가격은 과거의 정보를 반영해야 할 뿐만 아니라 각 산업과 기업에 영향을 주는 미래의 경제적 상황도 반영하여야 하는 것이므로 각종 뉴스에서 발표되는 주식 관련 정보를 충분히 이해하여 분석하는 것이 성공적인 주식투자의 지름길이다.

주식투자와 관련된 증권회사와 고객 간에 일어나는 분쟁의 대부분은 묵시적인 일임매매에 의하여 발생되고 있다. 이런 상황에 직면한 대부분의 고객들은 “주식투자에 대하여 잘 모르기 때문에 증권사 직원에게 맡기면 나보다 훨씬 나을 것이다”라고 생각한다. 그러나 주식투자에 대한 무지로부터 발생하는 분쟁은 투자자 본인이 합리적이고 원칙적인 투자 방법을 공부하지 않는 한 해결하기 힘든 사회적 문제로 남을 수밖에 없다. 스스로 분석하여 결정한 주식투자가 사회 전반에 확산될 때 주식시장은 투기의 장이 아닌 건전한 자본시장으로서 투자의 장이 될 수 있다. 그러면 합리적이며 효과적인 주식투자를 위해 분석하여야 할 정보는 어떤 것이며 각 정보가 가지는 의미는 무엇인가를 체계적으로 알아보자.

알고 갑시다

- **일임매매**(discretionary transaction)
  증권회사는 고객으로부터 유가증권의 매매거래에 관한 위탁을 받은 경우 그 수량, 가격 및 매매의 시기에 관한 결정을 일임받아 매매거래를 하는 것을 말한다. 증권회사는 일임매매를 하고자 할 때 일임매매 위임자로부터 유가증권의 종류, 종목 및 매매구분과 방법을 결정받아 약정기간년 이내, 종목수 5개 종목 이내로 하는 일임매매 계약을 체결하고 증권회사는 적합한 직원을 담당자로 지명하여야 한다.

1 주가시세표 읽는 법

신문기사에서 주식의 가격이 많이 상승하였다거나 혹은 급하락하였다는 소식이 있을 때마다 현재 주식투자를 하고 있는 여부와는 상관 없이 주가시세표에 관심을 가지고 주가를 읽어보는 경우가 많다. 매일 발표되고 있는 신문의 주가시세표는 각 신문에 따라 그 형태가 약간의 차이를 보이고 있다. 주가시세표의 상단에는 각종 주가지수들이 발표되고 있으며 전일 종가지수를 기준으로 얼마나 상승 혹은 하락하였는가를 표시하고 있다.

한국경제신문의 주가시세표인 [표 5-1]을 보면 한국종합주가지수(KOSPI: Korea Composite Stock Price Index)는 1402.58포인트이며 전일의 종가기준으로 볼 때 8.49포인트 상승하였다는 것을 알 수 있다. 종합주가지수의 계산 방식과 지수가 가지는 의미는 다음 절에서 자세히 알아보기로 하자.

표 5-1 시세표 실례(유가증권 시장)

유가증권시장

블루칩멤버스 한경 블루칩멤버스는 한국경제신문이 기업IR활동을 지원하는 우량 기업들입니다

단위:원, 십주	▲상 승 ▽하 락	액면가구분(원)
N신형우선주	⬆상한가 ⇩하한가	A=100 B=200
H52주신고가	×기 세 ◆이상급등	C=500 D=1000
L52주신저가	◉권리락 ★배당락	E=2500 무표시=5000

주 가 지 수

<12일>

지수명	상장주식(만주)	주가지수 시가	고가	저가	종가	전일대비 등락폭	등락률	거래량(천주)	거래비중	주가평균(수정)	등락률 전주대비	연초대비
한경다우지수		170.79	171.91	170.26	171.16	+ 1.21	+ 0.7	124.445	27.79		+ 2.0	+ 4.0
코스피지수	(2.313.468)	1.399.64	1.411.82	1.399.04	1.402.58	+ 8.49	+ 0.6	447.862	100.00	29.790	+ 0.5	+ 1.0
코스피200지수		179.33	180.91	179.23	179.65	+ 0.98	+ 0.5	171.742	38.35		+ 0.5	+ 0.8
제조업총지수	(1.191.782)	2.301.38	2.322.34	2.298.47	2.302.71	+ 7.79	+ 0.3	292.049	65.21	32.620	+ 0.5	+ 0.3
시가총액규모별												
대형주:상위100위이내	(1.251.002)	1.362.51	1.374.56	1.361.68	1.365.51	+ 8.74	+ 0.6	130.807	29.21	90.416	+ 0.5	+ 0.7
중형주:101위-300위	(546.311)	1.631.71	1.646.86	1.631.71	1.638.54	+ 10.20	+ 0.6	149.477	33.38	34.843	+ 1.2	+ 2.7
소형주:301위이상인 종목	(419.621)	1.006.07	1.014.33	1.006.07	1.011.84	+ 6.58	+ 0.7	156.672	34.98	11.963	+ 1.2	+ 0.7
산업별												
음식료품	(31.847)	2.533.88	2.540.55	2.502.17	2.520.72	- 11.18	- 0.4	7.418	1.66	139.647	+ 1.8	+ 7.1
섬유의복	(33.232)	179.15	182.40	179.15	180.25	+ 0.31	+ 0.2	6.131	1.37	31.972	+ 2.7	+ 6.2
종이목재	(52.873)	371.70	376.84	371.70	374.32	+ 2.83	+ 0.8	11.736	2.62	12.008	+ 0.0	- 3.3
화학	(195.914)	1.749.20	1.790.14	1.749.20	1.777.29	+ 30.58	+ 1.8	35.996	8.04	30.453	+ 3.6	+ 5.2
의약품	(43.242)	3.657.93	3.695.19	3.642.16	3.654.82	- 2.67	- 0.1	14.026	3.13	38.568	+ 2.4	+ 5.6
비금속광물제품	(35.334)	976.37	988.67	973.98	976.74	+ 1.23	+ 0.1	7.428	1.66	21.035	- 3.0	- 1.2
철강금속	(79.245)	2.674.47	2.682.36	2.655.83	2.658.75	- 13.39	- 0.5	9.461	2.11	22.920	+ 0.7	+ 3.5
기계	(125.071)	883.77	905.09	883.13	883.71	+ 3.38	+ 0.4	61.406	13.71	11.945	- 2.7	- 6.9
전기전자	(312.948)	6.890.80	6.958.59	6.877.49	6.888.31	+ 30.06	+ 0.4	77.561	17.32	22.046	+ 1.3	+ 1.0
의료정밀	(35.548)	625.11	640.43	625.11	631.69	+ 11.10	+ 1.8	8.407	1.88	6.371	+ 11.3	+ 12.5
운수장비	(215.444)	1.065.68	1.069.90	1.046.55	1.055.98	- 8.61	- 0.8	49.361	11.02	17.041	- 4.9	- 8.0
유통업	(133.158)	436.41	448.06	436.41	444.24	+ 11.31	+ 2.6	29.790	6.65	28.697	+ 4.5	+ 10.0
전기가스업	(80.248)	1.187.26	1.198.76	1.173.61	1.187.17	+ 9.84	+ 0.8	1.733	0.39	37.988	+ 4.9	+ 8.6
건설업	(114.399)	202.17	206.70	201.62	204.05	+ 2.00	+ 1.0	10.850	2.42	21.174	+ 0.3	+ 2.2
운수창고	(56.310)	1.780.49	1.805.16	1.769.37	1.795.93	+ 27.59	+ 1.6	9.328	2.08	32.379	- 2.1	+ 3.7
통신업	(63.940)	304.80	309.61	304.80	305.52	+ 0.28	+ 0.1	3.826	0.85	66.125	- 0.3	+ 0.5
금융업	(554.693)	535.17	538.40	531.03	533.36	+ 2.29	+ 0.4	85.451	19.08	21.304	- 1.5	- 2.5
은행	(171.489)	339.51	340.35	335.17	336.64	+ 0.94	+ 0.3	9.784	2.18	20.860	- 1.7	- 3.0
증권	(163.143)	3.053.32	3.085.47	2.994.49	3.001.05	- 23.74	- 0.8	61.970	13.84	17.473	- 0.7	- 1.6
보험	(46.319)	11.903.40	12.184.11	11.785.63	12.082.61	+ 252.04	+ 2.1	6.669	1.49	26.739	- 2.8	- 5.0
서비스업	(112.095)	637.30	655.34	636.52	652.11	+ 14.95	+ 2.3	13.760	3.07	19.711	+ 3.3	+ 7.1

일 반 종 목

어 업 · 광 업

120일 고가	120일 저가	종목	종목코드	시가	고가	저가	종가	등락	거래량
15350	11750	동원	003580	13200	13450	13150	13200▲	50	4778
50700	27600	동원산업	006040	36800	37000	35550	35700▽	1300	729
15750	7980	동원수산	030720	10950	10950	10100	10250▽	550	27800
11550	5830	사조산업	007160	7750	7800	7420	7500▽	300	21637
7550	3300	신라교역C	004970	4800	4900	4440	4500▽	340	20115
19800	9970	오양수산	006090	13050	13150	12300	12600▽	550	30362
19400	14350	삼양통상	002170	17650	18200	17650	18000	-	321
3155	2160	삼영무역C	002810	2575	2575	2500	2540▽	15	4295
1390	665	삼호F&GC	011150	1360	1375	1265	1265▽	55	376734
3980	1670	'1 우	011155	2015	2070	1900	2070▲	55	420
2425	225	세우글로C	013000	1420	1440	1390	1415	-	32110
52700	2475H	'1 우	013005	45450	52500	45450	52500▲	2600	17
11700	5930H	세이브존	067830	11250	11600	11000	11400	-	5533
5360	1715	★신성디엔	003990	<매매 거래 정지>					
4545	2315	신성통상	005390	3720	4250	3570	4070▲	320	11590
491000	344000	신세계	004170	469500	472500	465500	465500▲	1000	5881
6990	4930	신흥C	004080	6400	6400	6100	6300	-	788
7420	2720	쌍용	001250	4300	4350	4050	4210▽	40	25360
6490	750	일앤엘바A	003190	2810	2920	2650	2700▽	60	342442
4585	1770H	에스지위	004060	3990	4585	3990	4585⬆	595	37921
5200	2920	영원무역C	009970	4140	4500	4140	4400▲	230	177552
11650	4800	영창실업	010600	7150	7260	7100	7240▲	40	8353
9050	5970	유니퀘스C	077500	8110	8430	8110	8300▲	10	4085
5280	3705	이화산업	000760	4250	4370	4200	4250▽	50	1434
9050	5020	인큐브테	020120	6810	6950	6520	6640▽	110	5697
17550	10150	청호컴넷	012600	14750	15050	14750	15000▲	250	7849
2050	855	케이피앤D	009810	1150	1195	1145	1175▲	20	69860
100500	39200	'1 우	009815	61000	61000	61000	× 61500▲	500	0
11200	5130	코아스웰D	071950	9150	9190	8540	8950▲	100	2424
18450	7010	코오롱인	063510	10700	12650	9350	9380▽	1620	130129
18800	4450	'1 우	063515	9600	11200	8340	8340▽	1410	1118
49900	27300	풀무원	017810	45200	46000	44200	44350▽	750	5271
6500	4510	한국금속	004820	5950	6120	5900	5910▽	160	1325
7660	5180	한샘D	009240	6060	6170	6060	6170▲	20	2397
12400	5900	현대DSF	016510	11050	11400	10700	11000	-	31072
90000	39300	현대백HS	005440	80600	81600	78400	80900▲	300	2977
101500	53300	현대백화	069960	98300	101000	98200	98200	-	12645
30900	4050H	현대상사	011760	26500	30900	25300	30900⬆	4000	127745
4500	2320	혜인C	003010	4160	4210	4110	4120▲	25	25342
14700	7990H	호텔신라	008770	14000	14700	13800	14600▲	650	72948
7620	5990	'1 우	008775	7400	7490	7370	7430▲	30	701
15800	8530	화성산업	002460	13050	13400	12700	13200▲	50	8379

운 수 창 고

120일 고가	120일 저가	종목	종목코드	시가	고가	저가	종가	등락	거래량
168000	42150	KCTC	009070	129500	134500	128000	131500▲	3500	25
17250	7350	국보	001140	13100	13450	12900	13150▽	200	1830
91100	42600	글로비스C	086280	71000	73000	69200	69800▽	2500	18314
36000	17200H	대한항공	003490	34400	35850	34150	35450▲	1950	106848
19000	9950H	'1 우	003495	18300	18800	18300	18600▲	500	130
38500	24800	대한해운	005880	24850	25350	24850	25250▲	50	2351
22000	14700	동방	004140	17400	17600	16900	17450▲	50	2562
26700	11250	동양고속	084670	18500	19000	18500	18700▽	50	860
13100	7050	세방C	004360	8620	8840	8550	8720▽	40	8039
6500	3300	'1 우	004365	3910	3980	3805	3975▽	55	1252
8800	4850	'2 우N	004367	6250	6550	5850	6550▽	150	52
1930	865	세양선박C	000790	950	965	950	950	-	309658
51800	8250	천일고속	000650	43850	44700	42500	43400▽	1000	248
30900	19350	한국공항	005430	24000	25100	24000	24350▲	350	1238
6230	2140	한솔CSNC	009180	5340	5430	5190	5400▲	100	170877
17400	10400	한익스프	014130	13350	13650	13250	13350	-	898
43000	18000	한진	002320	31400	32300	31350	32000▲	500	14566
28400	21000	한진해운	000700	23250	23750	23250	23450▲	50	112302
18500	11700	현대상선	011200	16350	17650	16350	17350▲	1000	175661
41400	19950	흥아해운	003280	20800	23300	20800	22550▲	1100	2804

통 신 업

120일 고가	120일 저가	종목	종목코드	시가	고가	저가	종가	등락	거래량
45250	38600	KT	030200	39550	40050	39550	39650▽	50	80478

120일 고가	120일 저가	종목	종목코드	시가	고가	저가	종가	등락	거래량
12650	5320	우방타워	084680	6300	6360	6220	6230▽	40	1864
13250	5330	웅진씽크C	016880	12200	13250	12150	12650▲	650	109569
17800	8070	유엔젤C	072130	9320	9560	9270	9350▲	200	23367
250000	179000	제일기획	030000	225500	230000	219500	228500▲	2000	2110
1565	800	텔레윈C	015540	1050	1070	1030	1030▽	20	63647
89000	89000L	★ '1 우	015545	89000	89000	89000	89000	-	0
25800	14800	텔코웨어C	078000	20500	21300	20350	21050▲	800	16678
46250	14800	한솔텔레	010420	46250	46250	44050	44900▽	1100	104
21050	12300	한신정	034310	16050	16400	16000	16150	-	722
24500	19850	휘닉스컴	037270	22200	22500	21700	22100▲	350	65

투 자 회 사

120일 고가	120일 저가	종목	종목코드	시가	고가	저가	종가	등락	거래량
5750	4525	골든경매	084160	4800	4800	4790	4790▽	10	201
7150	4250	지앤알경	085450	4950	4950	4950	4950	-	0
4840	3775	현대경매	083160	4545	4545	4500	4510▽	10	1584

부 동 산 투 자 회 사

120일 고가	120일 저가	종목	종목코드	시가	고가	저가	종가	등락	거래량
5600	5120	교보메리	064900	5290	5290	5280	5280▽	10	40
6980	5680	리얼티1	072450	6250	6250	6250	6250	-	4
6900	5800	맥쿼리센	076850	6450	6450	6200	6280▲	140	22
5670	5120	유레스메	073470	5400	5400	5400	5400	-	0
7980	6460	코크렙1	067910	7490	7490	7490	7490▽	10	27
5280	5050L	코크렙7	086720	5140	5140	5070	5070▽	70	650
5580	5220	코크렙Ⅲ	073530	5350	5350	5350	5350▲	20	110

ETF(상장지수펀드)

120일 고가	120일 저가	종목	종목코드	시가	고가	저가	종가	등락	거래량
18560	13595	KODEX200	069500	18385	18465	18300	18330▲	105	49392
3200	2315	KODEXKRX	086630	2845	2880	2845	2875▲	30	37982
24300	19930	KODEX배	074170	23990	24025	23990	24025▲	55	33
18500	13600	KOSEF	069660	18175	18310	18150	18270▲	85	5617

선 박 투 자 회 사

120일 고가	120일 저가	종목	종목코드	시가	고가	저가	종가	등락	거래량
5460	4995	동북아1	078420	5100	5100	5100	5100	-	0
5030	4410	동북아10	083350	4640	4640	4640	4640	-	0
5050	4500	동북아11	083360	4650	4650	4650	4650	-	0
5020	4105	동북아12	083370	4650	4650	4600	4650▲	150	4278
5000	4505L	동북아13	083380	4505	4505	4505	× 4500▽	5	0
5070	4445	동북아14	083390	4615	4615	4615	× 4500▽	115	0
5030	3910	동북아15	084240	4505	4505	4505	× 4850▲	345	0
5450	4800L	동북아2	080030	4850	4850	4850	4850	-	269
5200	4570	동북아3	080960	4670	4670	4670	4670▽	5	30
5180	4505	동북아4	080970	4670	4795	4670	4795▲	25	823
5200	4420	동북아5	080980	4700	4700	4700	4700	-	100
5300	4600	동북아6	080410	4810	4810	4810	4810	-	0
5170	4250	동북아8	082110	4570	4580	4570	4580	-	108
5300	4600	★동북아9	083120	4790	4790	4790	4790	-	0
5420	4420	아시아1	080180	4750	4765	4750	4765▲	10	91
5040	4320	아시아10	083570	4320	4620	4320	4620▲	20	2
5040	4300L	아시아11	083580	4310	4410	4310	4410▽	140	51
5040	4180	아시아12	083590	4405	4565	4405	4565▽	5	2
5080	4500	아시아13	083600	4750	4750	4750	4750	-	0
5060	4165	아시아14	083610	4405	4580	4405	4580▲	120	528
5040	4450	아시아15	083620	4500	4500	4500	4500▲	50	3
5170	4465	아시아2	081190	4510	4650	4510	4650▲	130	3
5200	4490	아시아3	081200	4700	4700	4700	4700▲	210	30
5200	4405	아시아4	081210	4535	4535	4535	4535	-	0
5140	4400	아시아5	082240	4500	4500	4500	4500▽	90	55
5170	4400	아시아6	082250	4600	4600	4600	× 4595▽	5	0
5160	4300	아시아7	082260	4505	4505	4505	4505	-	0
5200	4415	아시아8	081930	4570	4600	4570	4575▲	15	1145
5130	4325L	아시아9	081940	4325	4550	4325	4500▽	45	650

관 리 종 목

120일 고가	120일 저가	종목	종목코드	시가	고가	저가	종가	등락	거래량
2810	745	AP우주C	015670	855	870	840	845▽	10	92635
9250	3970	'1 우N	015675	5550	6270	5500	6070▲	520	174
2245	95	KDSC	017300	1530	1550	1485	1500▽	30	24979
1430	1430	★국제상사	000680	<매매 거래 정지>					
2835	2835	★ '1 우	000685	<매매 거래 정지>					
15500	9700	나산	014990	13400	13850	13200	13400	-	2732
21950	8000	대구가스D	016710	10850	10850	10300	10500▽	300	2492
8510	3635	대림통상D	006570	4700	4850	4540	4685▽	15	577

한국종합주가지수(KOSPI)의 아래쪽에는 선물지수가 발표되고 있는데 이는 주가지수선물(stock price index futures)이라는 선진화된 금융파생상품의 거래를 위하여 개발된 KOSPI 200지수를 지칭한다. KOSPI 200지수는 다음 절에 자세히 설명하겠지만 한국거래소의 유가증권시장에 상장된 주식 중 200종목을 일정 기준 하에 선택하여 이 종목들의 평균적 주가 움직임을 측정한 것이다.

유가증권시장의 주가시세표는 일반종목, 투자회사, 부동산투자회사, ETF(상장지수펀드), 선박투자회사, 관리종목 등으로 나누어진다. ETF(상장지수펀드)는 회사의 주식이 아니라 특정 주가지수의 수익률과 유사하게 움직이는 인덱스 펀드로, 기존의 인덱스 펀드와는 달리 한국거래소에 상장하여 거래하기 때문에 주식과 같은 방법으로 거래가 가능하다. 부동산투자회사(REITs)는 불특정다수의 투자자로부터 모아진 자금을 토지, 가옥 등의 부동산에 투자하는 투자신탁을 말한다. 투자대상이 유가증권이 아니라 부동산이라는 점이 증권투자신탁과 다를 뿐 기본적으로는 거의 유사하다. 선박투자회사는 일반투자자로부터 자금을 모집하여 선박을 건조하거나 매입한 후, 이를 해운회사에 빌려주고 그 용선료를 투자자들에게 배당하는 것으로 이것도 일종의 서류상의 회사(paper company)이다. 우리나라에서는 해운산업을 활성화하기 위해 2002년 5월 선박투자회사법이 제정되었고, 2004년 3월 첫 선박투자회사인 “동북아 1호 선박투자회사”가 상장되어 거래되기 시작하였다.

각 업종별로 분류된 기업들의 보통주가 발표되며 우선주나 신주가 있을 경우에는 기업명 옆에 1우, 2우B(N) 등으로 표기한다. 각 신문사마다 시세표를 표기하는 방식이 상이하지만 일반적으로 시세표에는 일정기간 동안의 최고가와 최저가, 전일종가, 시가, 하루 중 최고가와 최저가, 거래량 등이 발표된다. [표 5-1]을 이용하여 시세표에 나타난 가격의 의미를 자세히 알아보자.

1) 시세표 표기방식

(1) 120일 고가 · 저가

현재의 주가가 최근 120일 동안의 주가 수준으로 미루어 보아 어느 가격대에 있는지를 살펴보기 위한 것으로 2006년 1월 12일 현재 어업 · 광업의 첫 번째 기업인 동원의 보통주는 최근 120일 동안 15,350원이 최고가이며 최저가는 11,750원임을 알 수 있다. 각 신문사에 따라 최고 · 최저가를 측정하는 기간이 다르며 연중, 반기중, 분기중, 월중 등 다양하다.

(2) 종가

전일 시장폐장 전 10분 동안의 단일가매매에서 결정된 가격을 지칭하며 당일의 가격등 · 하락폭 및 상 · 하한가를 결정하는 기준가격이 되며, 1월 13일자 조간신문이므로 동원의 보통주 전일종가는 1월 12일 폐장시의 종가가격 13,200원이 된다.

(3) 종목명

보통주만을 발행한 기업은 기업명이 종목명이 되며 우선주, 신주, 혹은 전환사채(CB: convertible bond)의 발행이 있을 경우에는 보통주의 기업명 옆에 우(혹은 1우), 신(혹은 1우B), 전환 등으로 종목명을 표기한다.

(4) 시가

거래 당일의 개장가격을 의미하며, 매매시작 전 1시간 동안의 주문 중에서 매입과 매도주문 수량의 균형이 가장 잘 이루어지도록 결정된 체결 가격이다.

(5) 등락

주가의 등락은 현재가격이 전일의 종가와 비교하여 얼마나 등 · 하락 수치로 나타낸 것으로 상승한 경우에는 상승 폭과 흑색의 삼각형(▲)으로 표시하며 하락한 경우에는 하락 폭과 백색의 역삼각형(▽)으로 나타낸다. 만약 상승 혹은 하락한 폭이 일일 가격제한폭과 동일한 경우에는 상한가 혹은 하한가라고 하며 흑색의 상향 화살표(🠉)와 백색의 하향 화살표(⇩)로 표시한다.

(6) 거래량

거래 당일 매입 혹은 매도된 총주식수를 표시하며 단위는 10주이므로 동원의 1월 12일 당일 총거래량은 47,780주이다.

(7) 고가 및 저가

당일의 체결가격 중에서 최고의 가격과 최저의 가격을 지칭하며 고가와 저가의 차이가 많이 나는 주식은 주가의 일일변동성(volatility)이 높은 것을 의미한다. 동원의 1월 12일 일중 최고가는 13,450원이었고 최저가는 13,150원이었으므로 동원의 보통주는 당일 최고가보다 250원 낮게 장이 마감되었고, 최고와 최저의 폭이 300원이므로 일일변동성이 그렇게 크지 않음을 알 수 있다.

알고 갑시다

- **상한가 또는 하한가 산출방법과 예시**

■ 산출방법

- 1차계산 : 기준가격에 0.3를 곱한다.
- 2차계산 : 기준가격의 호가가격단위에 해당하는 가격 미만을 절사한다.
- 3차계산 : 기준가격에 2차계산에 의한 수치를 가감하되, 당해 가격의 호가가격단위 미만을 절사한다.

■ 산출예시 : 기준가격이 9,980원인 경우

- 1차계산 : 9,980원 × 0.3 = 2,994원
- 2차계산 : 2,990원(9,980원의 호가가격단위인 10원미만 절사 : 1차절사)
- 3차계산

합산가격 : 9,980원 + 2,990원=12,970원

호가가격단위 적용 : 12,970원의 호가가격단위인 50원미만 절사(2차절사) 상한가 : 12,950원

하한가 : 6,990원(동일한 방법으로 적용)

시세표에 발표되는 수치의 의미를 알고 있는 투자자 중에서도 많은 분들이 다음과 같은 질문을 자주한다. "시세표의 종목명 앞뒤에 있는 기호들은 무엇을 의미합니까?"신문에 따라 사용하는 표시기호가 상이하지만 각 신문의 시세표 상단의 범례에 각 기호가 어떤 용어를 지칭하는지 나타나 있어 용어의 의미를 알고 있다면 쉽게 이해할 수 있다. 시세표에 주로 많이 나오는 용어는 신고가, 신저가, 기세, 이상급등종목, 권리락, 배당락, 신규상장, 신주상장 등이 있다.

2) 시세표에 나오는 용어

(1) 신고가(혹은 신저가)

현재까지 거래된 가격 중 최고가(혹은 최저가)를 의미하며 경우에 따라서 연중 신고가(혹은 연중신저가)를 표시하는 시세표도 있는데 이는 연중 최고(혹은 최저)가격을 의미한다. 본 시세표에서는 최근 52주 동안 최고(최저)가격을 H(L)로 표시하고 있다.

(2) 기세(quotation)

주식을 매입 혹은 매도하기 위하여 주문한 가격(호가)으로 매매계약이 시장 종료시까지 성립되지 않은 호가를 말하며, 전일종가에 비해 매도주문일 경우에는 가장 낮은 호가를 매입주문일 경우는 가장 높은 호가를 기세가격으로 삼는다. 따라서 기세가격일 경우는 거래체결 없이 매수 혹은 매도가격만이 존재하는 경우이다. 그리고 하한가로 팔자 주문만 있고 사자가 전혀 없을 때를 기세하한가, 상한가로 사자 주문은 있고 팔자 주문이 전혀 없는 때를 기세상한가라고 한다. 직전일의 시세에 비해 낮은 매도호가에도 불구하고 매매가 형성되지 않았다는 것은 해당 종목의 주가가 하락세에 있음을 뜻하며, 또 직전일의 시세에 비해 높은 매수호가에도 불구하고 매매가 형성되지 않았다면 주가가 상승세에 있음을 뜻한다. 기세는 매매가 형성되지 않았을 뿐 시세 흐름을 반영하고 있기 때문에 사실상의 시세로 인정받는다.

(3) 투자 참고(투자주의종목, 투자경고종목, 투자위험종목 등)

거래소는 주가와 거래량이 일정 기간 내에 급변한 종목을 감시대상으로 지정하여 주가 급등락에 대한 투자자의 주의를 환기시키기 위하여 필요하다고 인정된 종목들을 말한다(각 종목에 대한 설명은 4장 참조).

(4) 권리락(ex-rights, right off)

주식회사가 증자를 하는 경우에 새로 발행하는 주식을 인수받을 권리를 확정하기 위하여 신주배정일을 정하는데, 이때 그 기준일의 익일 이후에 결제되는 주권에는 신주인수권이 없어지는 것을 권리락이라고 한다. 주식이 권리락되면 신주인수권이 없어진 상태의 주식에 새로운 가격이 형성되는데, 이때 가격은 제4장에서 설명한 바와 같이 권리락 조치를 취하여 균형이 유지되게 한다.

(5) 배당락(ex-dividend)

배당기준일이 경과하여 배당금을 받을 권리가 없어지는 것을 말하며 배당락이 되면 배당금만큼 주가를 하락시켜 주가가 합리적으로 형성되도록 관리한다.

(6) 액면가 구분

액면가를 표시하는 방법은 신문마다 차이가 있을 수 있지만, 본 시세표상에서 'A'가 붙은 주식의 액면가는 100원, B는 200원, C는 500원, D는 1000원, E는 2500원이다. 표시가 안된 것들은 모두 5,000원이 액면가이다.

상기의 내용을 바탕으로 주가시세표를 대하면 예전과 달리 부담감이 줄어드는 것을 스스로 확인할 수 있을 것이다. 그러나 증권기사란에는 시세표 이외의 많은 내용들이 수록되어 있다. 이들이 내포하고 있는 내용을 정확히 이해하지 못한다면 아무리 중요한 정보일지라도 그 가치를 가질 수 없다. 따라서 지금부터 증권기사란에 자주 등장하는 용어를 중심으로 각 의미를 자세히 알아보자.

2 주가지수의 의미와 종류

1) 주가지수의 의미

시중의 물가가 많이 상승하였을 때 뉴스를 통하여 소비자물가지수(CPI: consumer price index)가 작년에 비하여 몇 % 더 상승하였다는 발표를 많이 들을 수 있다. 그러나 물가지수가 상승하였다고 모든 물가가 상승한 것이 아니라 시중의 물가가 평균적으로 상승한 것으로 소비자는 해석한다. 이와 같이 지수란 어떤 경제현상이나 상품의 가격변동 상황을 기준시점과 대비하여 나타내는 하나의 지표라고 볼 수 있다. 주가지수(stock price index)도 주식시장 전체의 가격변동 흐름을 측정하기 위한 주식시장의 대표적인 지표이다. 따라서 주식시장의 지표는 주식시장의 상황을 나타내는 척도로서 투자자가 합리적인 투자판단을 할 수 있도록 제공되는 중요한 정보를 담고 있는 것이다. 증권시장에는 주식시장의 가격동향을 나타내는 주가지수와 채권시장의 가격동향을 나타내는 채권지수가 있다.

주가지수는 이처럼 증권시장의 전반적인 동향을 판단하는 데 주로 사용되지만 다음과 같은 측면에서도 의미를 가지고 있다.

① 주가는 미래의 경제상황과 기업의 수익성 및 위험이 반영된 것으로 미래의 경제를 예측하는 선행지표(leading indicator)이다. 선행 정도는 각국마다 차이가 있지만 대체로 선진국에서는 3~6개월, 후진국에서는 약 1년 정도로 나타난다.

② 주가지수는 평균적인 주가상승의 정도를 나타내는 것이므로 개별투자자의 투자성과를 평가하는 기준이 되고 다양한 금융상품과의 수익률 비교의 척도가 되기도 한다.

③ 위험관리(risk management)의 주요 수단으로 활용되고 있는 주가지수 선물 · 옵션의 기초자산(underlying asset)이 되며, 최근 도입되고 있는 대부분의 금융상품들이 주가지수와 연계되어 있다.

주가지수는 지수의 계산 방법과 주가지수의 계산에 포함되는 종목의 종류와 범위에 따라 여러 종류가 있지만 대체로 주가지수를 산출하기 위해서는 다음의 세 가지 요인을 반드시 고려하여야 한다. ① 주가지수에 포함될 주식의 범위가 정해져야 하며, ② 주가지수가 수치화될 수 있도록 기준 시점(base period)이 필요한데 보통 기준시점의 주가지수를 100포인트로 정한다. ③ 주가지수를 계산하는 데 필요한 가중 방법과 계산 방법을 정하여야 한다. 가중 방법에는 대상종목의 주가를 동일하게 가중하는 동일가중방법(equally weighted), 주가수준에 따라 가중하는 가격가중 방법(price weighted), 시장가치에 의하여 가중하는 가치가중 방법(value weighted)등이 있다. 평균계산 방식에는 산술평균 방법(arithmetic average)과 기하평균 방법(geometric average) 등이 있다.

주가지수를 계산하기 위하여 지수계산에 포함되는 개별종목의 가중치를 가격에 두는 가격가중 방법을 이용하여 미국의 다우존스사가 주가지수를 산출하여 발표하는 다우식 주가지수와 주가와 주식수를 곱하여 시가총액에 가중치를 두어 기준년도와 대비하여 발표되는 시가총액식 주가지수가 있다. 다우식 주가지수는 주가변동에 민감하게 반응하는 장점은 있지만 높은 주가의 주식이 낮은 주가의 주식에 비하여 지수에서 차지하는 비중이 높으며 시장외적 요인(권리락이나 주식분할)을 지수에 반영하기 위하여 수정을 가함으로써 지수의 하향화를 가져오는 단점을 가지고 있다. 그러나 세계적으로 가장 많이 알려진 주가지수이며 미국의 다우존스산업지수(DJIA: Dow Jones Industrial Average), 일본경제신문이 산출 발표하는 니케이지수(日經指數), 미국 아메리칸증권거래소(AMEX)의 주요시장지수(MMI: Major Market Index), 그리고 우리나라의 한국경제신문이 산출하여 발표하는 한경다우지수가 이에 속한다. 시가총액식 주가지수는 다우식 주가지수가 가지고 있는 문제점을 보완한 합리적 지수라는 평가를 받고 있지만 자본금 규모가 큰 주식의 영향을 많이 받게 되어 많은 저가 소형주 종목이 하락하고 있는 상황에서도 대형주의 상승시 주가지수가 상승하는 경우가 나타나므로 주식시장 전체의 주가동향을 정확하게 반영하지 못하는 결점을 가지고 있다. 1984년 이후부터 발표하는 한국의 KOSPI와 KOSPI200 지수, 미국의 S&P 500 지수(Standard & Poor's 500 Index), 뉴욕종합주가지수(NYSE Composite Index), 영국의 FTSE100 지수(Financial Times Stock Exchang 100 index), 홍콩의 HangSeng 지수 등이 이에 속한다.

침체일로에 있던 주식시장이 1993년 3/4분기부터 한국종합주가지수(KOSPI)가 연일 상승하며 증권시장의 활력이 되살아날 때의 일이다. 증권업협회 내에 설치된 투자자 보호센터로 전화가 쇄도하였는데 대부분의 내용이 종합주가지수는 상승하는데 자신들이 보유하고 있는 주식가격은 계속 하락한다는 일반투자자들의 불만이었다. 만약 종합주가지수에 대한 의미를 알고 있다면 이런 문제로 전화를 할 이유가 없겠지만 종합주가지수가 투자하고 있는 주식종목의 수익률을 대변해 주는 것으로 알고 있는 일부의 일반투자자에게는 당연히 의문이 생기기 마련이다.

한국종합주가지수(KOSPI)는 증권시장에서 형성되는 모든 개별 주가를 총괄적으로 합산하여 일정기준시점과 비교한 주식시장 전반의 평균적인 주가 변동상황을 나타내는 지표이다. 가령 1980년 3월 어떤 고등학교의 수학시험 평균이 30점이며 이를 100포인트로 간주하자. 1995년 3월 수학시험 평균이 60점이라면 1980년 3월을 기준으로 200포인트에 해당하고 상승률은 100%가 된다. 이때 1980년 3월을 기준시점이라고 하며 1995년 3월을 비교시점이라고 한다. 수학의 평균이 오름에도 불구하고 어떤 학생의 성적은 기준시점의 성적 이하로 하락할 수도 있으며 반대로 평균성적이 내려갈 때 어떤 학생의 성적은 오를 수 있는 것과 마찬가지로 종합주가지수가 상승할 때 개별종목 중 어떤 주식의 가격은 하락할 수도 있다.

2) 유가증권시장의 주요 주가지수들

(1) 한국종합주가지수(KOSPI 지수)

초기 한국 증권시장의 지수는 오늘날의 종합주가지수와는 계산 방식이 다른 다우식 수정주가지수였으나 증권시장이 질적으로나 양적으로 성장하면서 지수에 대한 구조적인 문제점이 제기되고 국제적으로도 시가총액식지수로 전환되는 추세에 발맞추어 유가증권시장(과거 거래소시장) 상장종목을 대상으로 1983년에 1980년 1월 4일을 100포인트로 하는 시가총액식지수인 현행 한국종합주가지수(**KOSPI**: Korea Composite Stock Price Index)를 산출하여 발표하였다.

여기서 시가총액이란 한국거래소에 상장된 전체의 주식수를 현재시점의 시장가격으로 곱하여 구한 값이다. [표 5-2]를 각기 주어진 시점에서 한국거래소에 상장된 모든 주식들을 열거한 것이라고 가정하여 종합주가지수를 산출하여 보자.

표 5-2 상장주식 현황(예시)

주식명	19XX년 1월 XX일		20XX년 1월 XX일	
	발행주식수	시장가격	발행주식수	시장가격
갑을병	1만주	1만 원	1만주	18만 원
을갑병	2만주	2만 원	2만주	10만 원
갑병을	3만주	3만 원	3만주	11만 원
을병갑	4만주	4만 원	4만주	18만 원
병갑을	5만주	5만 원	5만주	20만 원

1980년 1월 4일 시가총액(기준시점의 시가총액)

1만주×1만 원+2만주×2만 원+…+5만주×5만 원 = 55억 원

1996년 1월 25일 시가총액(비교시점의 시가총액)

1만주×18만 원+2만주×10만 원+…+5만주×20만 원 = 243억 원

따라서,

$$\text{종합주가지수} = \frac{\text{비교시점의 시가총액}}{\text{기준시점의 시가총액}} \times 100$$

$$= \frac{\text{243억 원}}{\text{55억 원}} \times 100$$

$$= 441.82(\text{포인트})$$

상기의 계산식을 통하여 볼 때, 종합주가지수는 증권시장에 상장된 기업의 총가치가 기준시점으로부터 비교시점까지 얼마나 변동하였는지를 나타내는 지표라고 할 수 있다. 상기에서 문제를 간단히 하기 위하여 유상증자, 신규상장, 혹은 상장폐지 등의 시장외적요인의 변동이 없는 것으로 가정하였지만 실제로 주식시장에는 많은 시장외적요인이 있으므로 주가지수의 일관성을 유지하기 위하여 기준시점의 시가총액을 조정한다. 기준시점의 시가총액이 10조원이고 비교시점인 1995년 10월 4일 시가총액이 80조라면 종합주가지수는 800포인트가 될 것이다. 10월 5일에 어떤 주식이 신규상장되었는데 발행주식수가 1억주, 주당가격이 10,000원이며 기존의 상장주식가격은 전혀 변동이 없었다고 가정하자. 그러면 상기의 산식을 이용하여 종합주가지수를 계산하면 비교시점의 시가총액이 81조가 되므로 지수는 810포인트가 되어 10포인트 상승한다. 그러나 실제로 주식시장에서 가격은 아무 변동이 없었으므로 10포인트의 상승은 과대계산된 것이다. 이를 조정하기 위하여 기준시점의 시가총액이 수정된다. 즉,

신기준시가총액=(10조원×80조원+1조원)/80조원=10조 1,250억 원

이와 같이 신규상장이나 유상증자가 있을 경우에는 기준시가총액이 증가하며 반대로 상장폐지가 있을 경우에는 기준시가총액이 줄어들어 주가지수의 일관성을 유지하게 된다. 그러나 시가총액식 지수는 동일한 가격의 주식에 대하여 발행주식수가 많을수록 시가총액에서 차지하는 비율이 높아 시장동향을 왜곡시키는 문제점도 가지고 있다. 즉, 발행주식수가 상대적으로 많은 은행주 및 국민주 등의 대형주 가격이 조금만 상승하여도 발행물량이 적은 소형주의 가격이 많이 상승할 경우보다 종합주가지수의 상승 폭이 높게 나타나게 된다. 이 결과 저가대의 소형주 가격이 계속 오르는데에도 불구하고 종합주가지수는 오히려 하락하는 경우가 발생하며 반대로 많은 소형주의 가격이 하락함에도 불구하고 일부 대형주의 가격 상승으로 종합 주가지수는 상승하는 현상을 낳을 수 있다.

그러나 시가총액식 종합주가지수는 주식수는 적으나 고주가인 종목의 영향을 적게 받는다는 점과 상장주식 전 종목을 대상으로 하고 있으므로 증권시장의 전체 주가동향을 나타내는 데 적합하다는 점에서 그 가치를 인정받고 있다.

(2) KOSPI 200

KOSPI 200 지수는 1996년 5월부터 시작되는 주가지수선물의 대상지수로서 한국거래소에 상장된 종목 중 거래가 활발하며 시가총액이 일정 규모 이상인 200개의 종목으로 구성된 지수를 말하며 1990년 1월 3일을 기준시점 100포인트로 산출하여 발표된다. KOSPI 200 지수의 산정기준으로 거래의 활발한 정도를 측정하는 유동성, 시가총액이 일정 규모 이상인 시장대표성, 그리고 업종대표성을 고려하여 산정한 시가총액식 지수이다. KOSPI 100과 KOSPI 50 지수는 각각 KOSPI 200 지수의 구성종목 중에서 산업군 구분 없이 시가총액이 큰 상위 100종목과 50종목을 구성종목으로 하였으며, 2000년 1월 4일을 1000포인트로 하여 2000년 3월 2일부터 산출하여 발표하고 있다.

(3) 시가총액 규모별 지수

한국거래소에서는 유가증권시장 상장종목을 기업 규모에 따라 대 · 중 · 소형주로 분류하여 주가지수를 산출함으로써 각종 시황분석 및 포트폴리오 성과측정지표로 활용하도록 하고 있다. 그러나 1983년부터 산출된 자본금 규모별 주가지수는 분류기준이 상장자본금을 기준으로 함에 따라 실제 시장 상황과 주가지수와의 괴리가 발생하고 주요 금융선진국에서는 대부분 기업 규모별 지수를 시가총액으로 분류하고 있다. 이에 따라 2003년부터 2000년 1월 4일을 1,000포인트로 하여 시가총액 규모별 주가지수를 산출하여 발표하고 있다. 기업 규모 분류기준은 정기변경일 이전 3개월간의 일평균 시가총액을 기준으로 하며, 시가총액 상위 100위까지를 대형주로 하고 상위 101위부터 300위까지를 중형주로, 나머지 종목을 소형주로 분류한다.

대부분의 경우 종합주가지수와 각 시가총액 규모별 지수 간의 등 · 하락률은 다르며 때때로 상승과 하락의 방향이 반대로 나타날 수도 있다. 예를 들어, 주가양극화현상이 심하게 나타나던 1993년과 1994년에 종합주가지수는 대형우량주(blue chips)로 인하여 연일 상승하는데 많은 소형주의 가격은 하락하는 반대현상을 나타냈다. 종합주가지수가 시장의 전반적인 동향을 나타낸다고 하지만 투자자들은 자신들이 보유하고 있는 혹은 보유하고자 하는 주식의 발행회사가 자본금 규모면에서 어디에 속하는지를 알아보고 시가총액 규모별 주가지수를 반드시 참고하여야 한다.

(4) 산업별 지수

시가총액 규모별 지수 이외에도 제조업만을 독립적으로 분류하여 산정한 제조업지수, 음식료품을 비롯하여 서비스업까지 총 22개 산업별로 발표되는 산업별지수가 있다. 산업별지수는 특히 우리나라와 같이 주식의 가격이 산업별로 동시에 등 · 하락하는 경우에는 아주 중요한 정보를 담고 있다. 예를 들면 “오늘의 증권시장은 은행주를 중심으로 사자주문이 몰리면서 종합주가지수를 10포인트 끌어 올렸다”등의 뉴스를 많이 들었을 것이다. 이런 경우에는 종합주가지수와 각 산업별지수를 동시에 고려하는 것이 현명한 지수추이분석이 된다.

이 밖에도 유가증권시장에서는 KOSPI 200 고배당지수와 기업지배구조지수(KOGI: Korea Corporate Governance Stock Price Index)가 있다. KOSPI 200 고배당지수는 주식시장의 장기수요기반을 확충하여 안정적인 발전을 도모하고 배당을 통한 주주중시경영 기업문화의 확산 · 정착을 유도하고자 산출된 지수이다. 기업지배구조지수는 지배구조 우수법인에 대해 합리적인 평가기회를 부여함으로서 상장기업의 자발적인 지배구조 개선을 유도하고자 산출된 지수이다.

3) 코스닥시장의 주요 주가지수들

(1) 코스닥종합지수 (KOSDAQ 지수)

유가증권시장의 대표지수가 한국종합주가지수(KOSPI)이듯이 코스닥시장의 대표지수라고 한다면 코스닥종합지수(KOSDAQ)일 것이다. 한국종합주가지수(KOSPI)와 마찬가지로 시가총액 방식으로 산출하며, 다만 기준시점이 1996년 7월 1일이고 기준지수를 1000포인트로 하여 산출하였다는 것이 다르다.

(2) 코스닥 150

코스닥 150 지수는 코스닥시장의 새로운 대표지수로서 기술주 섹터에 중점을 두도록 설계되었다. 동 지수는 크게 기술주섹터(IT, BT, CT)와 4개의 비기술주섹터(소재, 산업재, 자유소비재, 필수소비재)로 나누어지며, 코스닥시장 보통주 중 시장대표성, 섹터대표성, 유동성 등의 기준으로 선정된 150 종목으로 이루어져 있다. 2010년 1월 4일, 1,000포인트를 기준으로 하여 2015년 7월 13일부터 발표하고 있다. 코스닥 150 지수는 현재 ETF, 인덱스 펀드 등 다양한 금융상품의 기초지수로 폭넓게 활용되고 있다.

4) 기타 주가지수들

(1) KRX 100

유가증권시장과 코스닥시장을 대표종목으로 구성된 새로운 통합 주가지수를 말하는 것으로 2005년 6월 1일부터 발표되기 시작하였다. 지수의 구성종목은 100개로 삼성전자 · 현대차 등 유가증권시장의 대표 종목과 다음, CJ 오쇼핑 등 코스닥시장의 대표종목을 포함하며 지수종목선정기준에 의하여 일정기간마다 교체되고 있다. KRX 100 지수의 기준시점은 2001년 1월 2일이며 이 시점의 지수를 1000포인트로 하여 산출하였다.

(2) KRX 섹터 지수

한국거래소는 자동차(Autos), 반도체(Semicon), 건강산업(Health Care), 은행(Banks), 정보통신(IT) 등 섹터지수를 2006년 1월 23일부터 산출하여 발표하고 있다. 섹터지수는 특정 산업 또는 시장의 테마를 고려한 상품지수로 기관투자가는 이를 활용해 다양한 간접투자상품의 개발 및 운영에 사용할 수 있도록 하기 위해 2006년 1월 2일 지수를 1,000포인트로 하여 산출하였다. 섹터지수 구성종목은 해당 업종 내에서 시가총액과 유동성 재무건전성 등을 감안해 선정됐다. 2014년 2월 현재, 자동차지수엔 현대차와 기아차, 현대모비스, 한국타이어 등이 포함되어 있고 반도체지수엔 삼성전자와 SK 하이닉스, 등이 속해 있다. 유한양행과 한미약품, 녹십자 등은 건강산업지수에, KB금융과 신한지주, 하나금융지주 등은 은행지수에 각각 포함되어 있고 정보통신지수에는 삼성전자와 SK하이닉스, LG전자, NAVER 등이 속해 있다. 섹터지수 구성종목의 기준에 부합될 경우에는 대상기업이 교체될 수 있다.

(3) 한경지수

과거 한국거래소(KRX)가 종전에 산출 발표하던 다우식 지수를 시가총액식 지수로 전환함에 따라 이를 한국경제신문이 이어받아 한경다우지수라는 이름으로 발표하였다. 기존의 한경다우지수는 1980년도 초에 주요 업종이었던 건설업 종목이 많이 포함되어 건설경기 여하에 따라 한경다우지수의 등 · 하락폭이 심하게 나타나 시장 전반의 주가동향을 반영해 주는 시장 대표성이 결여되었고, 또한 건설경기의 불황으로 한경다우지수에 포함된 건설업 종목들이 관리대상 종목으로 빠지는 사태가 일어났다.

이런 문제점을 보완하기 위하여 1994년 1월 4일 한경다우지수는 대폭적인 종목 교체를 단행하고 한경다우지수에서 한경지수로 이름을 바꾸었다. 시가총액에 근거하여 산업별 채용종목수를 결정한다는 새로운 종목채용 기준점은 한경지수가 다우식임에도 불구하고 시가총액식 지수의 특징을 동시에 고려한 것이라고 볼 수 있다. 이런 기준점으로 미루어 보아 한경지수는 대형주의 주가변동에 대하여 종합주가지수보다 더 민감하게 반응하리라 예상된다.

(4) 매경지수

매일경제신문사는 1988년 11월부터 매경지수를 산출 발표하고 있다. 매경지수도 한경지수와 마찬가지로 다우식지수이며 주식시장을 대표하는 100종목으로 구성되어 있다. 매경지수는 한경다우지수가 가지는 문제점을 보완하기 위하여 산업별로 시가총액이 가장 높은 순서대로 종목을 편입하여 지수를 산출함으로써 대형우량주의 움직임을 민감하게 반영할 수 있었다. 그러나 한경지수의 개편으로 매경지수와 한경지수는 유사한 성격의 지수가 되었고 단지 한경지수의 편입종목수는 70개라는 것이 차이이다.

5) 세계 주요 주가지수들

(1) 다우존스산업지수 (DJIA: Dow Jones Industrial Average)

미국 증권시장의 동향 및 시세를 알려주는 대표적인 주가지수로 1884년 월스트리트지 창간자 찰스 다우와 출판인 에드워드 존스에 의해서 처음 도입되었다. DJIA는 대표적인 30개 우량주만 골라 그 종목의 주가평균을 산출하는 다우방식 주가지수의 원조이다.

(2) S&P 500 지수 (Standard & Poor's 500 Index)

미국의 스탠더드 앤드 푸어(Standard & Poor)사가 기업규모 · 유동성 산업 대표성을 감안하여 선정한 보통주 500종목을 대상으로 작성해 발표하는 주가지수로 1957년에 도입돼 다우지수와 쌍벽을 이루고 있다. 지수의 종류로서는 공업주(400종목), 운수주(20종목), 공공(40종목), 금융주(40종목)의 그룹별 지수가 있으며, 이를 종합한 종합지수가 S&P 500 지수이다.

(3) 나스닥종합지수 (NASDAQ)

1971년 개설된 나스닥은 전미증권업협회(NASD)가 운영하는 미국의 장외시장주식시장으로 뉴욕증권거래소와 같이 특정 장소에서 거래가 이뤄지는 증권시장이 아니라 컴퓨터 통신망을 통해 거래 당사자에게 장외시장의 호가를 자동적으로 제공, 거래가 이루어지도록 하는 일종의 자동시세통보시스템이다.

마이크로소프트, 인텔, 애플사 등 하이테크산업의 기업들이 다수 상장돼 있으며 거래량면에서 이미 뉴욕증권거래소를 추월했다. 나스닥에서 거래되는 종목은 인터넷 등 첨단관련주나 벤처기업 주식이 대부분이다.

나스닥지수는 지수 100의 기준시점이 1971년 2월 5일이며 이후 나스닥증시의 모든 보통주를 시가총액에 따라 가중치를 부여해 산출하고 있다.

나스닥에는 기반을 갖춘 기업들이 등록하는 내셔널마켓(National Market)과 신규 설립된 소기업들이 일반적으로 등록하는 스몰캡(Small Cap Market)의 두가지 시장이 있다.

(4) 필라델피아 반도체 지수

미국 동부의 필라델피아 증권거래소가 지난 93년 12월부터 산정, 발표해온 반도체업종 지수(SOX: Semiconductor Sector Index)이다. 이 지수는 16개의 대표적인 반도체 관련주를 포함하고 있어 반도체주의 가격동향을 읽을 수 있도록 해준다. 미국 증시의 반도체 주가가 떨어지면 국내 증시에서도 외국인 투자자들이 관련주들을 매도함으로써 주가를 떨어뜨린다. 특히 인텔, 텍사스 인스트루먼트, 어플라이드 머티리얼스, 모토로라, 마이크론 테크놀

로지 등 5개사가 필라델피아 지수 시가총액의 82%를 차지하면서 전체지수 등락에 결정적인 영향을 미치고 있다.

(5) 닛케이평균주가지수(Nikkei Stock Average Index)

1975년 5월부터 일본경제신문사가 작성 · 발표하고 있는 가격가중평균 주가지수로 기준시점은 1949년 5월 16일이다. 동경증권거래소에 상장되어 있는 시장 제1부 종목 중에서 유동성이 높은 225개 종목을 대상으로 산정한다.

(6) FT 지수(Financial Times Index)

영국의 경제전문일간지인 Financial Times가 발표하는 런던주식시장의 주가지수를 말한다. FT 지수에는 Actuary협회와 공동으로 작성, 발표하는 FT-A 지수와 단독으로 작성하는 평균주가지수가 있다. 전자는 금융주와 500개의 공업주를 대상으로 작성되며 1962년 4월 10일을 100으로 하고 있다. 후자는 1935년 7월 1일을 100으로 하여 30개의 공업주(Financial Times Index of industryordinary share)를 표본으로 하고 있으며, FT 30으로 약칭된다. 또한 표본수를 100개로 확장한 FT 100도 있다. 이들 FT 지수들은 대상주식의 주가지수를 기하평균하여 지수화한 것이다.

(7) 항셍 지수(Hang Seng Index)

홍콩 주식시장의 전반적 주가동향을 나타내는 대표적 주가지수. 홍콩 최대의 은행인 홍콩 상하이 은행의 자회사인 항셍은행(Hang Seng Bank)이 산출하며 지수산출 방식은 시가총액 방식을 채용하고 있다. 이 지수는 홍콩증권거래소의 50개 우량주식으로 구성하여 1964년 7월 31일 시가총액을 100포인트로 하고 있다.

(8) 상해종합지수

상해거래소(SSE)의 모든 종목으로 구성된 주가지수로 1991년 7월 15일부터 발표되고있다. 시가총액 방식으로 산출되며 기준시점은 1990년 12월 19일이다.

3 거래현황분석의 중요성

하루의 증권시장이 마감될 때마다 한국거래소는 물론 각 증권회사, 경제일간지, 경제관련 사이트마다 매일의 거래현황과 거래량 상위종목을 [표 5-3]과 [표 5-4]의 내용으로 발표하고 있다. 표에서 보면 거래현황은 상장종목 중 상승 및 하락, 상 · 하한가, 신고가 및 신저가 등을 나타내며, 거래량 상위종목은 당일의 거래량 급변종목 또는 거래량상위 20종목 등 대량매매에 관한 정보를 제공하고 있다. 거래량 급변종목 및 주요 종목 거래상황은 증권업협회가 발행하는 '증권시장지'에 발표되고 거래량 상위종목들은 경제일간지에 발표되고 있다. 이와 같은 거래현황이 가지고 있는 정보는 주식투자에 아주 중요한 요소임에도 불구하고 많은 투자자들이 그 중요성을 간과하는 경우가 많다.

거래현황은 장중에 시장에서 유포되는 여러 가지 소문의 진위를 파악하는 중요한 거래자료이다. 주식을 팔고 싶을 경우에는 현재의 증시상황이 상승세를 타고 있다는 소문을 유포함으로써 매도기회와 매도가격에 유리한 고지를 점령할 수 있고, 반대로 주식을 매입하고자 할 때에는 증시상황이 하락세라는 정보를 흘리게 된다. 이를 주식시장에서 통용되는 용어로 표현하면 전자는 「팔자(매도)의 상승세」라고 하며 후자를 「사자(매입)의 하락세」라고 한다. 팔자 및 사자의 상승세는 진정한 의미의 시장 상승세와 하락세가 아니므로 현혹되지 않아야 한다. 이 경우 진정한 상승세라면 대량의 팔자매물이 있을 수 없고 반대로 진정한 하락세라면 매입강세가 있을 수 없기 때문이다. 따라서 시장정보의 진위는 거래현황을 통하여 밝혀지게 되므로 투자자는 반드시 증권사의 거래현황과 관심종목의 거래상황을 주시하여야 한다.

경제신문에서 발표되는 당일의 거래량 상위종목과 증권시장지에서 발표되는 거래급변종목 및 거래현황은 그날의 거래된 종목들 중 어떤 종목이 가장 활발하였는지를 알 수 있는 좋은 지표일 뿐만 아니라 주식시장을 주도하는

표 5-3 거래현황

		유가증권시장		코스닥시장	
지 수	전 일	1,402.58	1,394.09	742.07	744.17
전 일 비	등락률	▲8.49	▲0.61%	▽2.10	▽0.28%
시가 / 고가 / 저가		1,399.61/1,411.82/1,399.04		745.38/749.27/741.66	
상승종목	상한가종목	408	10	411	22
하락종목	하한가종목	347	1	451	8
거래량(만주)	전일대비	44,786	▽8,673	68,703	▲1,588
거래대금(백만 원)	전일대비	5,642,500	▲302,458	3,043,135	▲197,622
52주최고	등락률	1,412.78	▽0.72%	753.88	▽1.57%
52주최저	등락률	911.30	▲53.91%	423.30	▲75.31%
연중최고	등락률	1,412.78	▽0.72%	753.88	▽1.57%
연중최저	등락률	1,389.27	▲0.96%	727.07	▲2.06%

업종이 무엇인가를 알 수 있는 가장 좋은 정보이다. 특히 한국과 같이 업종별로 장세를 주도하는 시장에서는 더욱 그 유용성이 높다. 대량매매된 주식과 거래량 상위종목 중에 건설, 철강, 시멘트 등의 업종이 많이 포함되어 있다면 건설 관련주가 장세를 주도하는 것으로 해석할 수 있으며, 식료, 섬유 및 의복, 건설 등의 업종이 많이 포함되어 있다면 소형주가 시장을 주도하였으므로 종합주가지수의 상승은 미미한 것으로 나타날 수 있다.

개별종목에서 거래량의 추이는 향후 주가의 동향을 예측하는 중요한 지표가 될 수 있다. 왜냐하면 거래량은 개별주식에 대한 투자자의 관심도를 반영하기 때문이다. 그러나 거래량이 많다고 하여 그 주식에 대한 투자자의 투자가 증가한다는 단순한 판단은 큰 손실을 초래할 수도 있다. 거래량은 매입수요의 증가로 상승할 경우도 있지만 주가가 상한선으로부터 하락하기 시작할 때에는 매도물량이 증가하여 거래량이 증가할 수 있다. 따라서 매수세에 의한 거래량의 증가인지 아니면 매도세에 의한 거래량의 증가인지 주의 깊게 살펴보아야 한다. 이를 파악하기 위해서는 관심종목에 대하여 평소부터 거래량의 추이를 잘 살펴보는 것이 최선의 방법이다. 거래량의 추이와 주가와의 관계를 효과적으로 분석하는 방법으로 거래량 이동평균선이 자주 이용되고 있다. 대체로 거래량이 점차 감소하다가 증가하기 시작하면 주가의 상승이 예상되며 주가가 어느 정도 고조에 달하는 순간부터 거래량은 감소하기 시작한다. 반대로 거래량이 증가하다 감소하면 향후 주가의 하락이 예상되

표 5-4 거래량 상위종목

순위	종목명	현재가	전일대비	비율	거래량(천주)	거래대금(백만 원)
1	효성기계	1,430	▲165	13.04	26,639	36,322
2	퍼스텍	1,980	▼70	3.41	22,629	46,783
3	세신	2,780	▼170	5.76	19,950	55,790
4	서울증권	1,640	▼20	1.2	9,355	32,378
5	SK증권	1,610	0	0.00	14,397	23,419
6	고제	320	▲25	8.47	10,171	3,223
7	대영포장	180	0	0.00	9,582	1,690
8	하이닉스	37,700	▲350	0.94	9,289	352,241
9	이노츠	2,180	▼100	4.39	9,261	20,378
10	한화석화	15,400	▲1,650	12	7,819	117,463
11	대우증권	19,000	▲50	0.26	7,733	148,197
12	오리엔트바이오	2,510	▲80	3.29	7,027	18,011
13	광명전기	975	▼70	6.7	6,912	6,844
14	현대오토넷	13,550	▼350	2.52	6,214	85,044
15	현대증권	17,400	▼250	1.42	5,826	102,703
16	휴니드	985	▲25	2.6	5,653	5,485
17	한국기술산업	1,470	▼75	4.85	5,465	8,292
18	기아차	23,100	▼550	2.33	5,369	124,956
19	삼성물산	25,300	▲1,700	7.2	4,600	115,142
20	일신석재	805	▼70	8	4,572	3,854

며 주가가 바닥권이라고 예상되는 시점부터 거래량은 다시 증가하는 경향을 보이는 경우가 많다. 하지만 이러한 주가와 거래량 간의 관계에 대해서 상반된 의견을 보이고 있다. 실무자들은 거래량이 주가에 대하여 선행성을 가지고 있으므로 거래량의 추이를 통하여 주가의 방향을 예상할 수 있다라고 하는 반면에 학계에서는 이러한 선행성의 관계가 통계적으로 유의하지 않다는 실증분석을 제시하고 있다.

당일의 거래대금도 중요한 정보를 담고 있다. 가령 주식 거래량이 전날에 비하여 적은데도 불구하고 거래대금은 증가한다면 전일에 비하여 고가주의 주식거래가 상대적으로 더 많은 것을 의미하며 반대일 경우에는 중 · 저가주 주식이 많이 거래된 것을 뜻한다. 거래대금이 많다는 것은 주식시장으로 자금의 유입이 증가하는 것을 의미하므로 향후의 장세를 고조시키는 힘이 될 수 있다.

일반투자자는 기관투자자나 외국인투자자에 비하여 정보를 접할 수 있는 기회와 보유한 정보를 분석하는 능력이 상대적으로 떨어진다. 따라서 기관투자가나 외국인투자자의 거래현황을 주의 깊게 관찰하여 그들의 투자 행태를 참고하는 것은 수익률의 상승을 가져오는 중요한 방법 중의 하나이다. 특히 합리적이고 기본적인 투자분석에 익숙한 외국인투자자의 거래현황은 많은 정보를 담고 있다. 경제신문과 증권시장지에는 기관투자가의 순매도 · 매도 상위종목을 발표하고 있는데 주요 관심종목에 대하여 이들의 거래가 매도우위인지 혹은 매수우위인지를 파악하여 매도우위시에는 향후 하락세를 예상하고 매수우위시에는 상승세를 예상하여 자신의 관심종목에 대한 매매 여부를 결정하는 편이 바람직하다. 또한 순매수 · 매도 상위종목 중에서 어떤 업종이 많이 포함되어 있는가를 분석하는 것은 각 산업에 대한 기관과 외국인투자자의 경기예측을 알 수 있는 중요한 지표가 될 수 있다.

상기와 같이 거래현황이 가지고 있는 정보의 중요성을 여러 각도에서 설명하였지만 모든 현상을 열거할 수는 없다. 왜냐하면 주식시장은 흔히 투자자의 심리에 의하여 때때로 전혀 다른 방향으로 흘러가는 경우도 있어 예외적인 경우가 많기 때문이다. 그러나 향후 주식시장의 움직임을 예측하는 지표로서 거래현황을 장기간 이용하면 정상적인 시장에서 투자성과를 향상 시킬 수 있는 정보분석 능력을 고조시킬 수 있다.

4 장세지표의 의미

[표 5-5]는 주식시장의 장세지표로 대표적인 것이 상장주식수, 시가총액, 거래량, 거래대금, 상장주식회전율, 시가총액회전율 등으로 투자자는 반드시 이해하여 투자시에 유용한 지표로서 활용하여야 한다.

1) 시가총액의 유용성

시가총액(total market value)은 모든 상장 주식을 시가로 평가한 금액을 말하며 각 상장회사가 발행한 주식수와 그날의 종가를 곱한 후 모든 상장회사를 합계하여 산출한다. 시가총액은 국가경제에서 자본시장의 규모를 측정하는 것은 물론 각국의 경제 규모를 알 수 있는 중요한 경제지표이다. 한국의 시가총액은 1985년 6조 5,704억 원에서 2004년 말 412조 5,881억 원으로 무려 70배가량 늘어났다. 그 기간동안의 시가총액 증가추이를 살펴보면 1996년과 1997년 전년대비증가율이 각각 −6.8%와 −9.5%로 감소세를 보이는데, 특히 1997년 외환위기를 맞으면서 시가총액은 70조 9,889억 원이라는 90년대 최악의 경기침체를 기록한다. 이후 몇 년이 급증과 급감을 반복하다가 2002년에는 전년대비증가율 1.1%로 정체되었다가 2003년 다시 주식시장이 활발해졌으며, 2019년 말 기준 1,717조 여원에 이르렀다.

시가총액은 GDP와 대비하여 국민경제 규모에서 주식시장이 차지하는 정도를 측정하는 지표로 사용된다. 국민경제에서 주식시장이 차지하는 비율이

표 5-5 주식시장의 장세지표 (2019년 12월말 기준)

구분	유가증권	코스닥
상장주식수(천주)	55,322,658	39,415,054
시가총액(십억 원)	1,475,909	241,350
연간거래량(백만주)	115,798	202,851
일평균거래량(백만주)	471	825
연간거래대금(십억 원)	1,227,492	1,060,121
일평균거래대금(십억 원)	4,990	4,309
상장주식회전율(%)	18.00	45.06
시가총액회전율(%)	7.29	37.58

너무 과다할 때에는 국민자금의 많은 부분이 생산적 활동보다는 자본시장에 과다하게 집중되어 경제기반의 불안정을 초래할 수 있다.

시가총액의 증감은 상장주식수의 증감과 주가의 등 · 하락 의하여 결정된다. 주가의 변동 없이도 발행주식수의 물량이 증가하면 시가총액은 증가할 것이며 주식가격의 하락에도 불구하고 물량의 증가율이 주가의 하락률보다 높을 경우에는 시가총액은 오히려 증가할 수 있다.

이와 같이 시가총액의 증가는 주식시장의 규모를 점점 확대하는 양적인 힘을 가지고 있지만 증가의 주된 원인이 무엇이었는가에 따라 주가에 미치는 파급효과가 다르게 나타난다. 따라서 각 업종별 시가총액의 증감을 파악하고 신규상장, 유 · 무상증자, 상장회사가 기발행한 전환사채의 주식전환 등을 통하여 최근, 과거 혹은 향후 주식물량의 공급을 검토하여야 한다. 고전적인 사실인 과도한 물량의 공급은 해당 업종에 속한 기업의 주가를 하락시킬 수 있는 요인이 된다는 것을 알고 있지만 많은 투자자들은 시가총액과 신규상장, 유 · 무상증자, 등의 중요성을 간과하는 경향이 있다. 신규상장의 고시, 유 · 무상증자 일람표 등은 증권협회가 발간하는 시장지에 발표되고 있다.

시가총액이 가지는 또 다른 중요성은 시가총액을 기타 지표와 함께 사용하여 주식시장의 활황성 혹은 매매빈도성(회전율) 등을 측정할 수 있다는 것이다.

2) 거래량회전율

거래량회전율(turnover ratio)은 증권의 시장성을 측정하는 지표로 이용되고 있으며 전체 시장별, 업종별, 개별종목별로 계산된다. 전체 시장의 거래량회전율은 [표 5-5]에서 보듯이 상장주식회전율로 표현된다. 증권의 시장성이란 주식의 유통성 혹은 환금성을 말하는 것으로 시장성이 높다는 것은 주식을 시장에서 사거나 팔고 싶을 때 언제든지 적당한 가격으로 매매가능한 것을 의미한다.

거래량회전율은 일정기간 동안 거래된 주식수를 기간 중의 평균발행 주식수로 나누어 계산하는데 회전수 혹은 %로 나타낸다. 가령 1달 동안 거래량이 20만주이며 발행주식수의 평균이 100만주라면 20/100 = 0.2 혹은 20%가 거래량회전율이다.

거래량회전율이 전일에 비하여 상승하였다는 것은 거래가 더 활발하였다고 해석할 수 있지만 거래량회전율만을 가지고 시장의 실체를 정확히 파악할 수 없어 거래대금회전율과 병행하여 사용하고 있다. 왜냐하면 발행주식수가 많은 대형주의 종목은 거래량회전율 공식의 분모를 증가시키므로 대체로 회전율이 낮게 나오며 발행주식주가 적은 소형주는 회전율이 높게 나오는 경향이 있기 때문이다.

3) 거래대금회전율

거래대금회전율은 거래량회전율과 마찬가지로 주식의 시장성을 측정하는 지표로 이용되며 두 가지의 회전율을 병행하여 시장의 실체를 파악한다. 전체 시장의 거래대금회전율도 마찬가지로 [표 5-5]에서 보듯이 시가총액회전율로 표현된다. 거래대금회전율은 일정기간 동안의 총거래대금을 이 기간 동안의 시가총액의 평균으로 나누어 회전수 혹은 %로 나타낸다.

동일한 거래량에 대하여 고가주의 거래가 빈번하게 일어나면 거래대금회전율은 높게 나타날 것이며, 반대로 저가주의 거래가 우세한 경우에는 낮게 나타날 것이다.

가령, 어떤 기간 중에 거래량회전율과 거래대금회전율 모두 타 기간에 비하여 높다면 주식시장의 매매가 활발하여 시장성이 높으며, 거래량회전율은 높고 거래대금회전율은 낮게 나타난나면 저가주의 거래가 활발하고, 반대로 거래량회전율이 낮고 거래대금회전율이 높다면 고주가의 거래가 활발하다고 해석할 수 있다.

5 증시주변 자금동향에 관한 지표

주식의 가격은 시장의 수요와 공급에 의하여 결정된다. 공급이란 상장기업들이 발행한 주식수가 되며 수요는 주식을 사고자 하는 투자자의 자금이다. 발행물량에 비하여 주식시장에 유입되는 자금이 적을 때는 주식의 가격은 하락할 것이며, 반대로 발행물량에 비하여 자금이 많을 때는 주식의 가격이 상승할 것이다. 주식시장에 유입되는 자금은 수많은 변수에 의하여 영향을 받는다. 주식시장에 유입되는 자금의 증감을 결정적으로 설명할 수 있는 특정 변수를 알고 있다면 문제는 간단히 해결되지만 변수들 간의 복잡한 상호관계를 규명한다는 것은 쉬운 일이 아니다.

변수간의 인과관계를 설명하는 것보다는 변수 간 상호관계의 결과로 나타나는 현상을 이용하여 증시에 유입되는 자금의 규모를 예상하는 것이 오히려 효과적인 방법이 될 수 있다. 따라서 고객예탁금, 위탁자미수금, 신용융자잔고, 대주잔고 등 [표 5-6]에 나와 있는 증시 주변 자금동향은 증시에 유입되는 자금, 즉 주식의 수요를 분석하는 데 중요한 지표이다.

표 5-6 증시 주변 자금동향

(단위 : 백만 원)

구 분	고객예탁금	선물, 옵션 거래예수금	RP	위탁자 미수금	신용융자 잔고	신용대주 잔고
20××-01-12	13,550,214	4,792,386	8,962,528	2,719,415	535,963(170,334)	1,099(0)
전일대비	−285,243	5,312	83,141	150,332	−3,034(−1,177)	−82(0)
20××-01-11	13,835,457	4,787,074	8,879,387	2,569,083	538,997(171,511)	1,181(0)
20××-01-10	13,495,040	4,776,474	8,751,744	2,464,846	535,051(171,226)	1,290(0)
20××-01-09	13,552,092	4,749,980	8,860,664	2,734,935	521,593(168,120)	1,177(0)
20××-01-08	13,214,262	4,659,167	8,930,058	2,634,069	526,458(166,626)	1,566(0)
20××-01-07	12,796,582	4,690,927	8,980,707	2,327,717	538,604(168,011)	1,354(0)
20××-01-06	12,579,978	4,662,979	8,835,675	2,065,111	542,312(167,949)	1,464(0)

주) 신용잔고는 유가증권시장과 코스닥시장의 합계 수치이며, 괄호안의 수치는 코스닥 신용잔고 수치이다.

1) 고객예탁금

고객예탁금이란 투자자가 증권의 매매와 관련하여 일시적으로 맡겨 놓은 자금을 말하며 위탁매매자가 맡긴 위탁예수금, 증권저축구좌를 가진 투자자가 맡긴 저축예수금, 신주의 청약을 위해 맡긴 청약예수금, 자기신용대주담보금, 수입담보금 등을 총칭한다. 증권회사는 고객이 맡긴 예탁금에 대하여 일정한 연리로 이자를 지불하고 이용할 수 있으며, 고객예탁금의 일일평균잔고에 대하여 매 3개월마다 사용료를 지급한다. 고객예탁금의 연사용료가 은행의 금리에 비교하여 볼 때 아주 낮은 수준이므로 고객예탁금은 이자를 얻고자 예치된 자금이 아니라 유가증권의 매수자금력을 의미한다.

고객예탁금은 주가의 변동과 아주 밀접한 상관관계를 가지고 있다. 시기에 따라 다소 다른 유형의 변화를 보이기도 하지만 대체로 주가의 상승시기에는 주식시장으로 유입되는 예탁자금의 증가가 주가의 상승속도보다 높아

예탁금이 빨리 증가하며 주가의 하락시기에는 예탁자금이 시장으로부터 유출되기는 하지만 자금이 빠지는 속도는 주가의 하락속도보다 다소 둔감한 것으로 나타난다.

2) 신용융자 잔고

투자자가 신용거래에 의하여 주식을 매입하는 경우 증권회사의 자기 신용이나 증권금융회사로부터 증권유통금융융자를 이용하는데, 증권회사가 고객에게 제공한 신용총액과 증권유통금융융자의 대출금을 모두 합하여 신용융자잔고라고 한다. 자금을 차입할 경우 차입자금에 대하여 이용료를 지급하여야 하며, 동일인에 대한 최고 융자한도가 정해져 있다. 일반투자자가 보유하고 있는 주식을 담보로 금융기관으로부터 필요한 자금을 대출받는 증권담보금융은 신용융자잔고에 가산되지 않는다.

신용융자잔고가 늘어난다는 것은 자금을 차입하여서라도 주식에 투자하겠다는 의사의 표명이므로 강세시장을 예상하는 투자자가 증가하고 있다는 의미이다. 신용융자에 의하여 매입된 총주식수는 상장주식수의 20%를 넘지 못하도록 되어 있으므로 신용융자잔고는 한도가 존재한다. 상당한 기간 동안 신용융자잔고가 한도선에 머물고 있다면 주식시장은 최고조에 도달하고 있는 것으로 간주된다.

왜냐하면 신용융자의 상환만기가 90일로 정해져 있으므로 추후 신용융자로 매입한 주식을 매도하여 융자금을 상환할 경우에 신용융자한도액은 큰 매도압박 물량이 되어 주가의 하락을 초래하기 때문이다. 따라서 신용융자잔고가 급상승하여 한도에 장기간 머물 때에는 주의를 기하여야 한다.

3) 대주잔고

신용거래의 방법에는 증권사로부터 자금을 빌려 투자할 수도 있지만 주식을 빌려 투자하는 방법도 있다. 이때 주식을 증권회사로부터 차입하는 것을 대주라고 한다. 대주는 공매(short sale 혹은 short selling)시에 주로 이용되고 대주 매각대금에 대하여 연리로 일정한 이용료를 지급하여야 하며, 대주를 통하여 모든 투자자에게 대여된 총주식수는 발행주식의 20%를 넘지 못하고 투자자 일인당 대주총액은 일정수준 이하로 국한되어 있다.

대주잔고가 증가하기 시작한다는 것은 많은 일반투자자들이 시장의 하락세를 예상하고 있다는 간접적인 증거이지만 대주의 잔고가 일정기간 동안 한도에 머물고 있다면 대주잔고는 차후의 잠재적 매수세력이 된다. 왜냐하면 신용거래는 90일 이내에 청산하여야 하므로 가까운 장래에 대주한 주식을 반드시 재매입하여야 하기 때문이다. 따라서 신용융자잔고와 마찬가지로 대주잔고도 주식시장의 잠재적인 수급상황을 알려주는 중요한 지표가 된다. 이와 같이 신용융자잔고와 대주잔고는 주식시장의 주가동향에 대하여 상호 반대의 영향을 주는 증시 주변 투자자금이다.

4) 위탁자미수금

위탁자미수금은 증권사의 고객이 주식투자와 관련하여 증권회사에 납부하여야 할 매수대금의 미납분, 신용거래의 결제부족금, 유상증자 청약대금의 미납분 등을 지칭한다. 미수금이 발생하면 증권사는 고객에게 구두, 전화, 혹은 서면으로 미수금을 상환토록 통보하고 기간 내에 납부하지 않을 경우에는 수탁계약원칙에 의거하여 반대매매로 결제처리한다. 미수금이 증가할 경우에 는 대기 매도물량이 증가하여 시장의 하락세를 가져올 수 있으므로 미수대금은 시장의 장세를 판단하는 중요한 지표이다.

제 6 장

투자와 투자위험

1. 투자와 투자수익
2. 기대수익률과 위험
3. 위험과 기대수익률의 관계

우리는 생활 주변에서 '투자'란 말을 자주 사용한다. 증권투자, 부동산 투자, 시설투자, 심지어 자녀교육에 대해서도 투자한다는 말을 사용한다. 투자란 어느 곳에 투자하건 현재에 소비할 수 있는 것들을 당장 소비하지 않고 미래로 유보하여 미래에 더 큰 이득을 얻기를 원하는 행위를 투자라 한다. 그러나 미래의 이득은 그 당시의 경제여건과 투자한 대상의 경영성과에 따라 어떤 결과가 될지 모른다. 따라서 투자는 현재의 행위이며 그 결과는 미래에 나타나는 것이므로 불확실성의 위험이 따른다. 특히 주식에의 투자는 주식을 발행한 기업의 경영성과와 주변 경제 환경의 변화에 따라 결과가 달리 나타나므로, 항상 안정된 이자를 지급하는 은행예금과는 그 성격이 다르다. 그러면 투자에 따른 위험은 어떻게 측정하고 그에 대한 대가인 수익률은 얼마를 요구해야 적합한 것인가를 알아보도록 하자.

1 투자와 투자수익

1) 투자와 투기

투자와 비슷한 개념으로 흔히 '저축'과 '투기' 또는 '도박' 등의 용어가 사용되기도 한다. 그러나 엄밀한 의미에서 이들은 서로 구분되는 개념이다. 투자는 미래이득을 기대하는 행위인데 반하여 저축은 단순히 현재 소비의 희생만을 강조할 뿐, 반드시 미래이득을 전제로 하는 행위는 아니다. 가령 현재소득의 일부를 단순히 장롱 속에 보관하는 행위는 저축에는 해당되지만 이를 투자라고는 볼 수 없다.

또 투기는 미래이득을 기대하는 행위라는 점에서 투자와 일치하지만 투자보다 좀 더 단기적이고 불확실성이 높은 이득을 추구한다는 점에서 투자와 구별된다. 불과 며칠 후 가격이 오를 것을 예상하여 주식을 매입하거나 단기

시세급등에 따른 시세차익을 노려 부동산을 매입하는 행위는 투자보다 투기에 더 해당한다고 볼 수 있다. 이러한 행위는 큰 위험이 있다할지라도 그 대가가 크다고 생각하면 위험을 감수하고서라도 하는 행위이다. 그러나 현실적으로는 투자기간의 장 · 단기나 보상이득의 불확실성 정도를 평가하는 기준이 모호할 뿐더러, 사용되는 정보의 정확성도 확인할 수 없으므로 투자와 투기를 엄밀하게 구분하기는 힘들다.

한편 도박은 정보의 분석과 예측에 근거하지 않고 우연성을 추구하는 행위라고 볼 수 있다. 그러나 증권투자는 어디까지나 투기나 도박이 아니다. 불확실성이 높은 단기적 이득만을 추구하여 투기적인 보상을 바라거나 도박에 의한 요행수에 따라 이득을 얻고자 한다면 그것은 올바른 증권투자의 태도라고 볼 수 없다. 증권투자는 어디까지나 장기적인 관점에서 자금이 투입된 시간과 투자자가 감수하는 위험에 대하여 그에 상응하는 적절한 보상을 기대하고 행해져야 한다. 또 증권투자는 어디까지나 주먹구구식 판단보다는 이용할 수 있는 모든 정보를 면밀히 분석하고 검토한 후 합리적인 판단에 따라 결정되어야만 올바른 증권투자의 자세라 할 수 있다.

2) 투자 이득의 원천

부동산 투자나 시설투자, 증권투자 등 어떤 투자에서건 현재 투입되는 금액보다 미래에 얻게 되는 금액이 더 많기를 바라고 행해진다. 미래에 얻게 될 금액은 왜 현재보다 더 많기를 기대할까? 이에 대한 대답은 두 가지 측면에서 설명되어질 수 있다.

(1) 시간의 흐름에 대한 보상(the value of time)

만약 자금이 필요한 사람이 1,000만원을 지금 빌리고 1년 뒤에 빌린 돈 1,000만원만 돌려준다고 하자. 그러면 돈을 빌려주는 사람은 이에 응하지 않을 것이고, 빌려준 돈에 대한 이자(interest)를 요구할 것이다. 이자에는 크게 두 가지의 보상이 포함되어 있다. 하나는 물가 상승에 대한 보상이다. 1,000

만원으로 어떤 물품을 지금 살 수 있었는데 지금 그 물품을 사지 않고 1,000만원을 빌려주었다면 1년 뒤에 돈을 받을 때도 이 물품을 살 수 있어야 된다. 그런데 대부분의 경우 시간이 흐름에 따라 물건의 가격이 오르면 받게 될 1,000만원으로 이 물품을 살 수 없게 되므로 구매력의 손실이 발생한다. 물론 빌려주는 시간이 길어질수록 미래의 물건 가격은 현재와 더 많이 차이가 날 수 있으므로 더 많은 대가를 요구하게 된다. 아울러 시간의 흐름에 대한 대가에는 유동성(liquidity)이란 개념도 포함되어 있다. 유동성이란 현금화 되는 정도를 지칭하는데 투자나 정기예금 등을 할 경우 금방 현금으로 전환이 잘 안되면 유동성이 떨어진다고 한다. 지금 현금이 있어 소비를 할 수 있다면 기분이 좋다는 것은 자명하다. 이것을 경제학적으로 말하면 소비가 증가하면 효용(utility)도 증가한다고 한다. 그런데 지금 돈을 소비하지 않고 나중을 위해 참고 남에게 빌려 주거나 어떤 곳에 투자하였다면 당장 소비를 하지 못하여 효용이 떨어지므로 감소된 효용에 상응하는 대가를 바라게 된다. 따라서 소비하지 않고 참아야 할 시간이 길어지면 당연히 요구하는 대가도 증가하게 될 것이다. 이러한 것을 유동성 선호(preference of liquidity)라고 하는데, 당장 쓸 수 있는 것을 유동성이 높다고 하며 투자자는 유동성이 높은 것을 선호한다. 지금 쓰지 못하고 나중을 위해 참고 견디어야 한다면 유동성 선호의 손실에 대한 보상을 바라게 되는 것이다. 시간에 대한 보상은 이러한 두 가지 보상이 포함되어 있다.

(2) 불확실성에 대한 보상(the return on uncertainty)

앞선 예에서 돈을 빌려주는 사람은 구매력의 손실에 대한 보상만을 요구할까? 만약 돈을 빌려간 사람이 어떤 이유로 돈을 갚지 못할 상황에 봉착할 수도 있다. 이렇게 받을지 못 받을지 모르는 상황을 우리는 위험(risk)라고 하며 더 구체적으로는 돈을 갚지 못하는 위험이라는 뜻으로 채무불이행위험(default risk)라고 한다. 이런 위험이 존재한다면 돈을 빌려간 사람의 갚을 의지와 능력에 따라 요구하는 보상이 달라진다. 당연히 못 갚을 확률이 높을

수록 요구하는 보상도 커지게 마련이다. 또한 투자의 결과는 미래에 알 수 있으므로 미래 경제상황의 변화와 여러 가지 예측하지 못한 변수에 의하여 그 결과는 달라진다. 이 모든 것을 총괄하여 불확실성이라고 하며 투자자는 불확실성에 대한 보상을 바라게 된다.

투자는 현재에 이루어지고 그 결과는 미래에 발생하므로 앞에서 말한 두 가지 보상이 합당하다고 판단될 때 투자를 하게 된다. 은행에 예금을 할 때는 불확실성에 대한 위험은 크게 고려하지 않는다. 은행이 내 돈을 갚지 않을 것이라는 생각을 하지 않기 때문에 구매력의 손실에 대한 보상이 이자의 대부분을 이루고, 주식에 투자할 경우는 기업이 부실해지거나 도산하면 그 돈을 회수할 수 없기 때문에 위험에 대한 보상을 많이 요구하게 된다. 따라서 은행 예금으로 미래에 얻게 될 수익은 이자(interest)라는 용어로 불리지만 주식 투자나 부동산 투자 등 미래 가치가 어떻게 될지 모를 불확실성이 높은 것에 대한 투자의 결과는 수익률(the rate of return)이라고 하지 이자라고하지는 않는다. 투자의 그 결과는 미래의 가치가 어떻게 되는가에 따라 양(+) 혹은 음(−)의 수익률이 될 수도 있다.

앞서 설명한 바와 같이 투자에 대한 대가를 기대하며 투자결정을 할 때 투자의 결과는 투자회수까지 걸리는 시간(time)과 투자의 불확실성(uncertainty)에 대한 보상에 의하여 결정된다. 투자는 이러한 보상이 충분히 이루어질 경우에만 투자할 가치가 있다. 즉, 투자가 이루어지려면 반드시 다음과 같은 조건이 충족되어야 한다.

투자로부터의 미래 기대소득 > 투자원금 + 시간상 차이에 대한 보상
+ 불확실성에 대한 보상

투자자는 투자회수까지 걸리는 시간이 길수록 시간에 대한 보상을 더 많이 요구하며, 불확실성이 높을수록(위험이 증가할수록) 불확실성에 대하여 더 많은 보상을 요구하게 된다.

3) 투자수익의 평가

수익률(rate of return)을 계산하는 것은 어렵지 않다. 1,000만원을 투자하여 미래에 1,210만원을 얻었다면

$$수익률 = \frac{미래금액 - 현대투자금}{현재투자금} \times 100$$
$$= \frac{1,210만 - 1,000만}{1,000만} \times 100$$
$$= 21\%$$

이러한 수익률은 2년에 걸쳐서 이루어졌다고 하면 이를 2년 동안의 기간수익률이라고 한다. 이는 2년 동안에 얻은 수익률이므로 1년에 몇 %씩 수익률을 얻으면 2년에 21%를 얻을 수 있을까? 1년에 얻는 수익률을 연수익률이라고 하는데 21%를 2년으로 나누어 연 10.5%라고 하면 단순한 연평균수익률(simple average annual rate)이지 실제 정확한 연수익률이 아니다. 이러한 계산방법은 투자기간이 2년이 아니고 10년이라고 한다면 틀리는 정도가 더욱 심해진다.

2년의 투자를 1년씩 나누어 생각해 보자. 첫해 1,000만원을 투자하여 1,100만원을 얻었다면 연 수익률이 10%라는 암산으로도 알 수 있다. 두 번째 해는 첫해의 투자원금 1,000만원으로 시작하는 것이 아니고 1,100만원으로 시작하므로 2번째 해는 1,100만원을 투자하여 1년 뒤에 1,210만원이 되었다. 다시 수익률을 계산하면 {(1,210−1,100)/1,100만원}×100 = 10%가 된다. 따라서 1,000만원을 투자하여 2년 뒤 1,210만원을 얻었다면 매년 10%씩의 투자수익을 얻었으므로 연수익률이 얼마인가를 물으면 연 10%라고 답해야 올바른 답이 된다. 투자기간을 T라고 하면

$$투자기간수익률 = (1 + 연수익률)^T$$
$$21\% = (1 + 연수익률)^2$$

위의 식을 풀면 연수익률은 10%라는 것을 알 수 있다. 대부분의 금융상품과 투자수익은 투자 기간 전체를 기준으로 수익률을 표기되는 것이 아니라 연수익률로 표시되므로 연수익률은 투자기간 동안 전체의 수익률을 투자기간으로 단순히 나누어서는 안 된다는 것을 알 필요가 있다.

수익률을 말할 때 투자하고 나서 투자금을 회수하여 실제로 얻은 수익률을 실현수익률이라고 하며, 아직 회수는 하지 않았고 계산상으로 얻은 수익률을 평가수익률 혹은 미실현수익률이라고 구분하여 지칭한다.

2 기대수익률과 위험

1) 기대수익률

기대수익률(the expected rate of return)을 잘못 이해하면 예상수익률(the anticipatory rate of return)과 동일한 뜻으로 생각할 수 있는데 완전히 다른 개념의 수익률이다. 예상 수익률은 어떤 곳에 투자를 한 이후 미래 얼마나 수익률이 나올까를 단순 짐작으로 생각하여 말하는 미래의 수익률이다. 물론 이러한 짐작은 나름대로의 경험과 자료를 기반으로 하는 것이지만 기대수익률과는 차이가 많다. 기대수익률을 설명하기 전에 다음과 같은 실험을 생각해 보자.

4지선다 객관식 20문제가 있다. 학생에게 문제를 읽지 않고 그냥 복불복으로 답을 고르라고 한다면 몇 문제를 맞힐 수 있을까? 운에 따라서 맞는 문항의 개수가 달라질 것이다. 이 실험을 하기 전에 몇 문제를 맞힐 수 있겠냐고 물으면 일부 학생들이 5문제라고 말한다. 근거는 어디에 있을까? 이것이 바로 기대수익(the expected return)이다. 물론 이런 실험을 할 때마다 맞는 문항이 천차만별로 나오겠지만, 실험을 계속적으로 하여 평균을 내면 5 문항에 근접한다. 이는 확률(probability)에 기초를 두고 있는데, 한 문제를 맞히는 확률은 25%이며 문제가 20문제이므로 20문항×25% = 5문항이 된다.

따라서 기대수익률은 확률에 바탕을 두고 미래에 얻을 수 있음직한 수익률을 지칭하므로 단순한 예상수익률과는 완전히 다른 개념이다. 기대수익률은 각 상황이 발생할 확률에 그 상황이 나타날 때 얻을 수 있는 예상수익률을 곱하여 합산하면 얻을 수 있다. 향후 발생할 상황이 A, B, C 라고 할 때 기대수익률은

기대수익률 = A상황에서 얻어질 예상수익(률)×A상황이 발생할 확률
+ B상황에서 얻어질 예상수익(률)×B상황이 발생할 확률
+ C상황에서 얻어질 예상수익(률)×C상황이 발생할 확률

동전 던지기 게임을 이용하여 기대수익을 계산해보자. 동전의 앞면이 나올 때 40,000원을 받고 뒷면이 나오면 아무 것도 못 받는 게임에서 얻을 수 있는 기대수익은 동전의 앞과 뒷면이 나올 확률이 각각 50%이므로

40,000원×0.5 + 0원×0.5 = 20,000원

물론 할 때마다 얻는 상금이 달라지겠지만 수없이 많이 시행하면 평균은 20,000원, 즉 기대수익에 근접하게 된다. 만약 이런 게임을 한번 하는데 얼마를 받고 하면 될까? 기대수익만큼 받으면 쌍방이 공정한 게임이 된다. 유명 도박장에서는 도박장이 약간 유리하도록 되어 있는데 이런 종류의 게임이 있다면 도박장은 20,000원보다 조금 더 받을 것이다.

기대수익률을 주식에 적용하여 계산해 보자. 두 개의 주식 A, B가 있다. 향후 경제 상황이 불황이 될 확률이 30%이고 호황이 될 확률이 70%라고 가정하자. 경제 상황에 따라 각 주식의 예상 수익률은 다음과 같을 때 주식 A의 기대수익률을 계산하면

경제상황	확률	주식 A	주식 B
불황	30%	−10%	60%
호황	70%	20%	−20%

$$E(R_A) = \sum_{i=1}^{N} pr_i \times \widetilde{R}_i = 0.3 \times (-0.1) + 0.7 \times (0.2) = 0.11$$

여기서 $E(R)$은 기대수익률을 의미하며 pr은 확률을 $\widetilde{R}$은 예상수익률을 의미한다. 주식 A의 기대수익률은 11%가 되고, 마찬가지 방법으로 계산하면 주식 B의 기대수익률은 4%가 된다. 이 경우 주식 A는 주식 B에 비하여 경제상황의 호, 불황에 따른 변동의 정도가 덜하므로 주식 B에 비하여 안정적인 반면, 주식 B는 주식 A에 비하여 위험하다고 한다. 투자자에 따라 두 주식 중에서 하나를 선택하라고 한다면 선호하는 주식이 다를 수 있다. 주식 A를 선택한 투자자는 위험을 겁내고 있고, 주식 B를 선택한 투자자는 불안하더라도 만약 경제가 불황이 되면 주식 B로서 수익률 60%를 얻을 수 있는 기회를 잡을 수 있으므로 주식 B를 선택할 것이다.

이와 같이 투자자에 따라 높은 이득을 추구하기 위하여 위험성이 높은 주식을 선택하는 사람을 위험선호자(risk seeker)라 하고 상대적으로 안정적인 주식 A를 선택하는 사람을 위험회피자(risk averter)라 한다. 이는 누가 맞고 틀리다는 것이 아니라 위험에 대한 선호가 다를 뿐이다. 궁극적으로는 모든 투자자는 위험회피자의 속성을 가지고 있다. 1억 원의 재산을 가진 투자자가 주식에 5,000만원을 투자하여 주식이라는 위험자산에 재산의 50%를 투자하였는데, 이 투자자의 재산이 100억 원이라면 주식에의 투자를 재산의 반인 50%를 투자하지 않고 그 비중을 줄여 10억 20억 정도로 투자하게 된다. 금액은 늘었지만 재산 전체대비 비중은 줄어들게 되는 데, 이는 투자자가 위험회피형이라는 것을 말하고 있다. 대부분의 경제이론은 위험회피형 투자자를 기본적 가정으로 두고 있다.

알고 갑시다

• **기대수익률을 이용한 계산 예**

예를 들어, 향후 6개월 후 경기가 호전될 확률이 0.5, 현재와 비슷할 확률이 0.3, 그리고 악화될 확률이 0.2일 때 6개월 후 주식 A는 경기 호전시 20,000원, 현재와 비슷할 경우는 15,000원, 경기가 악화되면 10,000원이 될 것으로 가정하자. 그러면 기대가격은 20,000×0.5+15,000×0.3+10,000×0.2 = 16,500원이다. 만약 이 주식을 10,000원 매입하였고 향후 배당금은 없다고 한다면 6개월 후의 기대수익률은 (기대가격−매입가)/매입가=(16,500−10,000)/10,000=0.65 (65%)이다.

2) 투자위험의 측정

일반적으로 위험(risk)은 추상적인 표현이므로 크기로 환산하여 볼 수 있는 것이 아니다. 그러나 위험을 통계적 표현을 이용하면 가시화된 수치로서 나타낼 수 있다. 위험하다는 것을 다르게 표현하면 불안정하다고 할 수 있는데 다음과 같은 예를 들면 쉽게 이해가 가능할 것이다. 홍길동 선수가 볼링 게임을 하는데 첫 번째는 120점 두 번째는 200점을 기록하였고, 김안정 선수는 첫 번째 게임에서 150점 두 번째 게임에서는 170점을 기록하였다. 두 선수 모두 Average 160점 동점이지만 홍길동은 첫 번째 점수는 Average에서 −40점 두 번째는 Average에서 +40점의 편차(deviation)를 가지고 있다. 반면 김안정 선수는 Average에서 각각 −10점과 +10점의 편차를 가지고 있다. 이 경우 홍길동 선수는 불안정한 점수를 기록하고 있다고 할 수 있을 것이다. 즉 평균에서 멀리 떨어질수록 불안정하므로 시합에 내보내기가 위험할 것이다. 만약 게임의 횟수가 많을 경우 매번의 편차로서 두 선수를 평가하기가 힘들므로 전체 편차를 합하여 비교할 수 있을 것이다. 그러나 앞에서 나타난 바와 같이 편차의 합은 제로(0)가 되므로 두 선수간의 총편차로 구분이 불가능하다. 그래서 이렇게 나타난 편차를 비교하기 위해서는 또 다른 개념이 필요하다. 즉 Average에서 벗어난 정도를 분산(variance 통계기호로는 σ^2)이라는 통계치로서 측정하여야 한다. 분산은 각 편차를 제곱하여 합한 것을 평균값으로 나타낸 것이다. 분산이 큰 것을 작은 것보다 더 위험하다고 할 수 있다. 투자수익의 위험은 각각 상황의 예상 수익률이 기대수익률(혹은 평균)에서 벗어난 정도인 편차를 제곱하고 이를 합산하여 평균하여 계산된다. 분산의 제곱근은 표준편차(standard deviation 통계기호로 σ)가 되므로 위험은 분산 혹은 표준편차 중 어느 것으로도 표현하여도 무방하다. 다음은 분산을 계산하는 예를 제시하고 있다.

알고 갑시다

- **분산과 표준편차의 계산 예**

분산은 실제수익률과 기대수익률의 편차를 제곱한 평균이며 표준편차는 분산의 제곱근을 말한다. 예를 들어, 현재 투자하고 있는 주식의 수익률이 경기가 호전될 경우 20%, 현재수준과 동일할 경우 15%, 악화될 경우 5%이며 각각의 경기상태가 발생할 확률은 동일하게 1/3일 때 분산과 표준편차는 다음과 같이 계산된다.

$$\text{기대수익률} = 20\% \times 1/3 + 15\% \times 1/3 + 10\% \times 1/3 = 15\%$$

$$\begin{aligned}\text{분 산} &= \Sigma(\text{수익률}-\text{기대수익률})^2 \times \text{확률} \\ &= (0.2-0.15)^2\times1/3+(0.15-0.15)^2\times1/3+(0.10-0.15)^2\times1/3 \\ &= 0.0025\times1/3+0+0.0025\times1/3 \\ &= 0.0017 \text{ 혹은 } 0.17\%\end{aligned}$$

$$\text{표 준 편 차} = (0.0017)^{\frac{1}{2}} = 0.041 \text{ 혹은 } 4.1\%$$

3 위험과 기대수익률의 관계

높이 3미터가 되는 다이빙대에서 뛰어내리기를 무서워하는 이를 뛰어 내리게 하는 동기를 부여하기 위해 조건을 제시하였다. 이 조건은 반드시 이행된다는 가정 하에 3미터 높이에서 뛰어 내릴 경우 상금을 100만원 준다고 했다. 그랬더니 상금을 받기 위해 용감하게 뛰어 내렸다. 이 사람에게 이번에는 높이가 5미터 되는 다이빙대에서 상금 100만원에 뛰어 내리겠냐고 제의하였더니 안하겠다고 한다. 즉 3미터 다이빙대보다 더 높아진 다이빙대가 더 위험해 보였기 때문이다. 그래서 상금액을 올려 보았다. 5미터에서 뛰어 내릴 경우 상금을 1,000만원 주겠다고 제의하였더니 수락하고 뛰어 내렸다.

다소 극단적인 예가 될 수 있겠지만 이 예가 의미하는 바가 있다. 너무 높아진 다이빙대가 이 사람에게 느끼게 하는 무서움의 정도 즉 위험이 증가하였으므로 그 위험을 감수할 만한 대가가 주어져야 게임에 응한다는 것이다. 따라서 위험이 증가하면 기대하는 대가도 높아져야 한다. 이를 투자의 경우로 바꾸어 보면 투자위험이 증가하면 그에 따른 기대수익률도 높아져야 한다는 것이다. 어떤 사업가가 두 종류의 투자를 제안하였다고 하자. 하나는 다소 안정적인 수입을 나타낼 것으로 판단되며 그 투자로부터 얻을 기대수익률은 10%이며, 다른 투자안은 경기가 좋다면 아주 높은 수익률을 반대로 경기가 나빠진다면 많은 손실을 가져 올 수 있는 위험을 가진 것인데 앞의 투자안처럼 수익률 10%를 제시하면 두번 째 투자안을 외면할 것이다. 위험이 증가하였는데도 낮은 위험을 가진 투자안과 동일한 대가를 주기 때문이다.

투자에 따른 위험과 기대수익률의 관계를 그래프로 그려 보면 [그림 6-1]과 같다. [그림 6-1]은 위험과 수익률간의 상반관계를 설명하고 있다. σ_A의 위험을 가진 A의 주식에 대해서는 $E(R_A)$의 기대수익률을 기대하지만 위험이 높은 σ_B의 B주식에 대해서는 기대수익률이 $E(R_A)$에서 $E(R_B)$로 증가하게 된다. 위험이 증가하면 기대수익률도 증가한다. [그림 6-1]에서 A 주식은 기대

그림 6-1 **위험과 기대수익률과의 관계**

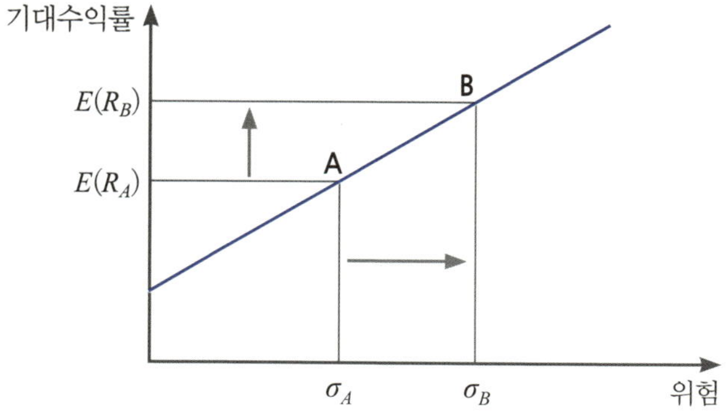

수익률이 낮은 반면에 위험이 낮고, 주식 B는 기대수익률이 높은 대신 위험도 높기 때문에 투자자의 위험에 대한 선호에 따라 주식 B를 선호하는 투자자도 있고, 위험을 상대적으로 덜 선호하는 투자자는 주식 A를 선택하게 된다. 앞에서 이미 설명한 바와 같이 어떤 것이 좋고 나쁜가가 아니라 주식 A와 B에 대한 선택은 투자자의 위험에 대한 선호로 결정 된다.

따라서 투자의 판단기준은 투자에 따르는 위험과 그 위험에 대한 대가인 기대수익률이라는 두 가지 기준에 따르게 된다. 두 가지 기준에 의한 투자판단에는 다음과 같은 원칙이 있다.

알고 갑시다

- **위험을 고려한 증권투자의 원칙**

  여러 가지 투자안 중 하나를 선택하는 경우, 투자안의 위험이 같다면 가급적 기대수익률이 높은 투자를 선택한다. 그리고 투자안의 기대수익률이 같다면 가급적 위험이 낮은 투자를 선택한다.

위의 원칙을 지배의 원칙(dominance principle)이라 한다. 이 원칙을 이해하기 위하여 가령 호황과 불황시에 수익률이 다음의 [표 6-1]에서와 같이 주어지는 A, B, 그리고 C의 세 주식이 있다고 하자. 이 중 어떤 주식에 투자하는 것이 유리한가? 우선 A와 B 주식을 비교해 보면 두 주식의 기대수익률은 같으나 B의 위험인 표준편차가 더 높다. 그러므로 A주식을 선택하는 것이 유리하다. 그리고 B주식과 C주식을 비교해 보면 B주식과 C주식의 위험인 표준편차는 동일한데 반하여 B주식보다 C주식의 기대수익률이 더 높다. 그러므로 B와 C중에서는 C주식을 선택하는 것이 유리하다.

표 6-1 호황과 불황에 따른 주식수익률의 가상적 예

	호 황	불 황	기대수익률	표준편차
확 률	50%	50%	-	-
A	11%	9%	10%	1%
B	12%	8%	10%	2%
C	13%	9%	11%	2%

그러면 A와 C주식 중에는 어떤 투자가 유리한가? 이에 대한 해답은 위의 원칙으로는 알 수 없다. C주식은 A주식보다 수익률의 편차가 높으므로 위험한 투자인 대신, 기대수익률도 높다. 따라서 기대수익률이 낮더라도 가급적 안정적인 투자를 선호하는 투자가라면 A주식을 선택하고, 다소 위험하더라도 기대수익률이 높은 투자를 선호하는 투자가라면 C주식을 선택하려 할 것이다. 그러나 이 경우에도 어느 것이 유리한가하는 것은 객관적으로 판단하기 어렵다. 그것은 C주식의 기대수익률이 A주식에 비해 높다하더라도 위험의 증가를 보상할 만큼 충분히 높은가 하는 점이 불분명하기 때문이다. 만일 C주식의 기대수익률이 위험의 증가를 보상하고도 남을 만큼 충분히 높다면 C주식에 투자하는 것이 유리하다. 그러나 그렇지 않다면 A주식에 투자하는 것이 유리하다.

지배의 원칙은 불확실한 상황에서 증권투자의 판단 원칙으로서 완벽한 해답을 주지는 못하지만 투자결정을 하는데 근본적인 기본을 제시하고 있다. 주식 A와 C는 각각 장단점을 가지고 있는 상호 배타적인 관계가 있다. 각각의 장점을 적절히 혼합하면 더 좋은 투자안을 만들어 낼 수 있는데, 이는 뒤의 7장에서 설명하는 포트폴리오 이론을 통하여 배우게 될 것이다.

제 7 장

분산투자와 기대수익률

1. 분산투자와 위험
2. 기대수익률의 결정과 투자판단

본장에서는 분산투자 이론을 설명하고, 이 이론에 입각하여 증권투자 위험이 어떻게 측정되며 위험과 증권의 기대수익률은 어떠한 관계에 있는가를 설명한다. 본장의 목적은 현대의 투자이론 중 가장 광범위하게 실무적으로 사용되고 있으며, 일반화된 이론인 자본자산가격결정 모형의 핵심을 설명하는 데 있다. 이 이론의 전개를 위하여 우선 분산투자의 개념과 그에 따른 투자위험의 감소 효과를 설명하고, 투자위험의 척도로서 분산의 개념을 설명한다.

그리고 증권에 대한 분산투자가 이루어짐에 따라 투자위험의 척도인 분산도가 어떻게 감소하는지를 체계적 위험과 비체계적 위험으로 나누어 설명한다. 또 본장에서는 이와 같은 논리적 전개에 따라 얻어지는 자본자산 가격결정모형의 기본 개념을 설명하고, 그를 기반으로 하여 증권에 대한 투자판단이 어떻게 이루어져야 하는지를 설명한다.

1 분산투자와 위험

1) 분산투자

앞서 우리는 앞의 제6장에서 증권투자로부터 얻어지는 미래소득이 불확실한 상황에서 증권투자는 단순히 기대수익률뿐만 아니라 위험을 고려하여 투자하여야 한다는 사실을 알았다. 위험이란 증권투자로부터 얻어지는 수익률이 기대수익률에서 벗어나는 정도를 의미한다. 수익률의 변동이 심한 증권일수록 기대수익률에서 벗어나는 정도가 높으므로 투자위험이 높은 증권이라 할 수 있다. 즉, 수익률의 변동이 심한 증권일수록 투자의 불확실성이 높으므로 기대수익률 면에서 높은 보상이 요구된다. 그러면 수익률의 변동성을 나타내는 위험은 구체적으로 어떻게 측정하며, 또 기대수익률과는 어떠한 관계에 있는가?

이에 대한 해답을 얻기 위하여 분산투자 이론을 이해할 필요가 있다. 분산투자 이론은 1950년대 초 미국에서 발전되기 시작하여 현재까지 증권투자와 재무이론, 그 밖에 미시 및 거시경제학에도 막대한 영향을 미친 중요한 이론이다. 분산투자 이론은 증권투자시 수익률과 위험을 어떻게 계량화하고, 또 자금을 분산투자로 하였을 때 그 효과가 어떻게 나타나는가를 분석한 이론이다.

증권투자의 수익률과 위험을 계량화하여 본격적으로 투자결정과 분석에 활용하게 된 계기는 1952년 미국의 마코위츠(H. Markowitz)라는 학자가 "포트폴리오 선택(Portfolio Selection)"이라는 논문을 발표한 이후부터이다. 이 논문이 발표된 이후, 분산투자 이론은 비약적으로 발전하였다. 또 1960년대 중반부터 이 이론은 샤프(W. Sharpe), 린트너(J. Lintner), 모신(J. Mossin)과 같은 학자들에 의해서 투자자산과 기대수익률의 관계를 설명하는 대표적 이론인 자본자산가격결정모형(CAPM: capital asset pricing model)과 같은 이론으로 발전하였다.

따라서 분산투자 이론은 현대 투자이론에서 빼놓을 수 없는 중요한 이론일 뿐만 아니라, 실제 증권투자의 분석을 위해서도 필수적으로 이해되어야 할 이론이다. 이 이론은 수학적 지식이 없는 일반인에게는 난해한 이론이나, 본장에서는 이론의 핵심을 중심으로 그 기본 개념을 설명하고자 한다.

분산투자 이론의 전개는 증권투자시 투자자가 가진 자금을 한 증권에 모두 집중투자하지 않고 여러 증권에 자금을 나누어 투자하였을 때, 투자위험이 감소할 수 있다는 사실로부터 출발한다. 이렇게 투자자가 가진 자금을 여러 투자수단에 나누어 투자하는 것을 포트폴리오(portfolio)라 한다. 따라서 분산투자 이론을 흔히 포트폴리오 이론이라고도 한다. 분산투자의 효과를 살펴보기 전에 불확실한 상황에서의 증권투자 원칙을 다시 한 번 상기해 보자.

위험을 고려한 증권투자의 원칙이라 할 수 있는 지배의 원칙에 따라 다음의 [표 7-1]에서와 같은 세 주식이 있는 경우, 어떠한 주식을 선택하는 것이 유리한가 판단해 보기로 하자. 투자자는 현재 1,000만 원을 가지고 있다고

표 7-1 호황과 불황에 따른 주가의 가상적 예

(단위: 원)

		확 률	A화장품	B맥주	C제과
현 재 가 격		-	10,000	10,000	10,000
1년 후 예상가격 (수익률)	호 황	0.5	9,000 (−10%)	13,000 (30%)	12,000 (20%)
	불 황	0.5	13,000 (30%)	9,000 (−10%)	10,000 (0%)
기대가격 (기대수익률)		-	11,000 (10%)	11,000 (10%)	11,000 (10%)
가격의 편차 (수익률의 편차)		-	±2,000 (±20%)	±2,000 (±20%)	±1,000 (±10%)

가정하자. 우선 주식에 대한 기대가격과 기대수익률을 구하면 표의 밑에서 두번째 난에서 보듯이 세 주식의 기대가격이 모두 11,000원이고 기대수익률도 모두 10%인 것을 알 수 있다.

그리고 각 주식의 호황과 불황시 가격이 기대가격을 중심으로 어느 정도 편차가 심한가를 평가하면 표의 맨 밑에서와 같다. A화장품과 B맥주는 호황과 불황시의 가격이 기대가격을 중심으로 편차가 ±2,000원이며, C제과는 ±1,000원이다. 수익률 기준으로는 A와 B주식의 편차가 ±20%이고, C 주식은 ±10%이다.

이러한 상황에서 어떤 주식이 가장 유리한 투자종목인가? 앞의 증권투자 원칙을 고려할 때 그 주식은 당연히 C제과 주식이라는 것을 알 수 있다. C제과 주식은 A와 B주식에 비하여 기대수익률은 같은 한편, 가격(또는 수익률)의 불안정성이 낮다. 그러므로 1,000만 원의 자금을 이용하여 C주식을 1,000주 사는 것이 가장 유리하다.

그러나 이상의 판단은 투자자가 가진 자금 모두를 어느 한 주식에 집중투자한다는 것을 전제로 하고 있다. 분산투자의 가능성을 고려하면 C제과

표 7-2 가상적 투자자의 기대수입과 수입편차

		확 률	A주식으로 부터의 수입 (1)	B주식으로 부터의 수입 (2)	C제과 (1)+(2)
1년 후 예상가격 (수익률)	호 황	0.5	450만 원	650만 원	1,100만 원 (10%)
	불 황	0.5	650만 원	450만 원	1,100만 원 (10%)
투자수입의 편차 (수익률의 편차)		-	-	-	0 (0%)

주식을 구입하는 것보다 더욱 유리한 투자 구성이 가능하다. 예를 들어, 투자자가 가진 1,000만 원의 자금을 둘로 쪼개어 500만 원으로 A화장품 주식 500주를 사고, 나머지 500만 원으로 B맥주 주식 500주를 산다고 가정해 보자. 이때 이 투 자자의 기대수입과 호황과 불황시의 수입의 편차를 계산하면 [표 7−2]와 같다.

이 투자자의 수입은 [표 7−2]에서 보듯이 우선 호황시에는 A주식으로부터 450만 원(9,000원×500주)를 얻고, B주식으로부터는 650만 원(13,000원×500주)을 얻으므로 호황시 총수입은 1,100만 원이다. 그러나 이 투자자는 불황시에도 A주식으로부터 650만 원(13,000원×500주), B주식으로부터 450만 원(9,000원×500주)을 얻으므로 불황시 수입도 1,100만 원이 된다. 따라서, 호황과 불황시 기대수입을 중심으로 한 수입의 편차는 0이 된다. 그러므로, 분산투자를 하는 경우에는, 1년 후 기대수입이 A, B, C주식에 집중투자하였을 때와 마찬가지로 1,100만 원이지만 수입의 편차가 0으로 안정적인 투자가 된다. 그러므로 어느 한 주식에 집중투자를 하는 것보다 분산투자를 하는 것이 더 우월한 투자라는 것을 알 수 있다.

이상의 예는 다소 극단적인 예로 A주식과 B주식의 호황과 불황시 가격변동이 서로 완전히 반대로 변하는 경우를 살펴본 것이다. 그러나 주식의 가격이 서로 완전히 반대로 변하는 경우는 아니라 할지라도 일반적으로 분산투자는 투자위험을 줄이는 수단이 된다. 즉, 분산투자는 어느 한 주식에 집중투자하는 것에 비해 투자의 기대수익률을 그대로 유지하면서 투자위험을 줄이는 효과가 있다. 또 이를 바꾸어 말하면 분산투자는 집중투자와 동일한 위험을 유지하면서 투자의 기대수익률을 높이는 수단이 된다.

과거부터 전해져 내려오는 자산운용 기법의 하나로 흔히 '자산의 3분법'이라는 방법이 있다. 자산의 3분법이란 개인의 자산을 운용하는 방법으로서 개인의 자산 중 1/3은 부동산, 1/3은 은행예금, 1/3은 금융자산 등으로 가진 자금을 한 곳에 집중투자하지 말고, 적어도 세 곳에 나누어 투자하라는 것이다. 이러한 자산의 3분법이 바로 분산투자 기법에 해당한다. 자산을 여러 곳에 나누어 투자하였을 때 한 쪽에서 손실을 보더라도 다른 쪽에서 보충할 수 있으므로 전체수익은 크게 변하지 않게 된다.

2) 투자위험의 측도

마코위츠(H. Markowitz)의 분산투자 이론이 주로 공헌한 점은 증권투자 시 분산투자로 인해 위험이 감소하는 효과를 수학적으로 계량화하여 효과를 분석하였다는 데 있다. 그러면 증권투자의 위험을 어떻게 계량화할 것인가? 위에서 우리는 증권투자의 위험을 비교하기 위해서 실제수익이 기대수익에서 벗어나는 편차 정도를 가지고 평가하였다. 그러나 편차를 가지고 위험의 정도를 측정하는 것은 완전한 것이 되지 못한다. 왜냐하면 이것은 각 상황이 발생할 확률을 전혀 고려하고 있지 않을 뿐더러, 미래 상황이 여러 가지 발생하는 경우 여러 개의 편차를 증권 상호 간에 비교하는 것이 어렵기 때문이다. 증권의 위험을 비교하기 위해서는 확률을 고려한 단일의 측도가 필요하다.

이러한 측도로서 분산(variance)의 개념이 사용된다. 분산을 어떻게 측정하는가를 알아보기 위하여 간단한 예를 들어보기로 하자. A주식의 수익률이 호황과 보통, 불황에 따라 다음과 같이 변한다고 하자. 호황과 보통, 불황이 일어날 확률은 각각 25% 와 50%, 25%로 평가되고 있다.

표 7-3 가상적 수익률 분포(A주식)

상　태	확　률	A주식의 수익률
호　황	0.25	24%
보　통	0.50	12%
불　황	0.25	8%

A주식의 수익률에 대한 분산은 다음과 같이 구해진다.

① A주식에 대한 기대수익률을 구한다.

기대수익률 = 0.25×0.24+0.5×0.12+0.25×0.08 = 0.14(14%)

② 각 상황에서 기대수익률을 중심으로 A주식의 수익률 편차를 구한다.

호황시 수익률 편차 = 0.24−0.14 = 0.10

보통시 수익률 편차 = 0.12−0.14 = −0.02

불황시 수익률 편차 = 0.0−0.14 = −0.06

③ 위의 ②에서 구해진 수익률의 편차를 제곱한다.

호황시 수익률 편차제곱 = $(0.10)^2$

보통시 수익률 편차제곱 = $(-0.02)^2$

불황시 수익률 편차제곱 = $(-0.06)^2$

④ 위의 ③에서 구해진 수익률 편차의 제곱에 각 편차가 발생할 확률을 곱하여 모든 경우를 더한다.

A주식수익률의 분산 = 호황시 편차제곱×호황의 확률+보통시 편차제곱×보통의 확률+불황시 편차제곱×불황의 확률

$= (0.10)^2 \times 0.25 + (-0.02)^2 \times 0.5 + (-0.06)^2 \times 0.25$

$= 0.0025 + 0.0002 + 0.0009 = 0.0036$

그리고 이렇게 구해진 분산의 제곱근(root)을 표준편차(standard deviation)라 한다.

$$A주식수익률의\ 표준편차 = \sqrt{0.0036} = 0.06\sqrt{0.0036} = 0.06(혹은\ 6\%)$$

분산투자 이론에서 증권투자의 위험은 수익률의 분산이나 표준편차로 평가된다. 증권투자의 분산이 높거나 표준편차가 높으면 그만큼 위험한 투자로 간주된다. 따라서 증권투자의 원칙상 기대수익률이 같은 투자안 중에서는 수익률의 분산(또는 표준편차)이 낮은 투자안이 우월한 투자안이며, 수익률의 분산(또는 표준편차)이 같은 투자안 중에서는 기대수익률이 높은 투자안이 더 우월한 투자이다.

3) 포트폴리오의 기대수익률과 분산

포트폴리오의 기대수익률과 분산도 마찬가지 방법을 통해서 구해진다. 포트폴리오의 기대수익률과 분산을 구하는 방법을 살펴보기 위하여 위의 A주식 이외에도 다음 [표 7-4]와 같은 B주식이 있다고 가정하자.

B주식의 기대수익률과 분산을 구하면 다음과 같다.

$$B주식의\ 기대수익률 = 0.25 \times 0.2 + 0.5 \times 0.16 + 0.25 \times 0.04$$
$$= 0.14(14\%)$$

$$B주식의\ 분산 = (0.2 - 0.14)^2 \times 0.25 + (0.16 - 0.14)^2 \times 0.5$$
$$+ (0.04 - 0.14)^2 \times 0.25 = 0.0036$$

표 7-4 가상적 수익률 분포(B주식)

상 태	확 률	B주식의 수익률
호 황	0.25	20%
보 통	0.50	16%
불 황	0.25	4%

그러므로, A주식과 B주식은 기대수익률과 분산이 동일한 주식임을 알 수 있다. 그런데 만일 투자자가 자신이 가진 자금을 A주식과 B주식에 반반씩 나누어 투자하였다고 하자. 그러면 각 상황에서 이 포트폴리오의 수익률은 얼마인가? 그것은 다음과 같은 방법을 통해 구해진다.

$$\text{포트폴리오의 수익률} = \text{A주식의 투자비중} \times \text{A주식의 수익률} + \text{B주식의 투자비중} \times \text{B주식의 수익률}$$

가령, 호황일 때 포트폴리오의 수익률은 다음과 같다.

$$\text{호황시 포트폴리오의 수익률} = 0.5 \times 24\% + 0.5 \times 20\% = 22\%$$

이러한 방법과 동일한 방법으로 보통과 불황시의 포트폴리오 수익률을 구하면 [표 7-5]와 같다.

포트폴리오의 기대수익률과 분산은 개별주식의 기대수익률과 분산을 구하는 것과 마찬가지이다. 포트폴리오의 기대수익률은 다음과 같다.

$$\text{포트폴리오의 기대수익률} = 0.25 \times 0.22 + 0.5 \times 0.14 + 0.25 \times 0.06 = 0.14(14\%)$$

그리고 포트폴리오의 분산을 구하면 다음과 같다. 즉,

$$\begin{aligned}&\text{포트폴리오의 분산}\\&= (0.22-0.14)^2 \times 0.25 + (0.14-0.14)^2 \times 0.5 + (0.06-0.14)^2 \times 0.25\\&= 0.0016 + 0 + 0.0016 = 0.0032\end{aligned}$$

표 7-5 가상적 포트폴리오의 수익률(A와 B주식의 투자비중이 각각 50%인 경우)

상 태	확 률	(A+B)포트폴리오의 수익률
호 황	0.25	20%
보 통	0.50	14%
불 황	0.25	5%

또한 포트폴리오 수익률의 표준편차는 다음과 같다.

$$포트폴리오\ 표준편차 = \sqrt{0.0032} = 0.056$$

위의 예는 A와 B주식에 대한 투자비중을 모두 50%로 하였을 때 기대수익률과 분산을 구한 것이다. A와 B주식의 투자비중을 달리하였을 때에도 기대수익률과 분산을 구하는 방법은 같다. 가령 A와 B주식의 투자비중을 각각 30%와 70%로 하였을 때 포트폴리오 기대수익률과 분산은 어떠한가? 이에 대한 해답은 독자 스스로 계산해 보기 바란다. 또 포트폴리오를 두 주식에 한정하지 않고, 세 주식 또는 네 주식 등 여러 주식으로 포트폴리오를 구성하였을 때에도 기대수익률과 분산은 같은 방법으로 구해진다. 다만, 각 상황에서의 포트폴리오 수익률은 포함되는 모든 주식의 수익률을 각 주식의 투자비중으로 가중평균하여 구한다.

4) 분산투자의 위험감소 효과

분산투자를 통하여 위험이 감소되는 효과를 볼 수 있다. 위의 예에서 A주식과 B주식은 기대수익률이 14%, 분산이 0.0036(표준편차는 0.06)으로 두 주식의 기대수익률과 분산이 모두 동일하다. 그러나 A주식과 B주식의 투자비중을 각각 50%씩으로 하여 포트폴리오를 구성하였을 때, 포트폴리오의 기대수익률은 14%로 종전과 동일하나 분산은 0.0032(표준편차는 0.056)로 감소되었음을 볼 수 있다.

분산은 투자위험을 나타내므로 A나 B주식에 집중투자하는 것보다 A와 B주식으로 포트폴리오를 구성하는 것이 투자위험을 감소시킨다는 것을 알 수 있다. 이것은 A와 B의 투자비중을 다르게 조정하여도 마찬가지이다. 가령 A와 B주식의 투자비중을 각각 30%와 70%로 조정하여도 이때 포트폴리오의 분산은 개별주식의 분산보다 낮아진다.

한편, 포트폴리오에 포함되는 주식의 수를 늘려가면 포트폴리오 수익률의 분산은 어떻게 변화할까? 예컨대 기대수익률과 분산이 A, B주식과 동일하나

각 상황에서의 수익률은 A, B주식과 다른 C주식이 존재한다고 가정해 보자. 이때 A, B, C주식에 각각 33.3%씩 투자하면 A, B주식에 50%씩 투자하는 것에 비해 포트폴리오의 기대수익률과 분산은 어떻게 달라지는가? 여기서 구체적인 예는 생략하기로 하나 이때 기대수익률은 14%로 종전과 동일하나 분산은 A, B주식에 50%씩 투자하였을 때의 분산보다 더욱 감소하게 된다. 말하자면 포트폴리오 수익률의 분산은 포트폴리오에 포함되는 투자 종목수를 늘려갈수록 더욱 감소한다.

다음의 [그림 7-1]은 분산투자에 따른 위험감소 효과를 보여주고 있다. 그림의 종축은 포트폴리오에 포함되는 종목수를 나타내고, 횡축은 포트폴리오 수익률의 분산을 나타낸다. 그림에서와 같이 포트폴리오에 포함되는 투자 종목수가 늘어날수록 포트폴리오 수익률의 분산은 더욱 감소한다.

그림 7-1 위험과 포트폴리오 구성 종목수와의 관계

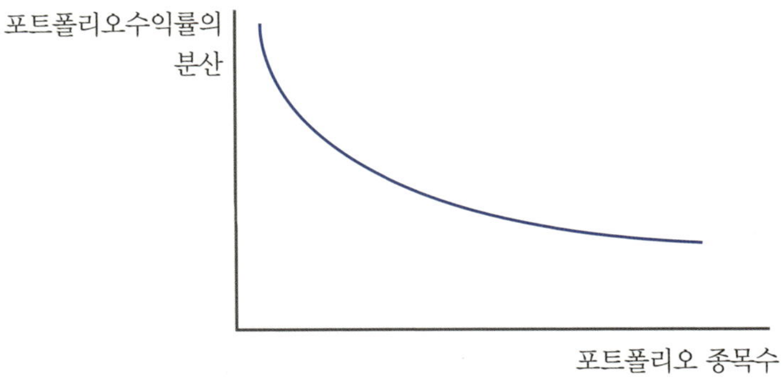

2 기대수익률의 결정과 투자판단

1) 체계적 위험과 비체계적 위험

이상에서 우리는 분산투자시 포트폴리오의 구성종목이 증가할수록 포트폴리오 수익률의 분산이 감소한다는 것을 보았다. 그러면 포트폴리오 분산은 어느 정도까지 감소될 수 있는가? 구성 종목수의 증가에 따라 분산이 0이 될 때까지 감소할 수 있는가? 분산이 0이 된다는 것은 수익률의 불확실성이 전혀 없는 포트폴리오를 구성할 수 있다는 뜻이다. 이에 대한 대답은 불행하게도 '그렇지 않다'이다. 말하자면 아무리 포트폴리오의 종목수를 늘리더라도 주식투자로는 분산이 0이 되는 확실한 투자를 구성할 수 없다. 그러면 어느 정도까지 분산이 감소될 수 있는가? 이에 대한 해답을 얻기 위하여 주식수익률이 매 시점마다 등락하게 되는 요인을 살펴보기로 하자. 주식수익률이 매 시점마다 등락하는 요인은 크게 두 가지 요인에 의한다.

그 중 하나는 주식시장 전체의 움직임에 따라 같이 개별주식이 동반 상승하거나 하락하는 움직임이다. 가령 앞의 제6장에서 서술하였듯이 정부의 통화정책이나 이자율의 변화방향, 실물산업의 동향 등 거시적 경제동향에 따라 주식시장의 주가는 전체적으로 상승 또는 하락한다. 따라서 개별주식의 주가는 이러한 주식시장의 전체의 동향(market wide factor)과 더불어 동반 상승하거나 하락하게 된다. 그런데, 주식시장의 전체적인 움직임은 종합주가지수에 반영된다고 볼 수 있으므로, 말하자면 이러한 움직임은 종합주가지수의 등락과 더불어 개별주식의 수익률이 동반 상승하거나 하락하게 되는 것을 말한다. 그러나 이때 개별주식수익률의 동반 상승 · 하락하는 정도는 개별주식마다 다르다.

둘째로 개별주식의 수익률은 기업마다 각기 다른 사정에 따라 등락한다. 가령 어느 기업이 유망한 신제품을 개발하였다고 발표한다면 다른 주식의 주가에는 영향이 없지만, 그 기업의 주가만 상승하게 된다. 개별주식의 수익률은 그 주식을 발행한 기업의 대외 혹은 대내적 경영환경이나 경영 내용이 변화함에 따라 수시로 등락한다. 이러한 요인은 그 주식을 발행한 기업 외에 다른 기업의 주식수익률에는 영향을 미치지 않으므로 **기업 고유의 요인**(firm specific factor)이라고 할 수 있다.

일반적으로 주식수익률의 움직임은 대단히 복잡하지만 이 움직임을 분해하면 크게 이상의 두 가지 요인에 의한다고 볼 수 있다. 여기서 주식시장의 전체적인 움직임과 같이하는 수익률의 변화를 체계적 위험(systematic risk)이라 하고, 기업 고유의 요인으로 인하여 발생하는 수익률의 변화를 비체계적 위험(unsystematic risk)이라 한다. 우리가 관찰하는 주식수익률의 변화는 바로 이 두 가지 위험이 복합적으로 반영되어 나타나는 결과이다.

2) 분산투자와 비체계적 위험

그러면 분산투자에 따라 체계적 위험과 비체계적 위험은 어떻게 변화하는가? 이것을 이해하기 위하여 가상적인 예를 들어보기로 하자. 우선 어느 연도에 주식시장의 전반적인 움직임을 나타내는 종합주가지수가 전월에 비하여 매월 [표 7-6]의 첫째 난에서와 같이 변한다고 가정하자. 그리고 A주식수익률은 주식시장의 전체 움직임과 더불어 동반 상승 혹은 하락하는 체계적 움직임이 종합주가지수의 변화 폭과 동일하다고 가정하자.

[표 7-6]의 둘째 난은 A주식수익률의 체계적인 변화를 나타내고 있다. 여기서 A주식수익률의 체계적인 변화는 종합주가지수 등락률과 동일한 것으로 가정되었다. 한편, B주식수익률의 체계적인 변화는 종합주가지수의 등락률보다 두 배 정도 심한 것으로 가정하였다. 가령 종합주가지수가 2% 상승하면 B주식수익률의 체계적인 변화는 4%가 된다. [표 7-6]의 다섯번째 난은 종합주가지수의 등락에 따른 B주식수익률의 체계적인 움직임을 나타낸다. 여기서 B주식수익률은 첫째 난에 있는 종합주가지수 등락률의 두 배만큼 변하고 있다.

한편, 비체계적인 주식수익률의 움직임은 각 주식마다 고유의 요인 때문에 발생한다. 따라서 이것은 종합주가지수의 움직임과 관련이 없을 뿐더러, A와 B주식 간에도 서로 관련성이 없다. 비체계적인 수익률의 움직임은 각 시점마다 기업의 특수한 사정에 따라서 변화하므로 A의 비체계적인 수익률이 높다하더라도 B의 비체계적 수익률이 낮을 수 있으며, 또 두 수익률이 동시에 낮을 수도, 혹은 동시에 높을 수도 있다. [표 7-6]의 셋째 난과 여섯째 난은 각각 A와 B주식에 대한 비체계적인 수익률의 움직임을 가상적인 예로 제시한 것이다.

표 7-6 주식수익률의 가상적 변화 예

(단위: 원)

구분 / 월	1	2	3	4	5	6	7	8	9	10	11	12
종합주가지수 등락률 (1)	2.0	1.0	−2.0	3.0	−1.0	4.0	1.0	−3.0	1.0	−4.0	2.0	3.0
A주식수익률의 체계적인 변화 ((2)=(1)×1)	2.0	1.0	−2.0	3.0	−1.0	4.0	1.0	−3.0	1.0	−4.0	2.0	3.0
A주식수익률의 비체계적인 변화 (3)	1.0	−3.0	3.0	2.0	−1.0	2.0	−1.0	2.0	−2.0	2.0	2.0	−1.0
A주식수익률의 변화 ((4)=(2)+(3))	3.0	−2.0	1.0	5.0	−2.0	6.0	0.0	−1.0	−1.0	−2.0	4.0	2.0
B주식수익률의 체계적인 변화 ((5)=(1)×2)	4.0	2.0	−4.0	6.0	−2.0	8.0	2.0	−6.0	2.0	−8.0	4.0	6.0
B주식수익률의 비체계적인 변화 (6)	−1.0	2.0	−2.0	−2.0	3.0	−2.0	0.0	−2.0	1.0	−2.0	−1.0	−1.0
B주식수익률의 변화 ((7)=(5)+(6))	3.0	4.0	−6.0	4.0	1.0	6.0	2.0	−8.0	3.0	−10.0	3.0	5.0

우리가 주식시장에서 관찰하는 수익률은 체계적인 변화와 비체계적인 변화가 동시에 합해져서 나타난 것이다. 가령 어느 주식의 주가가 체계적인 요인에 의해 3% 상승하고, 비체계적 요인에 의해 1% 하락한다면 우리가 결과적으로 관찰하게 되는 수익률은 2%이다. [표 7-6]의 넷째 난과 일곱째 난은 각각 A와 B주식에 대한 종합적인 수익률 변화를 나타내고 있다.

그러면 이상과 같은 상황에서 만일 A와 B주식을 이용하여 분산투자를 시행한다면 그 결과가 어떻게 나타날까? 가령 A와 B주식에 각각 50%씩 투자한다고 가정하여 보자. [표 7-7]은 이때 얻어지는 포트폴리오 수익률을 계산한 것이다. 포트폴리오 투자비중이 각각 50%이므로 포트폴리오 수익률은 어느 경우이건 다음과 같이 계산된다.

$$\text{포트폴리오 수익률} = 0.5 \times \text{A주식 수익률} + 0.5 \times \text{B주식 수익률}$$

[표 7-7]을 통하여 우선 체계적 요인에 의한 포트폴리오 수익률의 변화를 살펴보면 종합주가지수의 등락에 따라 포트폴리오의 수익률이 등락하는 폭이 A, B 개별주식과는 달라졌으나, 여전히 종합주가지수의 등락에 비례하여

표 7-7 포트폴리오의 수익률의 변화

(단위: 원)

구 분 / 월	1	2	3	4	5	6	7	8	9	10	11	12
종합주가지수 등락률 (1)	2.0	1.0	−2.0	3.0	−1.0	4.0	1.0	−3.0	1.0	−4.0	2.0	3.0
포트폴리오수익률의 체계적 변화 ((2)=(1)×(1.5))	3.0	1.5	−3.0	4.5	−1.5	6.0	1.5	−4.5	1.5	−6.0	3.0	4.5
포트폴리오수익률의 비체계적인 변화 (3)	0.0	−0.5	0.5	0.0	1.0	0.0	−0.5	0.0	−0.5	0.0	0.5	−1.0
포트폴리오수익률의 변화 ((4)=(2)+(3))	3.0	1.0	−2.5	4.5	−0.5	6.0	1.0	−4.5	1.0	−6.0	3.5	3.5

포트폴리오 수익률이 등락한다는 것을 알 수 있다. 이때 포트폴리오 수익률의 등락 폭은 종합주가지수 등락률의 1.5배가 된다. 즉, A주식의 체계적 요인에 의한 수익률의 등락 폭은 종합주가지수 등락률의 1배이고, B주식 수익률의 등락 폭은 종합주가지수 등락률의 2배이므로, A, B주식에 50%씩 투자한 포트폴리오의 체계적 요인에 의한 수익률 등락비율은 다음에서와 같이 1.5배가 된다.

종합주가지수 등락률에 대한 포트폴리오 수익률의 등락비율
= 0.5×A주식수익률의 등락비율+0.5×B주식수익률의 등락비율
= 0.5×1배+0.5×2배 = 1.5배

그러면 비체계적 요인에 의한 포트폴리오 수익률의 변화는 어떠한가? [그림 7-3]의 결과를 보면 A, B 개별주식의 비체계적 수익률 변화보다 포트폴리오의 비체계적 수익률 변화가 더욱 안정화된다는 것을 알 수 있다. 표에서 보듯이 가령 4월의 비체계적 요인에 의한 포트폴리오 수익률은 A, B 주식의

그림 7-2 포트폴리오 수익률의 체계적 변화

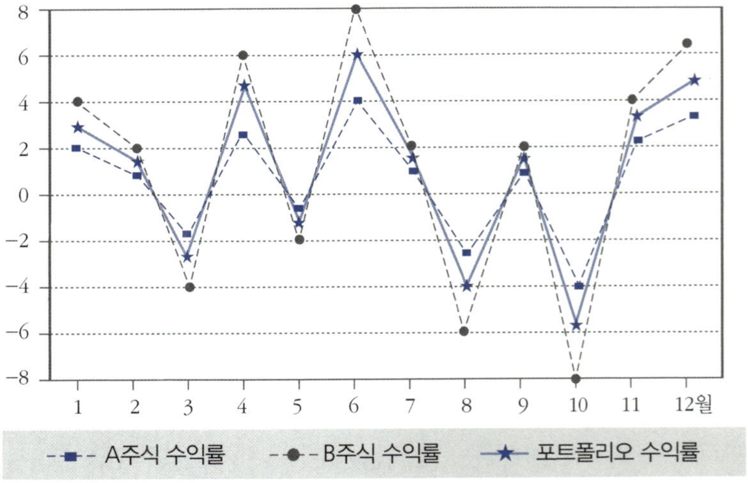

비체계적 요인에 의한 수익률이 서로 상쇄되어 0%가 되었으며, 이들 수익률이 상쇄되지 않는 경우라 할지라도 포트폴리오의 수익률은 A, B 주식 수익률의 평균이므로 포트폴리오의 비체계적 수익률은 A, B 개별주식보다도 그 변화 폭이 훨씬 낮아지게 된다.

이와 같이 수익률이 변화하는 모습은 [그림 7-2]와 [그림 7-3], [그림 7-4]를 보면 더욱 명확히 알 수 있다. [그림 7-2]는 A, B 개별주식과 포트폴리오에 대해 매월 체계적 요인에 의한 수익률 변화를 그린 것이다. 그림에서 보듯이 체계적 요인에 의한 포트폴리오 수익률은 종합주가지수 등락률보다 1.5배로 등락한다. 한편 [그림 7-3]은 A, B주식과 포트폴리오의 비체계적 요인에 의한 수익률 변화를 나타낸 것이다. 그림을 통해서 보듯, 비체계적 요인에 의한 수익률 변동은 A, B 개별주식보다 포트폴리오 수익률의 변화가 훨씬 더 안정적이 되고 있다. [그림 7-4]는 체계적 요인과 비체계적 요인의 수익률이 결합하여 최종적으로 나타나는 전체 수익률의 변화를 나타낸다. 결과적으로 포트폴리오 수익률은 A, B 개별주식의 수익률보다 다소 안정화되어 나타나고 있다.

그림 7-3 포트폴리오 수익률의 비체계적 변화

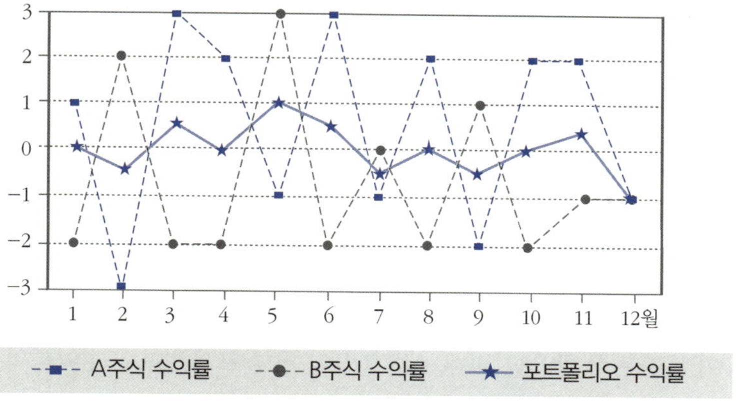

그림 7-4 포트폴리오 수익률의 전체 변화

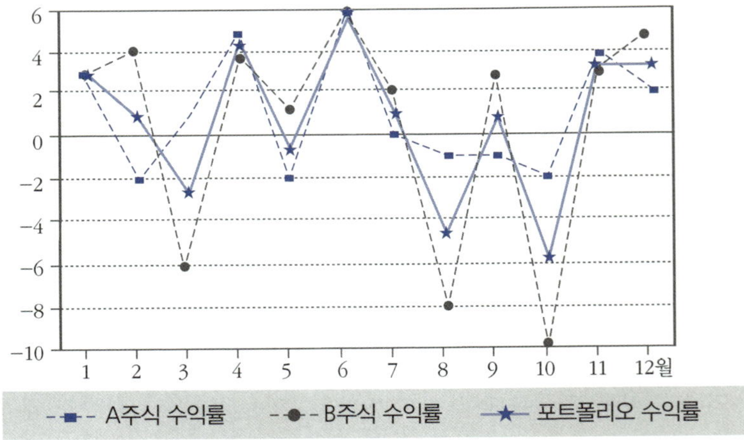

이상의 논의를 종합하면 개별주식의 결합으로 포트폴리오를 구성할 때 체계적 요인에 의한 포트폴리오 수익률의 변화는 개별주식과 마찬가지로 여전히 종합주가지수의 등락에 따라 비례적으로 변화함을 알 수 있다. 그러나 비체계적인 요인에 의한 수익률의 변화는 개별주식의 수익률이 서로 상쇄되거나 평준화됨으로써 비체계적 요인에 의한 포트폴리오 수익률은 그 변화가 안정적이 된다. 이러한 효과는 포트폴리오의 구성 종목수를 늘려 갈수록 더욱 두드러지게 나타나게 된다. 포트폴리오의 구성 종목수를 세 개, 네 개 또는 그 이상으로 늘려갈수록 비체계적 요인에 의한 포트폴리오의 수익률은 더욱 안정적이 된다.

다음의 [그림 7-5]는 모든 구성 종목에 대하여 동일한 비중으로 포트폴리오를 구성하였을 때 비체계적 요인에 의한 포트폴리오 수익률의 변화를 나타낸 것이다. 포트폴리오의 종목수가 늘어남에 따라 비체계적 요인에 의한 포트폴리오 수익률의 변화가 적어짐을 볼 수 있다. 그리고 구성 종목수가 어느 정도 이상 충분히 많으면 비체계적 요인에 의한 포트폴리오 수익률의 변화는 거의 무시할 수 있는 정도가 된다.

그림 7-5 포트폴리오 구성 종목수와 비체계적 요인에 의한 수익률의 변동

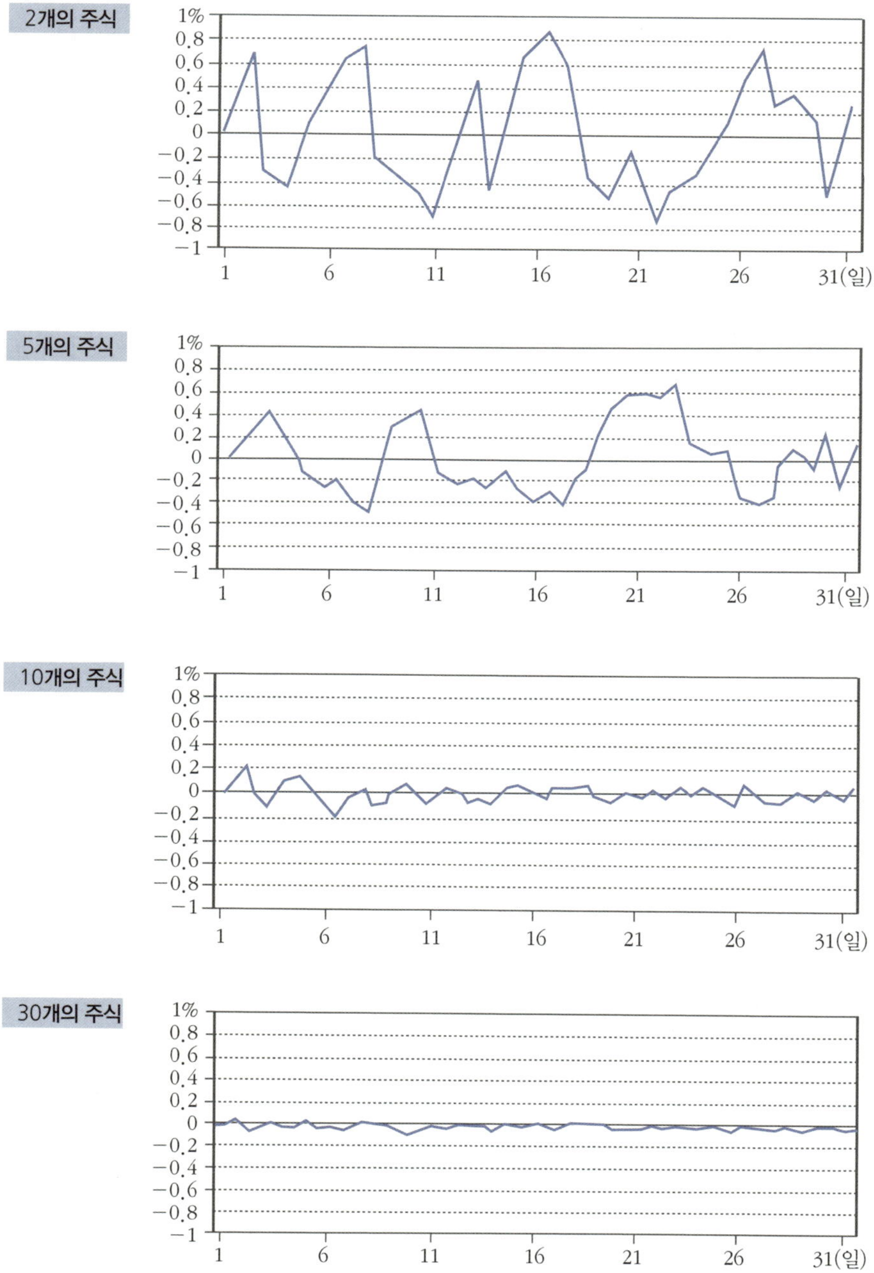

이것은 주식의 비체계적 위험이 분산투자를 통해 제거될 수 있다는 것을 의미한다. 포트폴리오에 포함되는 주식수가 충분히 많으면 포트폴리오수익률 중에서 비체계적 요인이 차지하는 변동은 거의 0에 가깝도록 제거될 수 있다. 현재까지의 연구 결과에 의하면 포트폴리오의 구성 종목수가 약 30개 정도이면 포트폴리오의 비체계적 위험이 충분히 제거되는 것으로 평가되고 있다.

그러나 이에 비해 체계적 요인에 의한 수익률 변동은 포트폴리오의 구성 종목수가 아무리 늘어나더라도 제거되지 않는다. 앞에서 언급하였듯이 종합주가지수에 대한 포트폴리오 수익률의 등락비율은 각 개별주식의 등락 비율을 포트폴리오 비중으로 가중평균한 값이다. 가령 A, B, C 세 주식이 종합주가지수에 비하여 각각 1배, 1.5배 및 2배만큼 등락한다면 A, B, C 세 주식에 각각 20%, 30%, 50%의 비중으로 투자한 포트폴리오의 종합주가지수에 대한 수익률의 등락비율은 다음과 같다.

$$\text{종합주가지수 등락률에 따른 포트폴리오 수익률의 등락비율} = 0.2\times1+0.3\times1.5+0.5\times2 = 1.65$$

따라서 종합주가지수가 등락하는 한, 포트폴리오의 수익률도 이에 비례하여 1.65배만큼 등락한다. 이러한 요인에 의한 등락은 포트폴리오의 구성 종목수는 아무리 많이 늘더라도 제거되지 않는다.

[그림 7-6]은 분산투자에 의해 포트폴리오의 위험이 감소할 수 있는 한계를 보여주고 있다. 그림에서 구성 종목수가 늘어남에 따라 포트폴리오의 위험은 점차 감소하지만 아무리 구성 종목수를 늘리더라도 주식시장 전체 변화에 따라 개별종목이 등락하는 체계적 위험까지 감소되지 않음을 보여주고 있다.

그림 7-6 분산투자에 의한 비체계적 위험의 감소

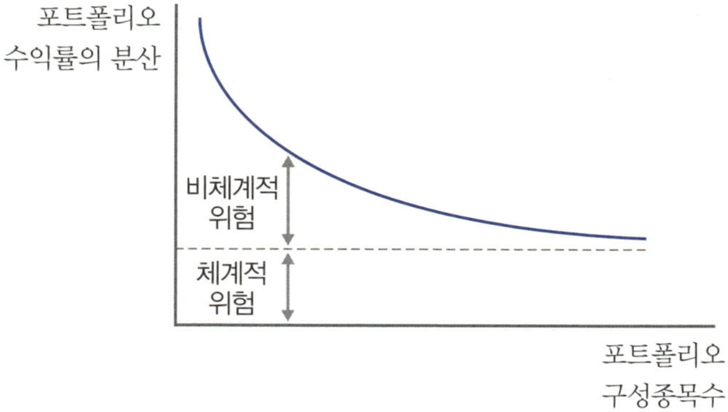

3) 체계적 위험의 측정

앞에서 언급하였듯이 주식수익률의 변동이 야기되는 요인은 체계적 요인과 비체계적 요인으로 구분할 수 있다. 또 충분한 수의 주식으로 분산투자를 하였을 때 체계적 요인에 의한 포트폴리오 수익률의 변동은 제거되지 않는 반면, 비체계적 요인에 의한 변동은 제거될 수 있다는 점을 설명하였다. 따라서 분산투자를 염두에 두었을 때 주식투자의 위험으로는 제거될 수 있는 비체계적 위험보다 체계적 위험의 정도가 더 관심의 대상이 된다. 그러면 개별주식에 대한 체계적 위험의 정도는 어떻게 측정하는가?

주식수익률의 체계적 위험은 시장 전체의 움직임, 말하자면 종합주가지수의 등락률 수준에 따른 개별주식 수익률의 변화 정도로 측정된다. 이것을 측정하기 위해서는 회귀분석(regression analysis)이라는 통계적 기법이 사용된다. 회귀분석은 하나의 변수가 다른 변수에 의해 직선식으로 설명되는 관계일 때, 그 직선식을 찾고자 하는 통계적 기법이다. 종합주가지수 등락률과 개별주식 수익률의 관계를 설명하는 직선식을 찾기 위해서 우선 횡축에는 종합주가지수 등락률을 표시하고 종축에는 개별주식의 수익률을 표시하는 그래프를 그린다. [그림 7-7]은 종합주가지수 등락률과 앞의 B주식의 수익률의 관계를 표시한 것이다.

가령, 위의 예에서 2월 중 종합주가지수 등락률은 1%이고 B주식 수익률은 4%이므로 그림의 x점과 같이 표시된다. 이러한 점들의 추세로 보아 종합주가지수 등락률과 B주식수익률의 관계를 대략적으로 알 수 있다. 그러나 이들 관계를 좀더 분명히 파악하기 위해서는 회귀분석에 의해 이들 점들의 추세를 가장 잘 설명하는 직선식을 찾아야 한다. 이 직선식은 각점이 직선에서 떨어진 오차항의 제곱을 모두 더하였을 때 이를 가장 적게 하는 직선이다. 회귀분석은 이미 전산화된 통계적 처리 방법에 의해 시행되므로, 각점들의 데이터만 주어지면 직선식을 손쉽게 구할 수 있다.

회귀분석에 의해 B주식에 대한 직선식을 찾은 결과, 다음과 같은 방정식을 얻었다.

$$\text{B주식수익률}(Y) = -0.59\% + 2.0 \times \text{종합주가지수 등락률}(X)$$

그림 7-7 종합주가지수 등락률과 B주식 수익률의 관계

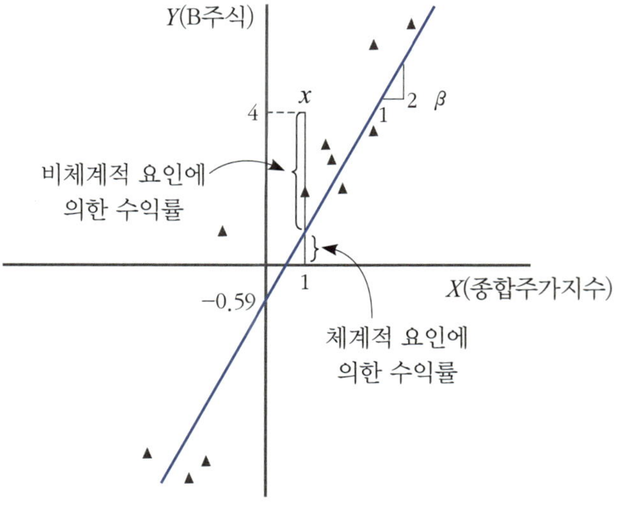

이 식의 의미는 [그림 7-7]에서 종합주가지수 등락률이 0일 때의 절편항이 −0.59%이고, 직선의 기울기는 2라는 것을 의미한다. 직선의 기울기가 2이므로 종합주가지수 등락률이 1% 상승(하락)하면, B주식의 수익률은 그것의 두 배인 2% 상승(하락)한다. 따라서 종합주가지수의 등락률이 변함에 따라 개별주식의 수익률이 얼마나 변동하는가를 평가하기 위해서는 종합주가지수 등락률의 계수를 보면 알 수 있다.

종합주가지수 등락률의 계수가 바로 그 주식에 대한 체계적 위험의 정도를 나타낸다. 이것이 높을수록 종합주가지수의 등락에 따른 주식수익률의 등락 폭이 더 큰 것을 의미하므로 체계적 위험이 높다고 볼 수 있다. 일반적으로 회귀분석식에서 절편항을 알파(α)라 하고, 설명변수에 대한 계수를 베타(β)라 하므로 체계적 위험을 베타위험이라고도 부른다. 한편, [그림7-7]에서 개별주식의 수익률이 직선에서 벗어난 부분은 시장 전체의 움직임과는 별도로 기업의 고유한 요인에 의해 야기된 것이므로 이 부분을 비체계적 요인에 의한 수익률에 해당된다.

아래의 [표 7-8]은 우리나라 상장주식에 대한 베타계수를 예로 제시한 것이다. 상장주식에 대한 베타계수는 증권사에서 정기 혹은 비정기적 간행물을 통해 발표되고 있으므로 직접 베타계수를 측정하기 어려운 경우는 이러한 자료를 이용할 수 있다.

표 7-8 상장주식의 베타계수

종 목 명	β	주가(원)	시가총액(억원)
대 현	0.61	1,480	541
현대건설	0.75	45,600	36,054
진 도	0.85	5,710	1,226
LG전자	1.24	83,200	105,547
삼성증권	1.59	53,300	29,407

4) 증권의 기대수익률 모형

앞에서 설명하였듯이 증권투자의 기대수익률과 위험은 항상 비례적 관계에 있다는 것을 설명하였다. 위험이 높은 투자일수록 그에 상응하는 보상이 따라야 하기 때문에 기대수익률도 동시에 높아야 한다. 그러면, 기대수익률과 위험은 구체적으로 어떠한 관계에 있는가

이에 관한 모형으로는 포트폴리오 이론에서 발전하여 샤프(W. Sharpe), 린트너(J. Lintner), 모신(J. Mossin) 등에 의해 개발된 자본자산가격결정모형(CAPM: capital asset pricing model)이 가장 대표적인 모형으로 평가되고 있다. 이 모형은 이해하기 쉬울 뿐더러, 그 개념이 명쾌하고 현실적으로 적용하기도 용이하므로 실제 투자분석에 가장 많이 사용되고 있다.

자본자산가격결정모형의 개념을 설명하기 위하여 우선 주식투자위험의 개념을 다시 정리할 필요가 있다. 앞에서 설명하였듯이 주식투자위험은 수익률의 분산도로 정의된다. 그러나 자본자산가격결정모형에서는 수익률의 분산 전체를 주식투자의 위험으로 보지 않는다. 왜냐하면 앞서 언급하였듯이 주식수익률의 변동은 체계적 요인과 비체계적 요인 두 가지에 의하나, 이 중 비체계적 요인에 의한 수익률 변동은 분산투자를 통해 제거할 수 있기 때문이다. 따라서 분산투자를 통해 제거할 수 있는 비체계적 위험은 무시할 수 있으며, 그에 따라 사실상 비체계적 위험은 증권의 기대수익률 결정에 영향을 미치지 않게 된다. 말하자면 분산투자시 투자자가 고려하는 유일한 위험은 체계적 위험만 고려하게 되므로, 증권의 기대수익률 결정에는 체계적 위험만이 반영된다. 그리고 개별증권의 체계적 위험은 앞서 언급한 회귀분석에 의해 베타로 추정된다.

이상과 같은 논리를 배경으로 자본자산가격결정모형은 증권의 기대수익률이 다음과 같이 결정되는 것으로 보고 있다.

① 증권은 기대수익률을 결정하는 위험은 베타위험이 유일한 위험이다.
② 증권의 기대수익률과 체계적 위험의 척도인 베타는 서로 비례적인 관계에 있다. 즉, 증권 투자의 위험이 높아짐에 따라 기대수익률도 상승한다.

③ 증권의 기대수익률과 베타는 직선식의 관계에 있다.

④ 증권의 기대수익률은 무위험이자율(riskfree rate 또는 riskless rate)과 시장포트폴리오(market portfolio)의 기대수익률에도 영향을 받는다.

구체적으로 자본자산가격결정모형은 모든 개별증권의 기대수익률이 다음과 같이 결정되는 것으로 보고 있다.

개별증권의 기대수익률 = 무위험이자율 + 베타계수
× (시장포트폴리오의 기대수익률 − 무위험이자율)

여기서 무위험이자율과 시장포트폴리오의 수익률이 무엇을 의미하는가는 조금 후에 살펴보기로 하고, 위의 식에 따라서 연간 무위험이자율이 8%이고 시장포트폴리오의 연간 기대수익률이 15%일 때, 베타계수가 0.8인 주식의 연간 기대수익률을 구하면 다음과 같다.

$$8\% + 0.9(15\% - 8\%) = 13.6\%$$

같은 방법으로 베타계수가 1인 주식과 1.2인 주식, 1.5인 주식 및 2인 주식의 기대수익률을 구하면 각각 15%, 16.4%, 18.5% 및 22%가 된다. 또 앞의 [표 7-8]에서 제시된 주식의 기대수익률을 구하면 [표 7-9]와 같다.

표 7-9 상장주식에 대한 기대수익률의 예

종 목 명	무위험 이자율(R_f)	β	시장포트폴리오의 기대수익률(R_m)	기대수익률 (R_i)
대 현	8%	0.61	15%	12.27%
현대건설	8%	0.75	15%	13.25%
진 도	8%	0.85	15%	13.95%
LG전자	8%	1.24	15%	16.68%
삼성증권	8%	1.59	15%	19.13%

그림 7-8 증권시장선(무위험이자율: 8%, 시장포트폴리오 기대수익률: 15%)

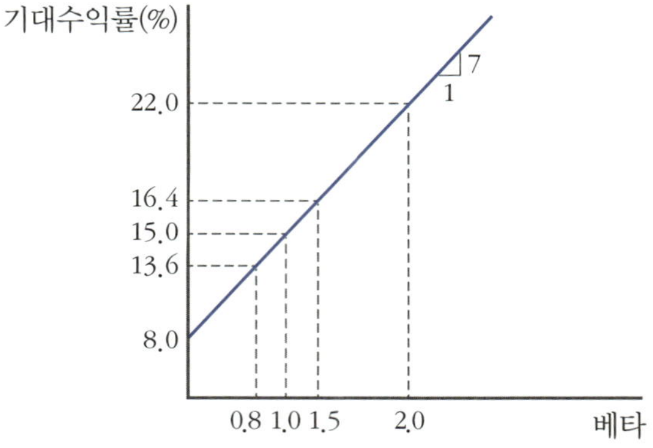

그림 7-9 증권시장선(무위험이자율: 6%, 시장포트폴리오 기대수익률: 18%)

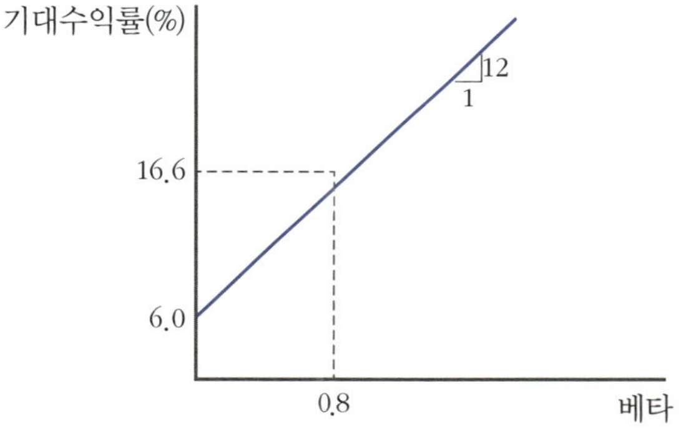

[그림 7-8]은 무위험이자율이 8%이고 시장포트폴리오의 기대수익률이 15%인 경우, 위에서 계산된 베타와 기대수익률의 관계를 그린 것이다. 그림에서 개별주식의 베타와 기대수익률은 정비례 관계의 직선임을 볼 수 있다. 그림에서 절편항은 무위험이자율인 8%이고, 직선의 기울기는 시장포트폴리오의 기대수익률과 무위험이자율의 차이인 7%이다. 만일 무위험이자율이 6%이고, 시장포트폴리오의 기대수익률이 18%이면 베타와 기대수익률의

관계를 나타내는 직선식의 절편항과 기울기가 각각 6%와 12%로 변한다(그림 7-9 참조).

그러나 무위험이자율과 시장포트폴리오의 기대수익률이 고정되어 있는 한, 개별증권의 기대수익률은 오직 베타만의 함수이다. 이와 같이 주어진 무위험자산이자율과 시장포트폴리오의 기대수익률이 고정된 상황에서 각 증권의 베타와 기대수익률 관계를 표시한 그래프를 증권시장선(SML: security market line)이라 한다.

증권시장선을 이용하면 각 증권의 베타를 알고 있을 때, 각 증권에 요구되는 기대수익률이 얼마인가를 평가할 수 있다. 그러나 증권시장선의 절편항과 기울기를 평가하기 위해서는 각 증권의 베타뿐만 아니라 무위험이자율과 시장포트폴리오의 기대수익률을 알아야 한다. 무위험이자율은 원금과 이자 지급이 확실하므로 분석기간 중 수익률의 변동이 전혀 없는 투자자산의 수익률을 의미한다.

그러한 예로 은행의 정기예금 이자율 같은 것을 들 수 있다. 그러나 은행도 경우에 따라서는 파산할 수 있고, 더욱이 정기예금 금리는 정부의 규제를 받는 공금리로서 금융시장에서 경쟁을 통해서 결정된 자유금리가 아니다. 따라서 무위험이자율로서는 은행의 정기예금 금리보다는 정부가 발행하는 국채의 수익률을 무위험이자율로 간주하는 것이 더 타당하다.

그러면 시장포트폴리오(market portfolio)란 무엇인가? 그것은 투자할 수 있는 모든 투자자산을 각 자산이 차지하는 가치비중대로 투자한 포트폴리오를 의미한다. 예를 들어, 경제 내에 투자할 수 있는 자산으로 오직 세 개의 주식만 존재한다고 가정하자. 그리고 각 주식의 가격과 발행주식수는 다음 [표 7-10]의 첫째, 둘째 난에서와 같다고 하자. 그러면 각 주식의 시장 가치는 [가격×발행주식수]이므로 표의 셋째 난과 같고, 이를 세 주식에 관해 모두 합한 시가총액은 총 20억원이 된다. 따라서 이때 시장포트폴리오란 A, B, C 각 주식에 대한 투자비중을 총시가총액 20억원 중 각 주식의 시장가치가 차지하는 비중인 10%, 30% 및 60%로 투자한 것을 말한다.

표 7-10 시장포트폴리오의 구성 예

	가 격	발행주식수	시장가치	투자비중
A 주 식	10,000원	2만주	2억원	10%
B 주 식	20,000원	3만주	6억원	30%
C 주 식	30,000원	4만주	12억원	60%
시가총액	-	-	20억원	-

이론적으로 자본자산가격결정모형에서 말하는 시장포트폴리오란 투자 위험이 있는 모든 자산, 예를 들어 주식이나 채권, 부동산 심지어는 인적자본까지 포함하여 투자할 수 있는 모든 자산을 각 자산이 차지하는 가치비중대로 투자한 것을 의미한다. 그러므로 현실적으로는 이러한 모든 투자자산을 포함하는 진정한 시장포트폴리오를 찾아낼 수 있는 방법은 거의 없다.

따라서 주식의 기대수익률을 평가하기 위해 실무적으로는 상장주식만을 투자 가능한 자산으로 간주하고, 각 주식이 상장주식의 시가총액 중에서 차지하는 가치비중대로 투자한 것을 시장포트폴리오로 간주한다. 시장포트폴리오를 이렇게 정의하면 그 수익률은 종합주가지수의 등락률과 대체로 같아진다. 왜냐 하면, 우리나라 종합주가지수는 시가총액 방식에 의해 모든 상장주식의 시장가치를 합해서 계산한 것이기 때문에 종합주가지수의 등락률은 각 주식의 수익률을 그들의 가치비중대로 가중평균한 값과 같다. 다만 종합주가지수에는 배당의 수취에 따른 부의 변동이 반영되지 않으므로 엄밀한 의미에서는 종합주가지수의 등락률과 가중평균수익률이 다르다고 볼 수 있으나, 실무적으로는 이를 주로 종합주가지수의 등락률을 시장포트폴리오 수익률의 대용치로 사용하고 있다.

5) 자본자산가격결정모형에 의한 투자판단

증권의 기대수익률모형이 중요시되는 이유는 이러한 모형에 의한 기대수익률이 증권투자 판단의 기초가 되기 때문이다. 자본자산가격결정모형은

그림 7-10 증권시장선에 의한 투자판단

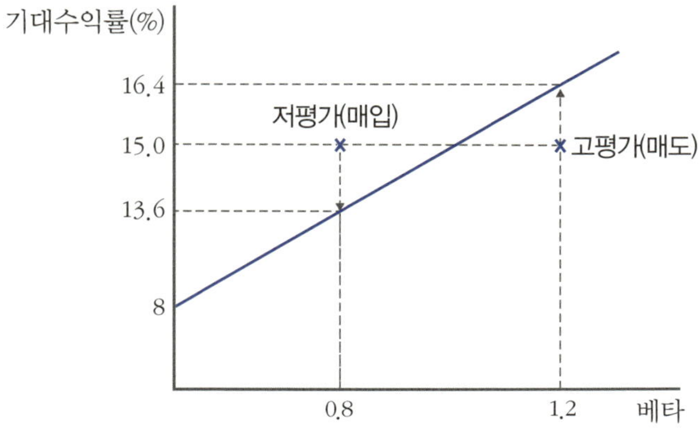

증권투자의 판단을 위해 가장 손쉽고 광범위하게 적용되고 있는 모형이다. 이 모형에 의한 투자판단은 증권시장선을 기준으로 이루어진다. [그림 7-10]에서 증권시장선은 무위험이자율이 8%, 시장포트폴리오의 수익률이 15%인 경우, 베타계수가 각기 다른 각 주식의 이론적인 기대수익률을나타낸다. 따라서 자본자산결정모형의 이론이 옳다면 각 주식의 기대수익률은 증권시장선상에 놓여져야 한다. 그러나 주식의 실제 기대수익률은 증권시장선보다 높을 수도 혹은 낮을 수도 있다.

자본자산가격결정모형에 의한 투자판단 기준은 증권시장선보다 높은 기대수익률을 가진 주식은 매입하고, 이보다 낮은 기대수익률을 가진 증권은 매각하는 것이다. 가령, 그림에서 A주식은 베타가 0.8로 자본자산가격결정모형에 의하면 이론적인 기대수익률이 13.6%이다. 그런데 실제 A주식에 대한 기대수익률은 15%이므로 이러한 주식은 매입하는 것이 이익이다. 반면, 베타가 1.2인 B주식은 자본자산가격결정모형에 의한 이론적인 기대수익률이 16.4%인데 비해 실제 기대수익률이 15%이므로 이러한 주식은 보유하지 않거나 매각하는 편이 바람직하다. 여기서 우리는 A와 B주식의 기대수익률이

15%로 동일하다 하더라도 매입과 매각 결정이 달라짐을 볼 수 있다. 이것은 두 주식의 위험도 차이로 인해 각 주식에 요구되는 기대수익률이 서로 다르기 때문이다.

증권시장선보다 높은 기대수익률을 가진 증권을 매입하고, 이보다 낮은 기대수익률의 증권을 매각하는 이유는 증권의 기대수익률이 일시적으로 증권시장선에서 벗어날 수 있지만 장기적으로는 증권시장선이 예측하는 기대수익률로 접근할 것이라는 믿음에 근거한다. 가령 위의 A주식의 기대수익률은 15%로 이론적인 기대수익률 13.6%보다 높지만 이것은 일시적인 현상에 불과하다.

왜냐하면 A주식은 실제 기대수익률이 이론적 기대수익률보다 높으므로 매입할 가치가 있는 주식이므로 일반투자자는 모두 이 주식을 구입하려 할 것이다. 따라서 A주식에 대한 수요가 증가하고 그에 따라 A주식의 주가는 상승한다. 주가가 상승하면 주식투자에 소요되는 비용이 늘어나므로 A주식에 대한 기대수익률은 하락하게 된다. 이때 A주식의 기대수익률의 하락은 이 주식의 기대수익률이 13.6%가 될 때까지 계속된다. 그러나 이러한 과정에서 주식의 기대수익률이 15%였을 때 이 주식을 구입한 투자자는 주가의 상승에 따라 이득을 얻게 된다. B주식의 경우에는 이와 반대의 논리가 성립한다.

자본자산가격결정모형을 실제 활용하기 위해서는 투자기간에 대한 고려가 필요하다. 투자기간을 3개월, 6개월 혹은 1년으로 설정함에 따라 그에 해당하는 무위험이자율과 시장포트폴리오의 기대수익률을 평가하여야 한다. 그리고 베타계수의 측정도 투자기간과 동일한 기간의 자료를 사용할 필요가 있다.

자본자산가격결정모형은 나름대로 이론적 근거가 확고한 모형이다. 그러나 다음과 같은 몇 가지 점에서 한계가 있다.

① 자본자산가격결정모형을 유도하기 위한 주요 가정으로 금융시장을 완전자본시장(perfect capital market)인 것으로 가정한다. 완전자본시장

이란 금융자산의 거래가 성립하는 데 방해 요소가 전혀 없는 이상적인 시장을 의미한다. 이러한 조건으로서 정부의 세금이 없고, 모든 필요한 정보가 비용 없이 투자자에게 전달되며, 금융자산에 대한 공급자와 수요자가 무한히 존재하고, 거래비용이 존재하지 않는 등 이상적인 시장형태를 가정하고 있다. 그러나 현실의 시장은 이러한 이상적 시장과는 거리가 있으므로 자본자산가격결정모형은 현실을 완벽하게 설명하지는 못한다.

② 자본자산가격결정모형에서 기대수익률을 결정하는 중요한 변수 중의 하나는 시장포트폴리오의 기대수익률이다. 그러나 이 이론에서 의미하는 시장포트폴리오는 경제 내에 존재하는 모든 투자자산을 포함하는 것으로 실제로는 이에 대한 기대수익률을 평가하기 어렵다. 따라서 이에 대한 대용치로 종합주가지수 등락률의 기대치 등이 사용되나 완벽한 지표가 되지 못하고 있다.

③ 모형의 베타계수의 값이 추정하는 기간에 따라 다르게 나타나는 경향이 있다. 즉, 한 주식에 대해서도 베타 값이 불안정한 경향이 있다. 따라서 과거의 자료를 이용하여 추정된 베타를 그대로 미래 주식의 기대수익률의 평가에 이용하는 데에는 한계가 따른다.

④ 최근 연구는 증권의 기대수익률 결정에 베타계수 외에도 PER(price earning ratio)이나 기업 규모, 장부가치 대 시장가치비율(book to market ratio) 등의 요인이 반영되는 것으로 분석되고 있다. 아직 이러한 요인들이 증권의 기대수익률과 어떠한 논리적 관련을 갖는지에 대해서는 정확한 이론이 제시되고 있지 못하다. 따라서 이러한 현상을 시장이례현상(market anomalies)이라 한다. 시장이례현상에 관해서는 제10장에서 좀더 자세히 서술한다. 이러한 시장이례현상의 존재는 자본자산가격결정모형의 타당성에 또다른 의문으로 제기되고 있다.

그러나 이러한 한계에도 불구하고 자본자산가격결정모형은 증권의 기대수익률을 평가하는 데 대단히 유용한 모형이다. 그것은 자산의 기대수익률이 수익률의 분산도 전체의 함수가 아니라 체계적 위험의 함수라는 점을 밝혀 주고 있다. 또 이 이론은 증권시장의 전반적인 움직임과 개별증권의 기대수익률이 어떠한 관계를 갖는가를 명확히 밝혀 줄 뿐만 아니라, 논리적 전개가 명쾌하고, 기대수익률을 설명하는 변수가 비교적 단순하므로 실무에서 광범위하게 응용되고 있다.

실제로 일반 개인투자자의 투자자금은 한정되어 있으므로 분산투자를 시행하기 어렵다. 그러나 증권, 보험회사 등 기관투자가는 거액의 자금을 운용하므로 시장포트폴리오에 접근하는 분산투자를 구성하기 쉽다. 따라서 증권시장에서 기관투자가의 투자비중이 높아질수록 분산투자이론을 전제로 하는 자본자산가격결정모형의 예측능력은 높아진다고 볼 수 있다.

다만, 자본자산가격결정모형은 다른 모형과 마찬가지로 여러 가지 한계를 가지고 있으므로 그 자체가 완벽한 모형은 아니다. 따라서 투자판단시 이 모형에 의한 기대수익률을 무조건 신뢰할 것이 아니라, 여러 투자판단 지표 중의 하나로서 다른 분석 결과와 더불어 종합적으로 고려하는 것이 필요하다.

제 8 장

기본적 분석

1. 경제분석
2. 산업분석
3. 기업분석

어떤 자산이 하나의 장소에서 거래될 때 매매가격이 저렴하다 혹은 비싸다는 기준은 무엇일까? 그 기준은 자산이 가지는 경제적 편리성과 이 자산으로부터 미래에 발생될 수 있는 경제적 이득을 계량화한 총가치일 것이다. 이 가치를 내재가치(intrinsic value)라고 하며 유가증권의 내재가치는 "증권의 본질적 요인에 기초한 가치"로 정의된다. 즉, 그 증권을 소유함으로써 얻게 될 미래의 현금흐름(future cash flow)을 충분한 정보에 의하여 예측하고 그 현금흐름의 위험도에 적절한 할인율로 할인한 현재가치를 말한다.

기본적 분석이란 증권의 내재가치를 구하여 현재 거래되는 시장가격과 비교해 봄으로써 시장가치가 내재가치보다 높은 고평가된 증권은 매도하고, 반대로 저평가된 증권은 매입하려는 투자분석 방법을 말한다. 따라서 증권이 고평가 혹은 저평가되었는지를 알기 위해서는 증권의 내재가치를 먼저 알아야 한다. 기본적 분석의 초점은 증권의 내재가치를 어떻게 발견하는가에 있으며 그 과정은 [그림 8-1]과 같다.

증권의 내재가치는 국가 경제활동의 정도에 의한 경제적 요인(economic factors), 산업별 강세도에 따른 산업요인(industry factors), 기업의 경영성과에 따른 기업요인(firm factors) 등 크게 세 가지 요인에 의하여 영향을 받는다.

그림 8-1 기본적 분석의 과정

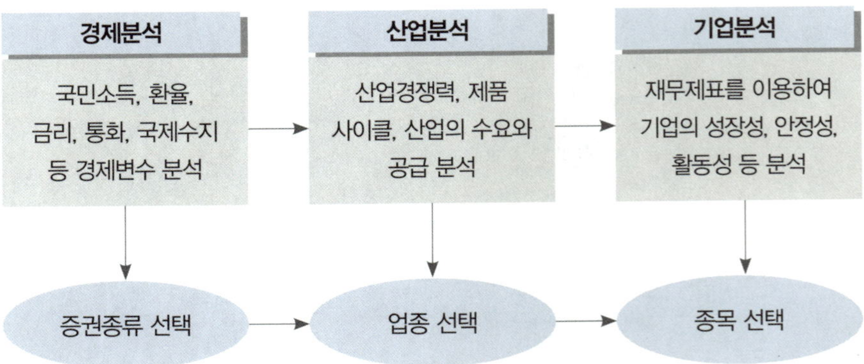

그러므로 기본적 분석은 [그림 8-1]과 같이 경제분석, 산업분석, 그리고 기업분석을 통하여 내재가치를 발견하고 이를 실제 시장가격과 비교하여 증권의 매수 · 매도시 이용하는 투자분석 방법 중의 하나이다.

경제분석에서는 여러 가지 유가증권 중에서 어떤 종류를 선택할 것인가를 결정하게 되며, 산업분석을 통하여 어떤 산업이 유망한 산업인가를 결정한다. 마지막으로 기업분석에서는 기업의 전망을 예측하여 가장 수익성이 높은 것을 선택하게 된다.

1 경제분석

주식의 가격을 계속적으로 변하게 하는 요인은 크게 세 부분으로 나누어진다. 첫째, 국가경제 전반과 관련된 기업외적 요인이다. 기업외적 요인은 주로 거시경제변수와 정치적 변화에 따른 주가의 변동을 말한다. 둘째, 기업내부요인이다. 경영진의 효율적 경영의지, 제품의 시장점유율, 성장률, 재무구조의 건전성, 신제품의 개발 가능성, 노 · 사간의 관계 등 기업 고유의 업무와 연관된 결과에 따라 주가를 변동시키는 변수를 말한다. 셋째, 시장의 수급상황에 영향을 주는 투자자의 심리적 요인이다. 경제분석은 첫번째 요인을 초점으로 모든 기업의 경영성과에 포괄적으로 영향을 미치는 국민경제 전반을 분석함으로써 기업외적 요인과 주가의 상관관계를 규명하는 것이 목적이다.

증권시장에 영향을 미치는 국민경제 전반의 활동을 분석하는 데 많이 이용되는 지표는 경기종합지수, 국민소득, 통화량, 물가, 금리, 환율 및 국제수지, 설비투자 등이다.

경제분석을 위한 정보는 인터넷을 통하여 다양한 사이트로부터 입수할 수 있다. 금융경제정보, 경기상황, 국민소득의 변화, 통화량 증감, 금리 및 물가 등에 관련된 정보는 다음의 사이트를 참조하면 주식투자뿐만 아니라 경제 전반에 대한 지식을 얻을 수 있을 것이다.

- 한국은행(www.bok.or.kr)
  금융정책자료와 경제정보를 얻을 수 있으며 매월 3회 자료를 update하고 있음.
- 기획재정부(www.mosf.go.kr)
  경제동향과 경제지표를 제공받을 수 있으며, 경제정책 해설자료도 얻을 수 있음.
- 한국 KDI 경제정보센터(http://epic.kdi.re.kr)
  최근 주요 경제정책자료, 경제현안 주요 이슈, 한국경제 관련 외신, 국내경제논단 등을 입수할 수 있음.
- 그 외 대기업 경제연구소 및 증권사 홈페이지

1) 경기변동과 주가의 관계

경기의 변동은 국가에 따라 경기주기 및 경기진폭의 차이는 있지만 일반적으로 불황기, 회복기, 호황기, 쇠퇴기 등 네 부문으로 나누어진다. 불황기에는 신규투자의 활동이 위축되며 실업률 및 재고율이 최고조에 달하고 자금의 수요가 감퇴되는 것이 특징이다. 경기를 부양하기 위하여 통화긴축을 완화하고 설비투자의 확대를 유도하여 고용의 증진을 기함으로써 서서히 민간소비지출이 확대되기 시작하는 시기가 경기 회복기이다. 경기가 회복함에 따라 생산 및 판매량이 증가하므로 고용이 확대되고 자금의 초과수요가 발생하며 물가 및 이자율이 상승하여 금융의 긴축정책이 시행되는 시기가 호황기이다. 쇠퇴기에는 소비의 위축으로 생산량이 감소함에 따라 실업률도 점점 높아지며 기업수지의 악화로 도산기업이 증가하는 것이 특징이다.

그림 8-2 주가와 경기

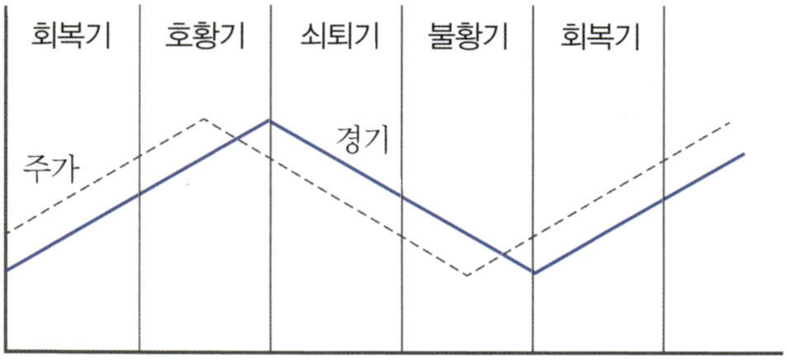

주가는 경기변동과 밀접한 상관관계를 가지고 움직이며 주가의 변화는 경기변동에 앞서 나타나는 선행지표(leading indicator)이다. 선행 정도는 각국마다 차이가 있지만 대체로 선진국에서는 3~6개월, 후진국에서는 약 1년 정도 주가가 먼저 반응하는 것으로 나타난다.

[그림 8-2]에서 보는 바와 같이 호황기에서는 경기가 최고조에 달하기전에 주가는 상승세에서 하락세로 접어들기 시작하며, 경기가 불황기에서 회복기로 변하기 이전에 주가는 하락세에서 상승세로 반전하는 것을 보여준다. 즉, 주가는 경기보다 선행하여 움직인다는 것을 알 수 있다. 경기가 회복기에 접어들면 투자자의 금융자산 중에서 많은 비중이 주식시장으로 유입되어 매입수요의 증가를 가져오며 반대로 경기가 쇠퇴기에 이르면 주식투자자금을 채권투자나 은행예금으로 전환하기 위하여 매도물량이 증가하므로 주식시장은 바닥세를 향하게 된다.

주가변화는 경기변동에 비하여 선행되므로 주가의 향방을 예측하기 위해서는 경기변동에 선행하는 다른 지표가 필요하다. 경기예측을 위하여 재정경제부에서는 경기종합지수를 산출하여 발표하고 있으므로 이를 이용 하여 경기변동에 선행되는 주가의 순환방향과 주기를 파악하면 투자의 효율을 높일 수 있다. 경기종합지수는 [표 8-1]에 보듯이 전환점에 대한 시차에 따라 선행, 동행, 후행종합지수 등 3개로 구분된다. 선행종합지수는 가까운 장래의 경기

표 8-1 경기종합지수 구성지표

선행종합지수	동행종합지수	후행종합지수
재고순환지표	광공업생산지수	생산자제품재고지수
경제심리지수	서비스업생산지수	소비자물가지수변화율
기계류내수출하지수	(도소매업제외)	(서비스)
(선박제외)	건설기성액	소비재수입액
건설수주액	소매판매액지수	취업자수
수출입물가비율	내수출하지수	CP유통수익률
코스피	수입액	
장단기금리차	비농림어업취업자수	

자료 : 통계청(http://kosis.kr), 2020년 1월

동향을 예측하는 지표로 앞으로 일어날 경제현상을 미리 나타내는데 경기 상승 전환을 예고하는 선행지표의 전년동월비 상승은 3개월 이내 주가의 대세 상승으로 연결되기도 한다. 한편 동행종합지수는 현재 경기상황을 판단하는 데 이용되며 후행종합지수는 경기변동을 사후에 확인하는 데 이용할 수 있다.

한편 앞서 7장에서 살펴보았듯이 모든 종목들이 동일한 경기에 대해 똑같이 반응하지는 않기 때문에 각 경기상황에 따라 상대적으로 유리하게 움직이는 종목을 찾아 투자하는 것이 좋다.

표 8-2 경기에 따른 주도주

경기국면	주도주
불황탈출	금리민감주
회복기	블루칩
경기상승	부품소재주
호황말기	내수소비재
긴　축	우량소형주
경기하강	투기주

2) 국민소득과 주가

국민소득의 증가는 소비와 투자를 증대시킴으로써 기업의 이윤을 높인다. 이러한 기업 이윤의 증대는 생산 및 고용을 증진시켜 기업의 예상수익을 상승시킨다. 주가는 기업으로부터 미래에 얻게 될 수익의 증가가 반영되어 상승하고, 고용 및 생산증가로 인한 국민소득의 증대는 투자자의 금융자산에 대한 투자자금을 늘려 주므로 주식투자수요가 증가하여 주식의 가격을 높이는 효과를 가지고 있다.

상승된 주식의 가치는 주식 투자자가 보유한 금융자산의 가치를 증대시켜 소비를 유발함으로써 국민소득을 높이는 상호보완의 기능을 가지고 있다. 또한 주가의 상승은 주식시장을 통하여 기업의 신규설비시설 자금을 용이하게 조달하게 함으로써 금융비용의 감소를 가져와 국제경쟁력을 증가시키고 경기의 활성화를 유발한다.

3) 통화량과 주가

완만한 통화량의 증대는 시중의 자금을 풍부하게 하므로 이자율을 하락시킨다. 이자율의 하락은 기업의 금융비용을 줄여 기업의 이윤을 향상시키므로 주식의 가격이 상승된다. 또한 이자율이 하락함에 따라 은행이나 채권에 투자한 자금으로부터 나오는 수익도 하락하므로 투자자금은 주식시장을 포함한 제2금융권으로 이전되어 투자수요가 증가됨으로써 주가의 상승을 초래한다.

그러나 과도한 통화량의 증가는 물가의 상승을 초래하고 인플레이션으로 이어질 가능성이 높다. 인플레이션 하에서는 현금성자산보다는 실물이나 부동산의 보유의욕이 높아져 주식을 매도하고 부동산이나 실물을 매입함으로써 부동산 가격의 상승과 주가의 하락을 동시에 초래할 수 있다.

통화량의 증감에 영향을 주는 변수들의 움직임을 통하여 주식시장의 대세를 파악하는 지표로 사용하여야 한다. 가령 정부가 지불준비율을 높인다는 정보는 시중의 자금을 압박하는 정책이고 따라서 통화량이 긴축되므로 주식시장에 유입되는 투자자금이 줄어들어 주가의 하락을 초래할 수 있다. 그러므로 통화량에 영향을 주는 정책들을 주시하여야 한다.

① 법정지불준비제도

중앙은행이 시중은행의 지불준비율을 조정함으로써 시중은행의 대출을 조정하는 정책이며 지불준비율을 높인다는 것은 통화량의 긴축을 의미한다.

② 재할인제도

시중은행이 중앙은행으로부터 자금을 대출받을 때 적용되는 이자율이다. 시중은행이 고객에게 대출을 해줄 때 할인하여 받은 약속어음을 중앙은행은 재할인하여 시중은행에게 대출한다. 재할인율이 높으면 시중은행은 중앙은행에게 높은 비용을 지불하게 되므로 대출을 기피하려 한다. 따라서 재할인율을 높이면 통화량이 줄어들게 된다.

③ 공개시장조작

중앙은행이 증권시장에서 증권을 매각 혹은 매입하여 통화량을 조절하는 것을 말한다. 국채를 발행한다면 시중에는 발행 규모에 해당하는 매입 금액만큼 현금통화가 줄어든다. 통화안정을 위하여 발행되는 채권인 통화안정채권(통안채)을 주로 이용하여 공개시장조작을 한다.

④ 한도제(ceilling system)

한도제는 통화량 규제의 효과를 기대할 수 없는 특수한 경우에 이용되는 직접적인 통화 조절 방법이다. 한도제의 한 방법으로 여신한도제는 전 금융기관의 국내 여신에 대하여 최고한도를 책정하여 놓고 그 이상을 초과하지 못하도록 한다.

⑤ 신용거래 보증금융제도

매입증권을 담보로 은행이나 증권사로부터 자금을 대출받아 매입대금의 일부를 지급하는 제도를 말한다. 증시로 과도한 자금이 몰리는 경우 신용거래 보증금률을 인상시켜 대출자금을 줄임으로써 안정을 기한다.

알고 갑시다

- **통화안정채권**
  우리나라의 통화안정채권은 일반은행의 유휴자금 및 금리보조의 목적으로 1961년에 최초로 발행되었고 발행량은 총통화의 25% 범위 내로 국한되어 있다. 통안채는 만기 이전에도 상환가능하며 정부가 매각한 것을 다시 매입하는 환매도 허용되어 있다.

통화량의 증감을 분석할 때에는 국민경제 전체의 통화공급을 주시하여야 하며 특히 증시 주변 자금동향에 대하여 세심한 관찰이 필요하다. 통화량은 이자율에 영향을 주며 이자율은 채권의 수익률과 직접적인 연관이 있으므로 채권이나 회사채의 가격이 상승할 때에는 통화량의 증가가 선행되며 이는 주가의 상승요인이 될 수 있다.

4) 물가와 주가

물가가 주가에 미치는 영향에 대해서는 일반적으로 두 가지 견해가 있다. 물가는 주가에 양(+)의 효과가 있다는 견해와 반대로 음(−)의 영향을 준다는 것으로 대별된다. 전자는 물가가 상승하면 기업이 보유하고 있는 자산의 가치가 함께 상승하여 장부상의 가치와 시가 상에 많은 차이가 발생하며 이 차이는 자산 재평가를 통하여 주주에게 무상증자등이 가능해지므로 주가는 상승한다는 견해이다. 이런 논리에 따르면 인플레이션 하에서 주가의 상승은 물가상승률에 의한 구매력의 손실을 보상하여 주는 인플레이션 헤지효과(inflation hedge effect)가 있다. 한편 후자는 물가의 상승은 제품 원가를 상승시키고 상승된 원가를 소비자 가격에 전가함으로써 매출량이 줄어 기업 수익은 감소되고 결국 주가의 하락으로 이어진다는 견해이다. 또한 물가의 상승은 소비자의 실질 구매력을 약화시켜 기업의 수익을 감소시킴으로써 주가의 하락을 초래한다.

알고 갑시다

- **도매물가지수**
  기업 간의 대량거래에서 형성되는 모든 상품의 가격변동을 측정하기 위하여 작성되는 것으로 생산자물가지수(producer price index)라고도 한다. 국내 상품의 경우는 공장도 가격이 기준이 되고 수입상품은 수입상 판매가격이 기준이 된다.
- **소비자물가지수**
  일반소비자가 소비생활을 영위하기 위하여 구입하는 재화와 서비스의 가격 및 요금 변동을 측정하기 위한 물가지수이다.

그러나 물가 혹은 인플레이션이 주가에 미치는 영향을 일률적으로 단정짓는 것은 상당히 위험하다. 왜냐하면 산업과 주식에 따라 인플레이션에 양(+)의 반응을 보이는 인플레이션 선호주식(inflation preferred stocks)도 있고 반대로 음(−)의 반응을 보이는 주식도 있기 때문이다.

일반적으로, 적당한 물가상승률은 경기를 호전시켜 주는 효과가 있으므로 주가의 상승을 가져온다. 주식시장과 연관되어 물가상승률을 측정하는 지표로 가장 많이 이용되는 것은 한국은행에서 산출하는 도매물가지수(WPI: wholesale price index)이며 그밖에 소비자물가지수(CPI: consumer price index), 수출입물가지수 등이 있다.

5) 금리와 주가

자금의 수요자는 자금을 이용한 대가로 이용료를 지불하여야 하며 자금의 공급자는 소비의 욕망을 포기하고 자금을 대여해 주었으므로 이에 대한 보상을 요구한다. 자금의 공급자로부터 자금의 수요자에게 자금의 이동이 발생하는 경우는 지불하고자 하는 자금의 이용료와 자금의 제공에 대하여 요구하는 보상의 크기가 일치할 때이다. 이를 이자율 혹은 금리라고 한다. 따라서 금리는 자금의 공급과 수요가 일치하는 점에서 결정된다. 자금의 수요

알고 갑시다

- **계산 예**

미래에 발생되는 현금흐름을 CF, 할인율을 R이라고 가정할 때 주식의 가격(PV)은 다음과 같은 공식에 의하여 계산된다.

$$PV = \sum_{t=1}^{\infty} \frac{CF}{(1+r)^2} = \frac{CF}{R}$$

만약 CF=1,000원이며 R=10%라면 이 주식의 가격은 PV=1,000/0.1=10,000원이다. 금리가 오르면 R도 증가하므로 CF=1,000원으로 고정되어 있는 한 주가는 하락하게 된다.

자인 기업과 가계는 차입한 자금을 이용하여 생산활동에 투자하여 얻을 기대수익과 차입한 자금에 대한 이용료인 이자율과의 대소 크기에 따라 투자결정을 하게 된다. 그러므로 이자율의 크기는 기업의 생산활동에 영향을 미치며 주가와 밀접한 상관관계를 가지고 있다.

금리와 주가와의 관계를 주가의 내재가치를 통하여 이론적으로 살펴보면 주가는 주식으로부터 미래에 발생할 현금흐름을 그 위험에 상응한 할인율로 할인한 현재가치로 표현된다. 금리가 상승하면 할인율도 상승하므로 현금흐름이 변하지 않는 한 이론적으로 주가는 하락하게 된다.

금리의 상승은 기업의 금융비용을 증가시켜 기업수익이 악화되어 주가의 하락을 초래하며, 또한 기업의 재무구조를 악화시켜 안정성을 저해하므로 주식 투자수요를 감퇴시키는 역할을 한다. 반대로 금리의 인하는 기업의 자금사정이 호전되어 신규설비투자가 증가하며 금융비용의 인하로 제품의 단가가 내려가므로 기업의 수익이 증대되어 주가는 상승한다.

금리상승시에는 위험성이 있는 주식의 투자로부터 안정적이고 고금리를 지급하는 채권이나 예금으로 자금이 이동되어 주가의 하락을 초래한다. 반대로 금리하락시는 예금이나 채권의 수익이 하락하므로 주식시장으로 자금이 이동하여 투자수요를 증가시키므로 주가는 상승하게 된다.

그러나, 물가의 상승률을 감안하지 않은 명목금리를 이용하면 그릇된 결과를 초래할 수 있다. 가령 물가상승률이 높은 시기에는 명목금리에서 물가상승률을 차감한 실질금리가 하락하여 기업에게 오히려 금융비용의 부담을 덜어주는 경우도 발생할 수 있으므로 금리는 반드시 물가상승률과 비교하여 분석하여야 한다.

시중의 금리를 실질적으로 반영하는 금리의 지표로 국공채 및 회사채수익률을 많이 참조하고 있으며 금융기간간의 단기자금금리인 콜(call)금리가 시중자금에 민감하게 반응하고 있다. 또한 금융실명제 이후 급격한 증가세를 보이고 있는 1년 만기 양도성예금증서(CD: certificate of deposit)의 수익률도 최근 실세금리의 지표로 많이 이용된다. 금리는 시중자금의 흐름과 밀접히 연관되어 있으므로 통화량, 통안채 발행액, 상업 및 개인 대출액, 그리고 증시 주변 자금 등을 고려하는 것이 효과적이다.

6) 환율 및 국제수지와 주가

환율이란 자국의 화폐와 외국의 화폐 간의 교환비율로서 기본적으로 외환시장의 수급에 따라 결정되지만 국제수지, 물가, 금리 등의 변수와 복합적으로 연계되어 있다.

환율인하, 즉 평가절상(appreciation)은 한 나라의 경제가 안정되고 국제수지의 흑자 폭이 증가한 이후에 나타나는 것이 일반적이다. 이때 국제수지 흑자의 증가는 해외 부문으로부터 유입되는 자금의 증가를 초래하여 시중의 자금을 풍부하게 한다. 따라서 풍부한 시중자금은 주식의 매입수요를 증가시키므로 안정적인 환율인하는 결과적으로 주가의 상승요인으로 작용한다. 이와 반대로 환율인상, 즉 평가절하(depreciation)는 수출이 부진하여 무역수지가 악화된 이후에 나타나므로 환율의 인상은 물가상승 및 경제 성장의 둔화 등의 요인 때문에 주가상승을 동반하기는 어렵다.

환율의 상승과 하락을 모든 주식에 일률적으로 적용하는 것은 위험하다. 환율인상시에는 수출주력업종의 수출이 증대하여 기업의 수익을 증가시키므로 주가의 상승요인이 될 수 있다. 반면에 환율의 급격한 인하시에는 수출주력 업종의 해외경쟁력을 악화시켜 주가가 하락하게 된다. 따라서 환율의 변화와 산업 및 기업의 특성을 연관하여 주가의 방향을 분석하는 것이 현명하다.

2 산업분석

산업분석(industry analysis)은 해당 기업이 속해 있는 산업의 구조적 특성을 분석하는 데 그 초점을 두고 있다. 산업의 구조적 특성이란 산업의 경쟁력, 제품수명의 주기, 산업의 수요와 공급분석 등을 의미한다. 기업의 장기적인 수익성 및 위험은 그 기업이 속해 있는 산업의 구조적 특성에 의하여 결정되는 부문이 많으므로 증권의 분석시 산업의 구조적 특성을 결정하는 요인분석이 뒤따라야 한다.

산업분석은 크게 산업간분석(inter-industry analysis)과 산업내분석(intra-industry analysis)으로 나누어진다. 산업간분석은 여러 산업 중에서 어떤 업종이 향후 높은 경쟁력과 전망이 좋은 것인가를 분석하는 것이며, 산업내분석은 특정 산업 내에서 어떤 기업이 산업을 주도하는가를 분석하는 것이다.

산업분석 관련 인터넷사이트는 [표 8-3]과 같으며, 식품산업, 섬유산업, 제지산업, 석유화학산업, 제약산업, 타이어산업, 시멘트산업 등 각 산업의 수급동향과 전망에 대한 정보를 얻을 수 있으며, 주식투자시에 산업의 동향을 반드시 사전에 파악하여야 한다. 왜냐하면 한국의 주식시장은 기업별 실적에 따른 주가의 변화부분보다는 산업별 동반 상승과 하락을 하는 경향이 많기 때문이다. 특히 산업분석은 분야별 해외시장의 동향에 각별한 주의를 기울여야 하므로 외국 사이트를 참조하여야 한다.

표 8-3 산업분석 관련 사이트

사이트명	주 소	주요 제공정보
삼성경제연구소	www.seri.org	산업부문 각종 동향자료
Hoover's Report	www.hoovers.com	200개 가까운 산업분석과 향후 5년간 동향분석
Wired	www.wired.com	정보통신 관련 분야 정보
The Silicon Investor	siliconinvestor.advfn.com	전자 · 정보통신 벤처기업 관련 정보
ISTANS	www.istans.or.kr	산업관련 주무부처인 지식경제부가 운영,관리하에 34대 주력산업 관련 통계정보

[표 8-3] 이외에 증권사 및 대기업 연구소, 한국산업은행 등의 홈페이지에서도 많은 정보를 얻을 수 있으며, 동일한 사항에 대해서도 서로 상이한 내용이 있을 수 있으므로 하나의 사이트만 이용하지 말고 상호 비교하는 것이 중요하다.

1) 경기변동과 산업별 민감도

산업분석에서 우선 살펴볼 필요가 있는 것은 경기변동에 대한 산업별 민감도이다. 다음의 [그림 8-3]에서도 볼 수 있듯이 동일한 경기 상황에서도 산업에 따라 다르게 반응한다.

[그림 8-3]은 1963년의 미국 자동차 산업과 담배산업의 매출액을 100으로 기준하여 30년 간 두 산업의 매출액 변화를 보여주고 있다. 담배산업은 경기와 독립적으로 움직여 온데 반해 자동차산업은 경기에 매우 민감하게 반응함을 알 수 있다. 이러한 결과는 새삼 놀라운 일이 아니다. 담배소비의 경우 주로 습관에 의해 결정될 뿐만 아니라 가계지출 중 아주 작은 부분을 차지하기 때문에 어려운 환경에서도 담배 피는 습성은 포기되지 않는다. 반면,

그림 8-3 산업에 따른 경기민감도 차이

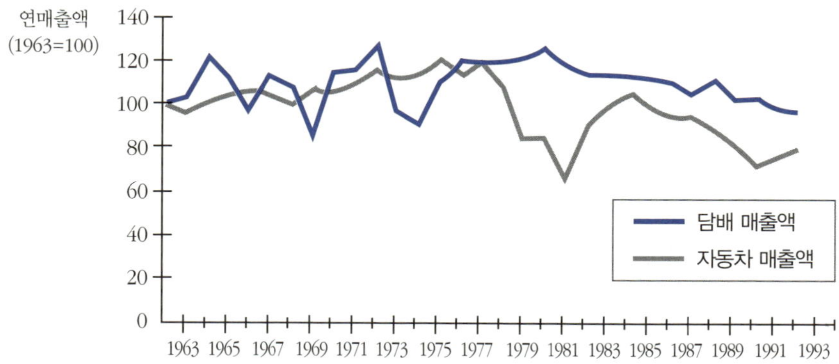

자료 : 자동차 매출액 : Ward's Automobile Yearbook, 1994. 담배 매출액 : Department of Alcohol, Tobacco, and Firearms Statistical Releases.

자동차소비는 일반적으로 가계지출에서 주택 마련 다음으로 큰 부분을 차지한다. 따라서 경기침체기에 소비자들은 그들의 소득이 더 높아질 때까지 자동차 교체를 보류할 것이다.

이처럼 기업이익과 직결되는 산업의 경기민감도는 다음의 세 가지 요인에 의해 결정된다고 할 수 있다.

첫째 요인은 매출이 얼마나 경기에 민감한가이다. 대체로 생활필수품은 경기에 민감하지 않다. 이러한 그룹에 속하는 산업으로는 음식, 약품 및 의료서비스 등이며, 특히 우리나라에서는 교육서비스도 이 그룹에 속한다고 볼 수 있다. 이와는 대조적인 기계부품, 철강, 자동차 및 수송업 등은 경기에 매우 민감한 사업이다.

둘째 요인은 고정비용과 변동비용 간의 구분을 나타내 주는 영업레버리지이다. 고정비용은 기업의 생산량에 관계없이 발생하는 비용이고, 변동비용은 기업의 생산량에 따라 변하는 비용이다. 고정비용에 비해 변동비용규모가 큰 기업들은 상대적으로 경기변동에 덜 민감하다. 그 이유는 변동비용이 상대적으로 큰 기업들은 경기침체시 매출이 감소하면 생산량을 줄임으로써 비용을 감소할 수 있기 때문이다. 반면, 상대적으로 고정비용이 큰 기업들은 경기변동에 더욱 더 민감하다. 고정비용이 큰 기업은 경기침체시 매출액 감소에 따른 손실을 상쇄시킬 만큼 비용감소가 따라주지 못해 손실폭이 커진다. 이는 바꿔 말하면 경기호황시 적은 비용으로 생산량을 늘려 매출액을 늘릴 수 있음을 의미하기도 한다. 즉, 상대적으로 고정비용이 높은 기업들은 경기상황이 조금만 변동해도 기업의 이익이 크게 변동하기 때문에 불황기에는 더 큰 손실을, 호황기에는 더 큰 이익을 보게 된다.

경기민감도의 셋째 요인은 부채를 어느 정도 사용하는가를 나타내는 재무레버리지이다. 부채에 대한 이자지급은 매출액에 관계없이 지불되어 야 하는 고정비용으로서의 성격을 갖는다. 따라서 부채비율이 높은 기업들의 이익은 경기에 더 민감하게 변동한다.

여기서 우리가 착각하지 않아야 할 것은 일반적으로 투자자들이 항상 경기민감도가 낮은 산업을 선호하지는 않는다는 것이다. 경기민감도가 높은 산업에 속한 기업들은 주식시장 전체에 대한 개별기업주식의 민감도인 베타가 높기 때문에 경기침체시 손실은 크지만 경기상승시 수익도 크다. 중요한 것은 투자의 기대수익률이 투자위험을 정당하게 보상하느냐하는 것이다.

2) 산업의 경쟁구조분석

산업의 경쟁적 구조를 결정하는 중요한 요인으로 진입장벽(entry barriers), 제품의 대체성(substitutability), 기존업체간의 경쟁도(rivalry between existing competitors), 구매자와의 교섭능력(bargaining power with buyers), 납품업자와의 교섭능력(bargaining power with suppliers)등이 있다.

(1) 진입장벽

새로운 기업이 해당 산업에 진출할 수 있는 난이도를 측정하기 위한 것으로 많은 설비투자자금이 필요하거나 R&D 비용이 많이 드는 첨단기술산업,

규모의 경제(economy of scale)가 높아 진입시 높은 비용이 필요한 산업, 기존의 판매망이 견고한 기업으로 구축된 산업, 시장진입시 정부의 규제가 높은 산업 등이 이에 속한다.

산업별로 보면 자동차, 조선, 철강, 시멘트, 신소재 및 컴퓨터 관련 하이테크 산업 등이 설비투자와 첨단기술적 측면에서 진입장벽이 높으며, 화장품, 주류업체, 제약업체 등은 기존의 견고한 판매망과 소비자 유통경로를 장악하고 있어 진입하기 어렵고, 전력 및 통신 등의 국가기간산업체, 금융업 등은 정부의 규제로 인하여 새로운 기업이 진출하기 힘들다.

(2) 상품의 대체성

상품의 대체성이 높을 때에는 경기의 변화와 소비자의 기호에 따라 수익의 고 · 저가 달리 나타나므로 기업의 수익성에 대한 안정성이 저하된다. 대체성이 높은 상품이란 동일한 기능을 수행하는 상품의 종류가 다양하여 경쟁력이 높을 때 가격을 통한 수요의 조절이 용이한 것을 지칭한다. 가령 기존에 생산하고 있던 586 컴퓨터에 새로운 기능을 첨가하여 보다 낮은 가격으로 공급할 때 소비자의 제품 대체가능성은 매우 높을 것이다.

(3) 기존업체 간의 경쟁도

동일한 산업 내에서 경쟁도는 산업 내의 경쟁업체의 수, 상대적 시장점유율(시장집중도), 산업의 성장도, 제품 차별화의 정도, 고정비용의 크기, 가격인하의 가능성 등의 요인에 의하여 비교할 수 있다. 제품에 대하여 소비자로부터 뚜렷한 신뢰를 얻지 못하는 기업이 많거나 성장속도가 완만한 산업특성을 가진 기업들이 가격인하를 통하여 치열한 시장점유율 경쟁을 벌일 경우에는 기업의 경영자산을 고갈시킬 가능성이 높다.

(4) 구매자와의 교섭능력

기업의 수익성은 구매자와의 교섭능력에 의하여 영향을 받는다. 특히구매자의 구입비중이 높거나 현존 구매자에서 다른 구매자로 이전하는 전환비용

(switching cost)이 높을 때 구매자는 구매교섭 능력이 높아지므로 기업에게 불리한 거래조건을 제시하여 수익성의 하락을 초래할 수 있다. 구매자의 교섭력은 구매자 간에 의사전달과정이 통합화될 때 집단적인 교섭력을 갖추게 되어 기업에게 가격, 제품의 질, 리베이트 등에 관한 막대한 영향력을 행사하게 된다.

(5) 납품업자와의 교섭능력

대부분의 기업이 원자재나 반가공품을 납품받아 완재품을 만들 때 원자재의 납품업체가 독점적이거나 기업의 청구물량이 소규모일 때에는 납품업자의 거래조건을 따를 수밖에 없다. 특히 납품업자가 제공하는 원자재의 대체성이 떨어질 때에는 납품업자는 유리한 조건을 제시하게 되므로 기업의 수익성에 막대한 영향을 미치게 된다.

3) 제품수명주기

일반적으로 제품의 수명주기(product life cycle)는 개발 초기, 성장기, 절정기, 후퇴기로 나누어 볼 수 있다. 제품의 각 주기에 따라 기업 내의 수익성, 경쟁력, 위험도 등이 다르게 영향을 받기 때문에 기업이 생산하고 있는 제품이 수명주기의 어느 단계인가를 알아야 한다.

개발 초기는 신제품이 시장에 소개되는 시기이므로 제품의 가격과 이윤율이 높음에도 불구하고 제품 광고비의 과다한 지출 및 판매량의 부진, 그리고 높은 개발비 등으로 기업의 위험이 높다. 제품에 대한 수요가 점점 증가함에 따라 시장 규모가 확대되고 제조원가가 하락하여 기업의 이윤율이 증가하는 성장기에 접어들면 기업의 위험이 현격하게 줄어든다. 높은 수익성으로 인하여 새로운 기업이 시장에 진입하기 시작하고 수요가 포화상태로 접어들면 가격의 인하를 통한 경쟁이 시작되는 절정기이므로 경쟁력이 약한 기업은 산업에서 도태되는 위험한 시기이다. 이 시기를 지나면 판매량이 급격히 줄어들고 이윤이 하락하며 기존의 제품은 시대에 뒤떨어진 상품으로 전락하는 쇠퇴기가 된다.

산업의 분석에 있어서 그 산업의 주종을 이루는 제품이 어느 단계에 있는가를 제품의 수명주기를 통하여 분석할 수 있지만, 제품의 수명시기는 기업들의 경영전략과 변화에 대한 대처능력에 따라 다르게 나타나므로 시장 전반에 대한 명확한 분석이 불가능한 단점을 가지고 있다.

4) 산업간 연관분석

산업은 상호 독립적인 것이 아니라 상호 보완적이다. 가령 국내의 건설경기가 좋을 때 건설업뿐만 아니라 건설과 관련 있는 재료를 공급하는 철강, 비금속, 목재, 시멘트, 화학 등 여러 산업이 동시에 혜택을 누린다. 건설업의 호황으로 인한 간접적인 파급효과까지 고려하면 산업 간에는 정도의 차이는 있을지라도 상호관련성을 가지고 있다는 것을 부인할 수 없다.

산업 간의 상호보완성을 이용하여 하나의 산업이 타 산업에 미치는 순환과정을 체계적으로 분석하는 것을 산업연관분석이라고 한다. 산업연관분석은 재화와 용역의 거래를 기록한 산업연관표로부터 각종 경제구조, 최종수요의 파급효과, 가격변수의 파급효과를 분석한 것이다. [표 8-4]는 한국은행에서 발표하는 산업연관표의 실례이다. 산업연관표는 과거5년 주기로 작성했으나, 최근에는 경제구조를 신속하게 판단하기 위해 매년 작성 발표하고 있다.

[표 8-4]에서 가격파급효과는 운수 · 보관 · 통신 등의 가격상승이 각 산업에 미치는 가격파급효과를 나타낸 것이며 생산파급효과는 정부가 수행하는 서비스 생산활동이 각 산업의 생산활동에 미치는 파급효과이다.

예를 들어 우편요금 및 운송비용이 10% 상승할 때 각 산업에 미치는 가격상승효과는 10%에 [표 8-4]의 가격파급효과 계수를 곱하여 구할 수 있다. 가장 파급효과가 높은 산업은 비금속광물 산업으로 0.75%의 비용상승이 유발되며 가장 낮은 산업은 농림 · 수산업으로 0.13%의 가격상승이 기대된다. 이와 마찬가지로 정부가 사회간접자본(SOC: social overhead capital)을 10조원 증액할 때 각 산업의 생산활동에 미치는 효과도 알 수 있다. 사회간접자본의

표 8-4 **산업연관표의 실례**

업 종	가격파급효과	생산파급효과
농 수 산 품	0.013018	0.020596
광 산 품	0.023899	0.017656
식 품	0.027523	0.023305
섬 유	0.036344	0.006638
제 지 · 목 재	0.033133	0.004687
종 이 · 인 쇄	0.051049	0.029042
석 유 · 화 학	0.030955	0.127228
비 금 속	0.075096	0.011992
금 속 1 차	0.047225	0.048034
금 속 제 품 기 계	0.043344	0.090858
기 타 제 조 업	0.045424	0.002293
건 설	0.063343	0.074197
전력 · 가스 · 수도	0.025566	0.030532
상 업	0.069540	0.040267
금융 · 보험 · 부동산	0.027437	0.024157

자료 : 한국은행, 산업연관표

확충으로 가장 혜택을 많이 받는 산업은 석유 · 화학제품으로 10조원에 생산유발계수 0.127228을 곱하면 1조 2,722억원의 생산증가 파급효과가 발생하며, 섬유 및 가죽제품은 663억원으로 가장 낮다.

산업연관표를 이용하여 증권의 투자분석에 적용할 수 있다. 어떤 산업이나 정부의 활동과 관련하여 향후 가장 많은 양의 파급효과가 예상되는 산업에 속하는 증권을 상대적으로 높은 비율로 매입하고 반대로 음의 영향을 받을 경우에는 매도비율을 높인다. 산업연관표는 경제활동과 관련된 산업 간의 관계를 체계적으로 분석한 것이므로 산업의 분석에 다른 방법과 병용하면 효과를 높일 수 있다.

3 기업분석

경제분석과 산업분석을 수행한 이후에 증권을 발행한 기업을 최종적으로 분석하여 가장 유망한 기업을 선별하게 된다. 기업분석에는 재무제표를 통하여 계량적으로 분석하는 재무제표분석과 업계에서의 경쟁적 지위, 성장잠재력 및 제품의 구성, 경영진의 평가, 노사관계 등을 분석하는 질적분석이 있다.

재무제표분석은 객관화된 자료를 바탕으로 기업의 안정성, 수익성, 성장성, 활동성 등을 분석하는 가장 일반화된 방법인데 반하여 질적 분석은 분석자의 주관적 관점에 따라 결과가 다르게 나올 수 있다는 단점을 가지고 있다. 그러나 증권분석사들은 이 두 방법을 상호보완적으로 이용하여 분석의 효율성을 높이고 있다.

재무제표를 이용하여 재무분석과 기업의 내재가치를 반영하여 이론적 주가를 제공하는 인터넷사이트와 포트폴리오를 구성하여 주는 인터넷사이트가 많으므로 각 증권사와 주식 관련 포함 정보제공회사를 참조하는 편이 좋다.

1) 재무제표분석

(1) 의의와 목적

재무제표분석(financial statements analysis)은 기업이 기업경영에 필요한 세 가지의 중요한 의사결정을 어떻게 효율적으로 수행하고 있는가를 판별하는 자료를 제공하는 것이다. 효율적 경영에 필요한 의사결정은 자본의 효율적

표 8-5 기업분석 관련 인터넷사이트

사이트명	주소	주요 제공정보
각 증권사	홈페이지	기업분석, 기술적 분석, 산업분석 등
한국증권선물거래소	www.krx.co.kr	상장기업의 재무비율, 공시자료 등
야후!코리아	kr.stock.yahoo.com	기업분석

조달과 적정 규모를 결정하는 자본조달의사결정(financing decision), 조달된 자본을 적정하게 배분하고 운영하는 투자의사결정(investment decision), 그리고 기업경영을 통하여 창출된 이익을 어떻게 분배할 것인가를 결정하는 배당의사결정(dividends decision)이 있다. 재무제표분석은 이와 같은 의사결정을 효율적으로 수행할 수 있도록 취약점을 보완하고 우수한 부분은 계속 발전시키는 데 목적이 있으며 이를 투자자에게 알려 기업경영의 투명성을 제고시킨다. 다시 말하면 재무제표분석의 목적은 기업의 외부관계자에게 기업의 영업실적이나 재무상태 등 경영실체에 대한 재무상태와 경영성적에 관련된 각종 재무적 정보를 제공하는 것이다.

증권의 투자자는 재무제표상에 나타난 객관적 자료를 근거로 재무비율을 분석함으로써 기업의 안정성, 성장성, 수익성, 활동성, 시장가치 등 투자 의사결정에 유용한 자료를 얻고자 한다.

(2) 재무제표

우리가 하루를 마감하면서 그날의 일들을 돌이켜보고 잘못된 일은 반성하여 더 나은 내일을 위하여 일기(日記)를 쓰듯이 기업도 일정기간마다 기업의 상태를 점검하고 잘못된 것은 고쳐나가야 할 것이다.

이처럼 기업도 현재 회사의 모든 상태를 정확히 표시하고 기업의 지난 활동을 돌이켜 보는 의미에서 기업의 모든 상황을 작성하는데 이를 재무제표(financial statements)라고 한다. 즉, 재무제표는 기업의 경영성적과 재정상태를 이해관계자에게 보고하기 위한 수단으로 작성하는 여러 가지 서류이다. 단, 우리가 쓰는 일기는 말 그대로 매일 기록하는 것을 원칙으로 하지만 기업에서 작성하는 재무제표는 1년(회계기간)마다 작성하는 것을 원칙으로 한다. 그 외 6개월마다 작성하는 것을 반기(半期) 재무제표, 3개월마다 작성하는 것을 분기(分期) 재무제표라고 한다. 기본적인 재무제표에는 재무상태표(balance sheet), 포괄손익계산서(income sheet), 이익잉여금처분계산서(statement of retained earning), 현금흐름표(statement of cash flow) 등이 있다.

재무제표에 대한 기본적인 이해를 하게 되면, 기업의 현재상황이나 미래를 분석하는 데 많은 도움을 얻을 수 있으므로 여기서는 재무제표에 대한 필요한 기본적인 사항들을 알아보기로 하자.

(3) 재무제표의 종류

가. 재무상태표

재무상태표는 어느 일정시점(결산일)의 기업 재무상태를 일목요연하게 볼 수 있도록 요약한 표이다. 재무상태표는 크게 자산, 부채, 자본으로 구성되며 [표 8-6]의 재무상태표 왼쪽을 차변(debit)이라고 하며 재무상태표 작성일 현재까지의 기업보유 자산을 기록하고, 표의 오른쪽을 대변(credit)이라고 하며 기업의 부채와 자기자본을 열거한다.

재무상태상의 자산항목은 유동성이 빠른 순서로 유동자산(당좌자산, 재고자산), 비유동자산(투자자산, 유형자산, 무형자산)의 순으로 기록한다. 유동자산은 현금, 유가증권, 매출채권, 미수금 등의 당좌자산과 상품 및 제품, 원자재 등의 재고자산으로 이루어지며, 비유동자산은 장기금융상품, 투자유가증권 등의 투자자산과 토지, 건물 등의 유형자산 그리고 영업권 등의 무형자산으로 이루어진다.

부채는 타인자본 또는 채권자 지분이라고도 하는데, 크게 유동부채 및 비유동부채로 이루어진다. 자본은 자기자본, 순자본 또는 소유주 지분이라고도 하며, 자본금, 자본잉여금 및 이익잉여금으로 이루어진다. 자본잉여금은 영업활동이 아닌 자본거래에서 발생한 이익으로 신주의 발행가액이 액면가보다 높을 때 발생하는 주식발행초과금이나 부동산 등 자산의 취득가액을 시가로 평가한 후의 금액인 자산재평가적립금 등이 대표적이다. 이익잉여금은 회사의 정상적인 영업활동으로 인해 발생한 이익으로, 주주총회의 결의에 따라 회사 내에 유보되는 사내유보금(유보이익)과 주주에게 배분되는 배당금으로 구분된다.

표 8-6 재무상태표

자 산	부 채
유동자산 :	유동부채 :
당좌자산	매입채무
현금 및 현금성자산	단기차입금
단기금융상품	미지급법인세
유가증권	미지급배당금
매출채권	유동성 장기부채
단기대여금	
재고자산	비유동부채 :
비유동자산 :	사 채
투자자산	장기차입금
장기금융상품	장기성 매입채무
투자유가증권	이연법인세대
장기대여금	
유형자산	**자 본**
토 지	자 본 금:
건 물	자본잉여금:
구 축 물	주식발행초과금
기계장치	감자차익
무형자산	기타자본잉여금
영업권	이익잉여금 :
산업재산권	자본조정 :
광업권	주식할인발행차금
어업권	배당건설이자
창업비	자기주식
개발비	
자산총계	부채와 자본총계

나. 포괄손익계산서

포괄손익계산서(income statement)는 일정 회계기간 동안의 경영성과를 나타낸 표이며 수익과 비용으로 대별된다. 수익은 매출액, 영업외수익, 특별이익으로 구분되며 비용은 매출원가, 판매비 및 일반관리비, 영업외비용, 특별손실로 구분된다. 포괄손익계산서의 간단한 형태는 [표 8-7]과 같다.

표 8-7 **포괄손익계산서**

I. 매출액	×××
II. 매출원가	×××
III. 매출총이익	×××
IV. 판매비와 일반관리비	×××
V. 영업이익	×××
VI. 영업외수익	×××
VII. 영업외비용	×××
VIII. 경상이익	×××
IX. 특별이익	×××
X. 특별손실	×××
XI. 법인세차감전 순이익	×××
XII. 법인세	×××
XIII .당기순이익	×××

매출액은 제품의 판매로부터 발생한 총액을 의미하며 영업외수익은 매출액 이외의 수익으로 회계연도 기간 동안 적어도 한 번 이상 반복적으로 발생하는 수익을 말한다. 회계연도 기간 동안 한 번 이상 경상적으로 발생하지 않는 이익이 특별이익이며 고정자산이나 투자자산의 처분손실, 고정부채의 상환손실, 재해손실 등은 특별손실로 처리된다.

다. 이익잉여금처분계산서

이익잉여금처분계산서(statement of retained earning)는 내부유보금현황표라고도 하며, 회계기간 동안에 보통주(common stock)계정의 변화가 기록되는 재무제표이다. 즉, 기업의 당기순이익에서 배당을 지급하고 남은 부분을 사내에 유보하여 축적한 것을 처분이익잉여금과 미처분이익잉여금으로 구분하여 기록한다. 내부유보금은 자산에 대한 청구권의 성격을 가지고 있으며 주로 기업확장시 필요한 자금으로 충당된다.

라. 현금흐름표

현금흐름표(statement of cash flow)는 일정기간 동안 기업자금의 조달원천과 자금의 사용처에 대한 현금운용을 명확하게 보여주기 위하여 당해 회계기간 중 현금의 변동상태를 기록한 보고서이다. 기업의 영업활동과 정을 보면 기업의 현금유입과 유출로 표현할 수 있으므로 현금흐름분석표를 통하여 기업의 현금유입 및 현금유출상황을 파악함으로써 현금의 창출 능력과 투자결정 및 자금조달방안 수립에 관한 정보를 얻을 수 있다. 따라서 현금흐름표는 다음의 세 가지 질문에 대한 중요한 자료를 제공한다.

① 회계연도 동안 회사는 필요한 자금을 어떤 통로를 통하여 조달하였는가?
② 조달한 자금을 어떻게 사용하였는가?
③ 회계연도 동안 회사운영은 순운전자본의 변화에 의하여 측정된 유동성을 증가 혹은 감소시켰는가?

(4) 재무제표의 이해

여기서는 기업에서 재무제표가 어떻게 작성되는가를 재무상태표와 포괄손익계산서를 중심으로 간략히 살펴보고 아울러 재무상태표와 포괄손익계산서상의 각 항목들의 연관성에 대해서도 알아보자.

가. 재무상태표의 작성

재무상태표는 일정시점의 회사의 자산, 부채(타인자본), 자본(자기자본)의 상태를 나타낸다. 즉, 기업의 입장에서 자기의 순재산이 얼마인지를 나타내므로 재산상태표라고 할 수 있다.

예를 들어, 홍길동씨는 다니던 직장을 그만두고 2005년 1월에 도서 대여점을 내기로 하였다. 우선 가게는 보증금 5,000만원을 주고 임차하고, 빌려줄 도서를 1,000만원 어치 구입하였다. 그러므로 가게를 시작하는 데 소요된 총 금액은 6,000만원이다. 이 돈은 퇴직금으로 받은 돈 4,000만원과 은행에서 빌린 돈 2,000만원(대출이자율: 연 5%)으로 조달하였다. 개업시의 기본적

표 8-8 **도서 대여점 B/S(2005년 초)**

과목	금액	과목	금액
자 산	50,000,000	부 채	
보증금	10,000,000	은행차입금	20,000,000
대여용 도서		부채총계	20,000,000
		자 본	
		자 본 금	40,000,000
		자본잉여금	0
		이익잉여금	0
		자본총계	40,000,000
자산총계	60,000,000	부채 및 자본총계	60,000,000

홍길동씨 도서 대여점의 자산, 부채, 자본은 각각 [표 8-8]과 같다.

나. 재무상태표와 포괄손익계산서

포괄손익계산서는 일정기간(회계기간) 동안의 기업의 경영성과를 계수적으로 나타내는 표이다. 즉, 다시 말해서 포괄손익계산서는 이익이 생기게 되는 과정을 해당 기간 동안 발생된 수익과, 수익을 얻기 위해서 발생된 비용을 체계적으로 대응시킴으로써 파악할 수 있도록 하여 주는 표이다. 따라서 포괄손익계산서는 총수익과 총비용을 합계로써 표시하는 것이 아니라, 수익과 비용의 특성별로 구분하여 각각의 세부적인 내용이 무엇인지를 보여주고 있는 것이다.

일반적으로 회계기간 동안의 총수익이 총비용보다 많으면 당기순이익, 총비용이 더 많으면 당기순손실이 발생하게 되지만, 정상적인 경우라면 당기순이익이 발생하는 것이 일반적일 것이다.

예를 들어, 어느 기업이 1년 동안 회사를 경영하고 결산시점에 포괄손익계산서를 작성해 본 결과 당기순이익이 발생하였고, 이 중 20%를 주주들에게 배당으로 지급하고 나머지를 다음의 투자를 위하여 회사 내에 남겨두기로 했다고 하자. 여기서 배당이 가능한 배당가능액은 이익잉여금 전부가 되지만, 실제로 이익의 전부를 배당하는 기업은 거의 없으며, 또한 채권자에게 지급하는 약정이자와는 달리 주주에 대한 배당은 회사 사정에 따라 하지 않을 수도 있다. 이 예에서는 이익의 20%를 배당으로 지급하기로 했으므로 나머지 80%가 사내유보금(유보이익)이 된다. 이 사내유보금은 재무상태표의 자본(자기자본) 중 이익잉여금 항목에 적립시켜 두게 된다. 이러한 관계는 [그림 8–4]에 잘 나타나 있다.

만약 앞의 [표 8–8]에 나타나 있는 홍길동씨의 도서 대여점의 예에서, 홍길동씨가 2005년 1년 동안 열심히 가게를 운영하여 2005년 한 해 동안 수익이 1,000만원 발생하였고, 비용으로 은행차입금 2,000만원에 대한 이자를 전액 현금으로 지급하였으며, 그 외 다른 항목은 변동사항이 전혀 없다고 가정하자. 홍길동씨는 2005년 당기순이익 전부를 다음 해의 가게 확장을 위하여

그림 8-4 재무상태표와 포괄손익계산서

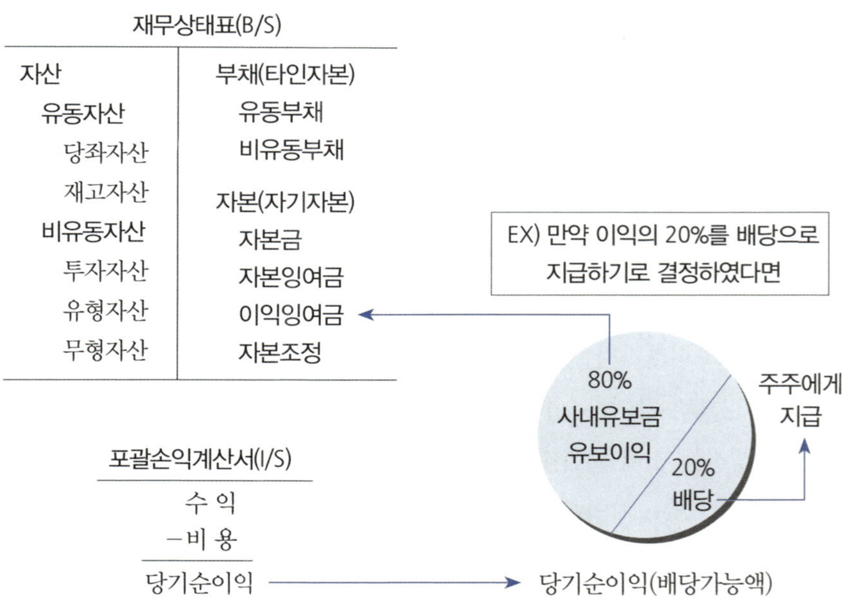

표 8-9 도서 대여점 B/S(2005년 말)

과목	금액	과목	금액
자 산		부 채	
현금 · 예금	9,000,000	은행차입금	20,000,000
보증금	50,000,000	부채총계	20,000,000
대여용 도서	50,000,000		
		자 본	
		자 본 금	40,000,000
		자본잉여금	0
		이익잉여금	9,000,000
		자본총계	50,000,000
자산총계	69,000,000	부채 및 자본총계	69,000,000

가게 명의로 은행에 예금해 두었다고 할 때, 2005년 말 홍길동씨 도서 대여점의 재무상태표는 [표 8-9]와 같다.

(5) 재무비율분석(financial ratios analysis)

재무비율은 재무제표를 이용하여 각 항목별 혹은 계정들 간의 관계를 보여주며, 이는 기업의 경영상태를 분석하는데 사용되고 기업의 현재상태를 평가한다.

그러나 재무비율은 하나의 기업만을 대상으로 평가하는 것보다 산업의 평균과 비교하여 분석하고 있다. 투자자를 위하여 증권회사는 분기별로 「상장기업(재무)분석」을 비치하여 고객이 원하는 기업의 주요 재무비율을 제공하고 있다. 한편 본장 뒷부분에서는 금융감독원의 전자공시시스템에서 기업의 재무정보를 구하는 방법을 부록으로 삽입해 두었다.

재무비율 분석을 통해 기업에 대한 정보를 얻기 위해서는 우선 각 재무비율을 구하는 목적이 무엇인지를 파악하는 것이 중요하다. 재무비율은 분석의 목적에 따라 여러 가지로 분류할 수 있으나, 기본적인 성격에 따라 분류하면 다음의 [표 8-10]과 같다.

표 8-10 재무비율의 분류

단기지급능력을 나타내는 유동성비율 장기지급능력을 나타내는 부채관련비율 자산의 활용도를 나타내는 자산관리비율 수익성을 나타내는 수익성비율 시장가치를 나타내는 주가관련비율

이제 각 목적에 해당하는 대표적인 재무비율들의 계산방법과 각 비율의 재무비율의 높고 낮음이 갖는 의미가 무엇인지를 살펴보기로 한다. 아울러 이해를 돕기 위해 실제 기업의 사례를 통해 여러 재무비율들을 계산해 보기

표 8-11 현대자동차의 요약 재무상태표

(2003년 12월 31일 현재 기준)

내역	금액(단위:10억 원)	내역	금액(단위:10억 원)
유동자산	8,335.8	유동부채	7,409.1
당좌자산	7,016.8	매입채무	3,318.7
현금성자산	1,442.5	단기차입금	628.7
매출채권	1,491.3	미지급금	935.0
기타당조자산	4,083.0	기타유동부채	2,526.7
재고자산	1,319.0		
비유동자산*	15,914.3	비유동부채*	4,343.1
투자자산	6,490.0	회사채	1,010.0
유형자산	8,475.8	장기차입금	24.6
무형자산	948.5	기타고정부채	3,308.5
		자기자본	12,497.9
		자본금	1,478.6
		자본잉여금	5,384.3
		이익잉여금	5,170.1
		(자본조정)	464.9
자산총계	24,250.1	부채 및 자본총계	24,250.1

자료 : 금융감독원

로 한다. [표 8-11]과 [표 8-12]에 현대자동차의 요약 재무상태표와 요약포괄손익계산서이다.

가. 단기지급능력을 나타내는 유동성비율

유동성비율은 재무상태표의 유동자산과 부채비율을 이용하여 구한다. 이 비율은 1년 이내에 현금화할 수 있는 유동자산으로 1년 이내에 상환해야 하는 유동부채를 어느 정도 갚을 수 있는가를 나타낸다. 즉, 이 비율은 단기 지급능력을 측정하는 비율이다.

① 유동비율

유동비율(current ratio)은 유동자산을 유동부채로 나누어 측정하며, 보통 배수로 표시한다.

표 8-12 현대자동차의 요약 포괄손익계산서

(2003년 1월 1일~2003년 12월 31일)

내 역	금액(단위: 10억 원)
매출액	24,967.2
매출원가*	18,248.5
매출총이익	6,718.7
판매비와 일반관리비*	4,482.9
영업이익	2,235.8
영업외수익	919.2
영업외비용(이자비용)	807.6(210.8)
경상이익	2,347.4
특별이익	0
특별손실	0
법인세차감전순이익	2,347.4
법인세	598.0
당기순이익	1,749.4
주당순이익(EPS) 발행주식수=약2.75억 주	6,355원

※매출원가와 판매 및 일반관리비는 786.2(단위: 10억원)원임.
자료 : 금융감독원

$$유동비율 = \frac{유동자산}{유동부채} (배)$$

현대자동차의 유동비율 = 8,335.8 / 7,409.1 = 1.13배

유동비율은 은행대출시에 채무자의 변제능력을 판단하는 자료로 많이이용되므로 은행가비율(banker's ratio)이라고도 한다. 일반적으로 이 비율은 1배 이상이어야 한다. 만약 1배 미만이라면 유동부채가 유동자산보다 더 많아 기업이 곧 지급불능상황에 처할 수 있음을 나타낸다.

그러나 유동비율이 높다고 반드시 좋은 것은 아니다. 똑같이 유동비율이 높아지는 경우라 하더라도 어떤 기업은 현금성 유동자산이 증가한 것이 그 이유일 수 있다. 그러나 또 다른 어떤 기업은 판매부진으로 인해 재고 및 원자재가 증가하였거나 혹은 다량의 미수금이 발생하여 유동비율이 높아질 수도 있기 때문이다. 또한 높은 유동비율은 기업이 보유하고 있는 자산의 유동성이 필요 이상으로 높아 다른 곳에 투자하여 얻을 수익의 일부를 상실하는 것으로 해석된다. 따라서 유동비율을 적절하게 유지하는 것이 필요하다. 또한 유동비율은 산업별로 차이가 날 수 있고, 기업별로도 특성상 차이가 날 수 있기 때문에 시간에 따른 변동추세나 다른 기업과의 비교분석 등을 통해 상대적으로 해석해야 한다.

② 당좌비율

당좌비율(quick ratio)은 다음과 같이 측정되며, 보통 배수로 표시한다.

$$당좌비율 = \frac{유동자산 - 재고자산}{유동부채} = \frac{당좌자산}{유동부채} (배)$$

현대자동차의 당좌비율 = (8,335.8 − 1,319.0) / 7,409.1 = 0.95배

당좌비율은 산성시험처럼 곧바로 쉽게 유동성을 측정할 수 있다는 점에서 산성시험비율(acid test ratio)이라고도 한다. 이 비율은 유동자산 중에서 유동

성이 떨어지는 재고자산을 제외한 유동자산으로 단기의 유동부채를 어느 정도 상환할 수 있는가를 나타낸다.

재고자산은 유동자산에 포함되어 있지만 생산, 판매활동을 통하여 현금화될 수 있기 때문에 환금성이 떨어진다. 또한 판매 이전에 이미 상품이 진부해져 버리거나 훼손될 가능성도 높아 장부가격과 시장가격 간의 차이가 클 수 있다. 따라서 기업의 유동성을 평가하는 데 유동비율과 함께 당좌비율을 고려하는 것이 필요하다.

나. 장기지급능력을 나타내는 부채관련 비율

부채관련 비율은 기업의 장기부채에 대한 지급능력을 평가하는 비율이다.

① 부채비율

부채비율(debt ratio)은 타인자본과 자기자본 간의 관계를 나타내는 재무구조관계 지표로 보통 %로 표시한다.

$$\text{부채비율} = \frac{\text{총부채}}{\text{자기자본}} \times 100$$

$$\text{현대자동차의 부채비율} = (11,752.2/12,497.9) \times 100 = 94.0\%$$

부채비율은 일반적으로 100% 이하를 표준비율로 보고 있다. 채권자의 입장에서는 위험요인이므로 낮은 부채비율을 요구하지만 기업의 입장은 자본수익률이 이자율을 상회한다면 타인자본을 많이 이용하는 것이 유리하기 때문에 상호 상반적인 관계에 있다. 낮은 부채비율은 타인자본에 비하여 자기자본이 많으므로 위험이 높은 사업을 기피하는 경영을 하여 수익률을 저하시킬 수 있다. 따라서 대체로 성숙단계의 기업은 부채비율이 낮은 편이고 성장일로에 있는 기업은 타인자본을 많이 이용하여 부채비율이 높은 경향이 있다.

② 이자보상비율

이자보상비율(interest coverage ratio)은 다음과 같이 측정되며, 보통 배수로 표시한다. 부채비율이 재무상태표의 두 항목으로 측정된다면, 이자보상비율은 포괄손익계산서의 두 항목으로 측정된다.

$$\text{이자보상비율} = \frac{\text{영업이익}(EBIT)}{\text{이자}}\ (\text{배})$$

현대자동차의 이자보상비율 = 2,253.8/210.8 = 10.61배

이자보상비율은 1년 동안 기업이 영업활동으로 벌어들인 영업이익이 부채를 제공한 채권자에게 지급해야 할 이자의 몇 배에 해당하는가를 나타내므로 비율이 높을수록 이자감당 능력이 높음을 의미한다. 만약 이 비율이 1배보다 작으면 기업의 영업이익이 이자비용을 감당하지 못하므로 도산가능성이 커지게 된다. 반대로 부채비율이 높은 기업이라 하더라도 이자보상 비율이 충분히 높다면 높은 부채비율은 문제가 되지 않는다. 따라서 채권자는 부채비율과 더불어 이자보상비율을 함께 고려해야 한다.

다. 자산활용도를 나타내는 자산관리비율

자산관리비율은 기업의 매출을 달성하기 위해 얼마나 효율적으로 자산을 활용하고 있는가를 측정하는 지표로 활동성비율이라고도 한다. 일반적으로 매출액과 각 자산 항목들과의 관계를 비교하는 회전율로 측정된다. 회전율이 높다는 것은 자본의 이용도가 활발한 것으로 해석된다.

① 매출채권회전율

매출채권회전율(receivable turnover ratio)은 매출액이 매출채권의 몇 배인가를 나타내는 비율이다.

$$\text{매출채권회전율} = \frac{\text{매출액}}{\text{매출채권}}\ (\text{배})$$

현대자동차의 매출채권회전율 = 24,967.2/1,491.3 = 16.74배

매출채권회전율이 높다는 것은 매출액에 비해 매출채권(외상매출금과 받을어음)이 상대적으로 작다는 것을 의미한다. 따라서 이 비율이 높을수록 매출채권이 효율적으로 관리되고 있다고 할 수 있다.

매출채권회전율의 개념을 보다 더 쉽게 이해할 수 있도록 한 것이 평균 회수기간(ACP: average collection period)이다. 평균회수기간은 1년의 기간에 대하여 매출채권이 얼마 만에 회수되는가를 말하는 것으로 매출채권 회수기간이라고도 부른다.

$$\text{평균회수기간} = \frac{365\text{일}}{\text{매출채권회전율}} = \frac{\text{매출채권}}{\text{매출액}} \times 365\text{일}$$

$$\text{현대자동차의 평균회수기간} = 365\text{일}/16.74 = \text{약 } 22\text{일}$$

평균회수기간은 짧을수록 좋다고 할 수 있다. 그런데 실제로는 기업들이 현금관리정책에 맞추어 신용판매기간을 설정하고 있다. 이때 평균회수기간이 기업이 목표로 하고 있는 신용판매기간보다 짧아야 더 좋다고 할 수 있다.

② 재고자산회전율

재고자산회전율(inventories turnover ratio)은 재고자산이 당좌자산으로 변하는 속도를 나타내는 것으로 다음과 같이 측정되며 보통 배수로 표시된다.

$$\text{재고자산회전율} = \frac{\text{매출원가(또는 매출액)}}{\text{재고자산}}(\text{배})$$

$$\text{현대자동차의 재고자산회전율} = 18,248.5/1,319.0 = 13.84\text{배}$$

재고자산회전율은 매출원가(또는 매출액)가 재고자산의 몇 배인가를 나타낸다. 이 비율은 다른 회전율과는 달리 보통 매출원가를 기준으로 계산되는데, 그 이유는 재고자산이 보통 과거의 원가로 기록되기 때문이다. 이 비율이 높을수록 상품의 재고로 인한 손실을 줄일 수 있으므로 재고자산 관리를 효율적으로 하고 있다고 볼 수 있다. 그러나 재고를 적정수준으로 준비하지 못하여 새로운 주문에 응하지 못하는 경우에도 이 비율은 높게 나타나므로 해석에 유의하여야 한다.

재고자산회전율의 개념을 보다 더 쉽게 이해할 수 있도록 한 것이 재고기간이다. 재고기간은 다음과 같이 측정되며 보통 일로 표시한다.

$$\text{재고기간} = \frac{365\text{일}}{\text{재고자산회전율}} = \frac{\text{재고자산}}{\text{매출원가}} \times 365\text{일}$$

$$\text{현대자동차의 재고기간} = 365\text{일}/13.84 = \text{약 } 26\text{일}$$

재고기간은 재고자산이 제품이 되어 팔려 나가는 데 걸리는 기간을 말한다. 다시 말하면 재고자산이 창고에 쌓여 있는 기간을 의미하므로 재고기간이 짧을수록 더 좋다고 할 수 있다.

③ 총자산회전율

총자산회전율(assets turnover)은 기업이 보유한 총자산이 얼마나 효율적으로 관리되고 있는가를 나타내는 비율로 다음과 같이 측정된다.

$$\text{총자산회전율} = \frac{\text{매출액}}{\text{총자산}} \text{ (배)}$$

$$\text{현대자동차의 총자산회전율} = 24{,}967.2/24{,}250.1 = 1.03\text{배}$$

총자산이라는 것은 기업의 총투자금액이라고도 할 수 있으므로 이 비율은 기업이 자산에 투자하여 얼마나 매출을 달성하고 있는가를 나타낸다. 현대자동차의 총자산회전율이 1.03배라는 것은 1원을 자산에 투자하여 1.03원의 매출을 달성하고 있다는 것을 의미한다. 따라서 이 비율이 높을수록 자산운영의 효율성이 높으며, 이 비율이 낮으면 과다투자 혹은 비효율적 투자를 하고 있다는 것을 의미한다.

④ 고정비율

고정비율(fixed asset ratio)은 자기자본이 고정자산에 투입되는 정도를 측정하며 보통 %로 표시한다.

$$\text{고정비율} = \frac{\text{비유동자산}}{\text{자기자본}} \times 100(\%)$$

현대자동차의 고정비율 = 15,914.3/12,497.9 = 127.3%

고정비율은 기업자산의 고정화 위험을 측정하는 비율로서 자본배분의 효율성을 판단하는 대표적인 비율이다. 즉, 건물 및 토지 등 고정자산에 자기자본을 얼마나 많이 충당하였는가를 측정하는 것으로 유동비율과 함께 기업의 부채 상환능력을 판단하는 데 이용할 수 있다. 일반적으로 이 비율은 100% 이하를 양호한 상태로 보지만 산업에 따라 차이가 있다. 대체로 중공업 부문과 같이 기계설비가 많이 필요한 산업에서는 고정비율(fixed ratio)이 높게 나타나며 지적 재산이나 서비스가 많이 필요한 산업에서는 고정비율이 낮게 나타난다.

라. 수익성을 나타내는 수익성비율

일정기간 기업경영의 성과를 측정하고 자산이용의 효율성 및 이익창출능력 등에 대한 평가에 이용되며 당해 기업이 발행한 증권에 투자한 투자자금이 총자본이나 매출액 등에 대하여 어느 정도의 수익을 달성하고 있는 가를 분석하는 것이다.

① 매출액순이익률

매출액순이익률(return on sale)은 순이익을 매출액으로 나눈 값을 말하며 매출마진율(profit margin)이라고도 한다.

$$\text{매출액순이익률} = \frac{\text{순이익}}{\text{총자산}} \times 100(\%)$$

현대자동차의 매출액순이익률 = (1,749.4 / 24,967.2)×100 = 7.0%

이 비율은 기업의 전체적인 경영활동의 성과를 나타내는 것으로 영업활동과 재무활동의 결과를 모두 포괄한다. 즉, 이 비율은 순이익에 영향을 줄 수 있는 생산비용 및 판매비용 등의 영업비용, 그리고 자금조달비용과 같은 이자비용 등에 의해 영향을 받는다. 따라서 이 비율의 높고 낮음에 대해 평가할 때에는 이러한 요인들을 종합적으로 살펴보아야 한다. 특히 이 비율이 낮다고 해서 항상 나쁜 것만은 아니라는 점에 유의해야 한다. 가령 제품의 가격을 낮게 유지하는 기업은 매출마진율은 낮겠지만 이로 인해 매출이 증가하여 시장점유율이 커질 수 있기 때문이다.

② 총자산순이익률

총자산순이익률(ROA: Return on Asset)은 투자된 총자산에 대한 순이익의 정도를 측정하는 비율로 보통 %로 표시한다.

$$\text{총자산순이익률(ROA)} = \frac{\text{순이익}}{\text{총자산}} \times 100(\%)$$

현대자동차의 총자산순이익률 = (1,749.4/24,250.1)×100 = 7.2%

총자산순이익률은 보통주주에게 돌아갈 순이익과 총자본과의 비율을 측정하는 것으로 주주에게 해당되는 순이익은 영업이익에서 이자를 차감한 경상이익에서 법인세 납세후 이익인 당기순이익을 지칭한다. 이 비율의 변동요인을 분석하기 위하여 총자본이익률을 다음과 같이 나타낸다.

$$\text{순이익} = \frac{\text{순이익}}{\text{총자산}} \times \frac{\text{순이익}}{\text{매출액}} = \text{총자산회전율} \times \text{매출액순이익률}$$

수식의 우측편의 첫 항은 총자산에서 매출액이 차지하는 비율을 배수로 나타내는 총자산회전율이고, 둘째항은 매출액을 순이익으로 나눈 것이므로 매출액순이익률이다. 이를 이용하여 총자산순이익률의 높고 낮음에 대한 원인을 분석할 수 있다. 가령 A기업과 B기업의 총자산순이익률은 20%로 동일지만, A기업의 매출액순이익률이 B기업의 매출액순이익률보다 높다면 두 기업의 영업활동이 전혀 다르다는 것을 알 수 있다. A기업은 매출량보다 고부가가치를 가진 물품을 많이 판매하였고 B기업은 높은 마진보다는 박리다매(薄利多賣)하는 기업임을 알 수 있다. 이와 같이 자본이익률은 여러 가지 자본회전율과 결합하여 영업성과를 요인별로 분석하여 영업전략에 반영할 수 있다.

③ 자기자본순이익률

자기자본순이익률(ROE: Return on Equit)은 순이익의 자기자본에 대한 비율로 보통 %로 표시한다. 자기자본은 보통 총자산에서 부채를 뺀 순자산이므로 이 비율을 순자산비율이라고도 한다.

$$\text{자기자본순이익률(ROE)} = \frac{\text{순이익}}{\text{자기자본}} \times 100(\%)$$

현대자동차의 자기자본순이익률 = (1,749.4/12,497.9)×100 = 14.0%

이 비율은 주주들이 투자한 자본에 대해 어느 정도의 이익이 창출되는가를 나타낸다. 이 비율을 계산할 때 유의점은 우선주가 있는 경우에는 분자의 순이익에서 우선주에 대한 배당금액을 빼고, 분모의 자기자본에서는 우선주 가치만큼 빼야 한다.

자기자본순이익률은 주로 경영자, 주주, 투자자 등이 자기자본에 대한 이익의 정도를 검토하는 데 이용된다. 자기자본순이익률이 높은 것이 낮은 것보다 선호되는 것은 당연하지만 회계 장부상 이익을 바탕으로 하기 때문에 실제 시장에서의 투자수익률과 직접적으로 비교하기는 어렵다.

마. 시장가치를 나타내는 주가관련 비율

이는 기업의 시장가치와 장부가치를 비교함으로써 투자자의 입장에서 기업의 현재까지의 경영활동과 미래에 대한 전망을 나타내는 지표를 산출하는 데 목적이 있다. 만약 기업의 유동성, 자산관리, 부채관리 및 수익성 비율이 모두 양호하다면 시장가치비율은 일반적으로 높게 나타난다. 시장가치는 주로 증권시장에서 평가되는 증권의 시장가치를 기준으로 측정한다.

① 주가수익비율

주가수익비율(PER: Price Earnings Ratio)은 1단위의 이익에 대하여 투자자가 해당 기업의 주식에 몇 배를 지불할 의사가 있는가를 측정한다.

$$\text{주가수익비율(PER)} = \frac{\text{주당시장가격}}{\text{주당순이익}}\ \text{(배)}$$

$$\text{주당순이익(EPS)} = \frac{\text{우선주배당공제후순이익}}{\text{총발행주식수}}$$

현대자동차의 PER = 57,000원/6,355원 = 8.97배

현대자동차의 주가는 2005년 3월 16일 종가기준이다. 이 비율을 구할 때 어느 시점의 주가를 사용하는가에 따라 값이 크게 달라지므로 이 비율의 해석에 주의해야 한다. PER가 높다는 것은 벌어들이는 주당이익(EPS: Earning Per Share)에 대하여 많은 돈을 지급한다고 볼 수 있다. 현대자동차가 벌어들인 1원에 대하여 투자자는 8.97배의 대가를 주고 주식을 매입한다고 볼 수 있다.

주식의 가격은 PER와 주당이익을 곱하여 나온 것이며 이를 이용하여 주식의 가격을 예측하는 데 많이 이용하고 있다. 예를 들어 설명하여 보자. 지금부터 3개월 후의 현대자동차 주가를 예측하기 위해서는 3개월 후 현대자동차의 주당이익과 PER를 알아야 하는데 현재시점에서 미래의 PER를 알수가 없으므로 현재의 PER를 이용하거나 아니면 산업 평균 PER와 동일하다고 간주하고, 주당이익은 현재의 현대자동차 판매고 상태를 통하여 추정한다. 3개월 후의 현대자동차 PER가 현재와 동일하며 예상주당이익이 10,000원이라고 하면 3개월 후 현대자동차의 주가는 10,000×8.97=89,700원으로 추정된다.

PER는 미래의 주가를 예측하는 데 중요한 방법 중의 하나일 뿐만 아니라 저평가된 주식을 선별하는 데도 이용되고 있다. PER를 이용하여 투자대상 주식을 선별하는 방법은 외국인 투자자들이 한국의 증권시장에 투자하는 과정에서 외국인 투자자로부터 전수된 현재 가장 활성화된 투자기법이다. 주당이익 규모가 같은 동일업종에 속한 두 주식간의 PER가 다른 경우, 낮은 PER의 주식은 벌어들이는 이익에 비하여 주가가 저평가되어 있다는 것으로 해석할 수 있다. 따라서 향후 이 업종에 호재가 될 경제적 사건이 발생한다면 상

대적으로 저평가되어 있는 주식의 가격상승 폭이 다른 것에 비하여 높을 것으로 예상되므로 투자자들은 PER가 낮은 주식(저 PER 주식)을 매입하고 PER가 높은 주식(고 PER 주식)을 매도하는 전략을 취하게 될 것이다.

투자자는 현재의 주가보다는 미래의 주가에 관심을 가지고 있으므로 PER를 이용한 주가예측이나 투자 방법은 현재의 주당이익을 중시하는 개념이 아니라 미래의 이익 성장성에 바탕을 두는 개념이다. 따라서 각 기업이 가지고 있는 성장의 잠재성과 성장에 대한 경영진의 의지 등에 많은 관심을 가지고 PER를 분석하는 습관이 올바른 투자 방법이다.

PER는 세후 당기순이익으로 측정된 주당이익에 바탕을 두고 있기 때문에 실질적인 영업활동 이외로부터 얻는 소득도 포함된다. 예를 들면 소유하고 있는 유가증권의 매각으로부터 얻은 이익, 부동산을 매각하여 얻은 자산이득, 그리고 적립금을 헐어 얻는 이득 등이다. 기업은 정상적인 영업활동으로부터 이익을 얻을 수 없을 때 영업활동 이외의 기타소득으로부터 이익을 내며, 반대로 경상이득이 높을 경우에는 세금을 줄이기 위하여 부동산이나 유가증권의 취득, 보유중인 부실채권의 정리, 적립금의 증가, 감가상각의 회계방법 변경 등을 통하여 세전 당기이익을 적게 산정하는 경우가 종종 있다. 기업은 합법적인 방법 내에서 상황에 따라 이익을 가감하는 여러 방법을 이용하고 있으므로 세후 당기순익만을 가지고 기업의 경영상태를 파악한다는 것은 판단의 오류를 범할 우려가 있다. 따라서 세후 당기순익은 반드시 영업이익, 경상이익 등과 연계하여 분석하는 것이 중요하다.

일부 경제신문에서는 시세표에 각 주식의 PER를 발표하고 있으며 증권협회의 시장지에는 각 기업에 대한 평균 PER를 발표하고 있다.

② 시장 對 장부가치 비율

시장 대 장부가치 비율(MBR: Market to book value ratio)은 증권시장에서 평가된 주식가격과 장부상의 주식가격을 비교하는 것으로 다음과 같이 측정되며 보통 배수로 표시한다. 또한 시장가치는 주가를 나타내내므로 주가 대 장부가치 비율(PBR: Price to Book Value Ratio)이라고도 한다.

$$\text{PBR(또는 MBR)} = \frac{\text{주당시장가치}}{\text{주당장부가치}} \text{ (배)}$$

$$\text{주당장부가치} = \frac{\text{자기자본}}{\text{발해주식수}}$$

현대자동차의 주당장부가치 = 124,979억원/2.75억주 = 약 45,447원

현대자동차의 PBR = 57,000원/45,447원 = 1.25배

PBR은 1단위의 장부가격에 비하여 투자자가 해당 기업의 주식에 몇 배를 지급하고 있는가를 나타낸다. 또한 PBR은 PER와 마찬가지로 주식의 과대 혹은 과소 평가되었는지를 판단하는 데 이용된다. PBR이 높다는 것은 자본시장에서 투자자들이 이 기업에 대해 좋게 평가를 하고 있다는 것을 의미하기도 하지만 과대평가 되었을 가능성도 있다.

그러나 PBR은 장부가치를 기준으로 하여 계산하기 때문에 실제 자산가치를 제대로 반영하지 못할 수도 있다. 특히 브랜드나 특허권 같은 지적 재산을 많이 소유한 기업이나 네트워크 중심의 서비스 기업을 분석할 때 PBR의 유용성은 상대적으로 감소할 수밖에 없다.

(6) 재무비율분석의 한계

재무비율분석은 기업운영과 재무상태에 관한 많은 정보를 제공하며 재무제표를 통하여 객관적으로 타 기업의 운영상태와 비교할 수 있다는 점에서 그 의의를 살펴볼 수 있다. 그러나 재무비율분석은 상당한 주의와 판단을 요하는 몇 가지 내재적 한계점을 가지고 있다.

가. 비교자료의 구축문제

재무비율은 독자적으로 해석하는 것보다 산업평균치와 비교하여 양호상태와 불량상태를 판단한다. 대부분의 대기업은 여러 산업에 걸쳐 부서를 운영하므로 하나의 산업에 대하여 평균을 계산한다는 것은 현실적으로 문제점을 가지고 있다. 따라서 많은 기업들은 산업평균이 아닌 산업의 최고치를 기

준으로 정하는 경우가 많으며 기업의 목표가 높은 수준의 실적을 기대할 경우에는 더욱 그 경향이 높아진다. 이런 문제점을 보완하기 위하여 비교자료로서 산업평균은 물론 객관성을 확보할 수 있는 기준 체계표를 구축하여야 한다.

나. 비교자료의 왜곡문제

인플레이션이 높은 시기나 기업의 수익성이 계절적으로 다르게 나타나는 기업에서는 재무비율을 계산하는 기간에 따라 동일한 기업성과가 왜곡되는 경우가 발생한다. 이를 보완하기 위하여 일정기간 동안의 평균을 많이 이용하고 있다.

다. 결과해석의 문제

어떤 특정 재무비율이 좋다 나쁘다 하는 기준을 객관적으로 일반화하는 것은 상당히 어려운 문제이다. 가령 높은 자산회전율은 기업이 자산의 운영을 효율적으로 하고 있다는 해석도 가능하지만 이 기업은 충분한 자산을 매입할 여력이 없는 기업으로 평가될 수도 있다. 따라서 이런 문제점을 보완하기 위하여 각 비율에 따른 중요도를 달리 둠으로써 전반적인 평가를 하는 방법을 많이 이용한다.

라. 회계처리의 차이점

회계기준을 어떻게 하는가에 따라 비율은 다르게 나타난다. 가령 기업이 재고가치를 평가할 때 선입선출법(FIFO: First-In First-Out method)을 적용하느냐 아니면 후입선출법(LIFO: Last-In Last-Out method)을 적용하느냐에 따라 비율이 다르게 나타난다. 인플레이션이 높은 기간에는 선입선출법을 사용한 기업이 후입선출법을 사용한 기업보다 장부상으로 제조원가를 낮출 수 있으므로 수익률이 높게 나타나게 된다. 이와 같이 회계처리 방법에 따라 동일한 경영성과를 가진 기업의 재무비율이 달라지므로 분석에 오류를 범할 수 있다.

(7) 재무제표와 관련된 사항들

가. 분식회계

분식회계(粉飾會計: fraudulent reporting)란 기업이 회사의 실적을 좋게 보이기 위해 고의로 자산이나 이익 등을 크게 부풀려 회계장부를 조작하는 것을 말한다. 허위 매출을 기록한다든지 비용을 적게 계상하거나 누락시키는 등 기업 경영자가 결산 재무제표상의 수치를 고의로 왜곡시키는 것으로 분식결산이라고도 한다. 실현되지 않은 매출의 계상, 자산의 과대평가, 비용과 부채의 과소계상 등의 방법을 쓴다.

분식결산은 불황기에 회사의 신용도를 높여 주가를 유지시키고 자금조달을 용이하게 할 수 있다. 그러나 주주, 하도급업체, 채권자 등에 불이익을 줄 수 있다. 분식결산은 회사의 재무상태가 거짓으로 만들어지기 때문에 투자자나 채권자들의 판단을 흐리게 할 수 있어 엄격히 금지되고 있다.

나. 회계감사

회계감사란 공인회계사등 독립의 제3자가 타인이 작성한 회계기록을 검토하고 회계기록의 적부(適否) 또는 정부(正否)에 대하여 비판적인 의견을 제시하는 일로 분식결산을 막기 위해 회사는 감사를 둬야 하고 외부감사인인 공인회계사에게서 회계감사를 받도록 돼 있다. 또 회계감사보고서를 금융감독원이 다시 한 번 조사해 분식결산 여부를 밝혀내는 '감리'라는 장치도 두고 있다. 분식결산을 제대로 적발하지 못한 회계법인은 영업정지나 설립인가 취소 결정을 받을 수 있으며, 투자자나 채권자가 분식결산된 재무제표를 보고 투자한 후 손해를 본 경우에는 손해배상 청구소송을 할 수도 있다.

다. 집단소송제

같은 집단으로 묶을 수 있을 정도로 이해관계가 밀접한 다수의 피해자 중에서 그 집단을 대표하는 대표 당사자가 나와서 소송을 수행하고, 피해자 중에서 별도로 제외신고를 하지 않는 한 당연히 판결의 효력이 피해자 전체에 미치게 하는 집단구제(일괄구제) 제도이다. 이는 소비자들의 권익을 보호하고 기업의 투명성과 회계의 신뢰성을 고취시킨다는 장점이 있는 반면, 불필요한 재판이 많아짐에 따라 재판비용의 증가, 재판업무 지연 등이 단점으로 지적된다.

1938년부터 집단소송제를 실시하고 있는 미국에서 제기되었던 고엽제 소송, 자궁내피임기구소송, 유방성형소송, 석면소송, 자동차 관련 소송, 담배소송, 회계법인 어니스트 앤 영에 대한 분식결산책임소송 등이 집단소송의 형태로 제기된 대표적인 예들이다.

이와 비슷하지만 선정당사자 제도는 소송에서 이길 경우 재판을 받은 대표들만이 피해에 대해 구제를 받는 것으로, 판결의 직접적인 효력이 이해당사자 전체에 미치지 않는 점이 다르다. 국내의 경우 집단소송제가 도입되어 있지 않았기 때문에 월남전 참전자들의 고엽제 후유증에 대한 재판은 선정당사자 제도로 진행됐다.

정부는 우선 주식투자와 관련한 분야에서 집단소송제를 도입할 생각인데, 환경오염 등 모든 피해에 대해 집단소송제를 도입하면 기업에 큰 충격을 줄 수도 있으므로 단계적으로 도입하려고 하고 있다. 기업이 거짓말(허위 공시)을 하거나, 이익이 실제보다 많은 것처럼 회계장부를 꾸미는(분식회계) 경우가 있는데, 이것을 모르고 투자한 일반인들은 나중에 사실이 드러나면 주가가 떨어져 손해를 보게 되고 이때 주주들이 집단소송을 낼 수 있도록 하자는 것이다.

중요한 것은 피해를 본 사람들이 어떤 식으로든 보상받을 수 있어야 한다는 점인데, 그렇다고 별 문제가 없는데도 불구하고 재판을 걸어 기업을 힘들게 하면 나라 전체적으로 문제이므로 이를 막을 수 있는 보완장치도 마련되어야 할 것이다.

2) 질적 분석

질적 분석은 동일산업 내에서 각 기업이 차지하는 경쟁력의 정도와 성장잠재력 등을 재무제표상에 나타나지 않는 요소를 이용하여 분석하는 것이다.

타 기업과 경쟁력을 비교하는 측도로 많이 이용되는 것으로 경영진의 경영의지, 노 · 사간의 단합력, 정부의 특혜, 우수한 경험의 누적도, 경영 다각화의 정도, 신제품의 개발 및 특허권 등이 있으며, 성장잠재력은 자원을 효과적으로 배분하기 위한 장기계획이나 경영전략의 수립, 수요자의 기호를 충족하기 위한 제품의 다양성, 미래 주력산업으로 업종전환 가능성 등으로 평가된다.

제 9 장

기술적 분석

1. 기술적 분석의 의의
2. 기술적 분석을 이용한 매매시기 포착

증권투자 분석의 일반적 측정기준은 각 개별증권의 가치를 평가하여 저평가된 증권을 매입하고 고평가된 증권을 매도하는 증권 선별기준인 '선별능력'(selection ability)과 선택한 증권을 사고, 파는 시기를 판단하려는 '매매시점 포착능력'(market timing ability)으로 나눌 수 있다. 선별 능력은 제8장에서 다룬 기본적 분석에 바탕을 두고 증권의 내재가치를 발견하는 능력을 말하며 매매시기를 포착하는 능력은 주로 과거의 가격형태를 연구하여 미래의 가격 움직임을 예측하는 기술적 분석(technical analysis)에 의존한다.

기술적 분석은 주로 과거 가격에 대한 그래프 또는 차트를 작성하여 분석하므로 차트분석(chart analysis) 또는 그래프 분석(graphic analysis)이라고도 한다. 기술적 분석의 주된 목적은 과거의 증권가격의 움직임을 바탕으로 미래의 가격추세를 예측하고 시장 상승기에는 시장상승과 동반하여 움직이는 증권을 매입하고 시장 하락기에는 시장상승과 상반되거나 하락속도가 빠른 증권을 매도하여 상승시의 이득을 극대화시킴과 동시에 하락시에 손해를 극소화하려는 매매적정시기의 포착에 있다. 따라서 본장에서는 기술적 분석의 사용법을 파악하여 매매시점 포착에 효과를 배가시킬 수 있도록 하는 데 초점을 둔다.

표 9-1 기본적 분석과 기술적 분석

	기본적 분석	기술적 분석
이용	기업가치 분석을 통해 투자 유망한 업종 또는 종목 선정	과거 주가 추이 분석을 통해 적절한 투자시기 포착
분석지표	- 경기지표(성장률, 물가, 소비, 설비투자 등) - 재무제표(매출, 순이익 등) - 기타 투자지표(주당순이익, 주가수익비율, 주당 순자산비율 등)	- 거래량, 거래대금 등 증감 추이 - 고객예탁금 등 증시 주변 자금상황 - 주가의 추세분석(이동평균선, 이격도, 투자심리도 등)

자료 : 한국거래소, '시민을 위한 증권투자이야기', 2005.

1 기술적 분석의 의의

증권 관련 기사에 관심을 가지고 있거나 주식에 투자하는 대다수의 투자자는 증권사 영업장이나 신문기사란에서 과거의 주가움직임을 그래프로 표시한 것을 많이 접하여 왔고, 전문 투자자들은 이 그래프를 이용하여 주식투자에 응용하고 있다는 것을 경험적으로 알고 있다. 그러나 왜 과거의 주가가 미래의 주가 움직임을 예측하는 데 도움이 되며, 이를 어떻게 분석하고 있는가를 알고 있는 일반투자자는 그리 많지 않다. 과거의 주가와 거래량 등을 이용하여 투자시점을 파악하는 방법 중에 가장 보편화된 것이 기술적 분석(technical analysis)이다.

과거의 모든 공적인 정보가 그 당시의 주가에 완전히 반영되었다면 기술적 분석은 무용지물의 도구로 전락하게 되겠지만, 증권시장은 정보의 종류와 시장구조에 따라 가격에 반영되는데 일정한 시간을 요구하며 이는 상당한 기간 동안 주가와 거래량 등에 추세를 형성하므로 현재까지 많은 투자 분석가들이 기술적 분석을 이용하고 있다.

즉, 기술적 분석은 주가와 거래량이 상당한 기간 동안 동일한 추세를 유지하려는 속성을 가지고 있으므로 과거의 일정한 패턴이 미래에도 반복하여 나타날 것으로 가정하고, 과거의 주가행태를 체계적으로 분석함으로써 미래 주가 움직임을 예측하려는 투자 방법을 말한다.

2 기술적 분석을 이용한 매매시기 포착

전통적으로 기술적 분석은 도표나 그래프를 이용하여 과거주가의 등락추세를 분석하고 그래프를 패턴화하는 차트(chart)분석이 주류를 이루었다. 추세분석은 주식시장의 움직임에 일정한 흐름이 있으며 이를 이용하여 미래 주가의 향방을 알 수 있다는 다우(Charles Dow)에 의하여 도입된 것으로 지지선과 저항선(support and resistance), 그리고 추세선(trend line) 등을 기본 개념으로 하고 있다.

또한, 패턴분석은 과거주가의 움직임이 변화하기 시작하는 순간을 기점으로 주가 움직임을 정형화시켜 삼각형(triangle), 깃발형(flag), 머리와 어깨형(head and shoulder) 등의 패턴을 만들어 내는 것이다.

그러나 전산기술의 발달과 통신기기의 혁신으로 그래프와 차트에 바탕을 둔 기술적 분석이 보다 세밀하게 계량화되어 많은 종목을 동시에 분석할 수 있는 시스템으로 전환하고 있다. 따라서 현대에 와서 사용되는 기술적 분석은 컴퓨터 및 복잡한 통계 방법을 요구하게 되므로 점점 일반투자자로부터 멀어지는 경향이 있다. 이런 현상을 해소하기 위하여 일반투자자를 위한 기술적 분석 software들이 저렴한 가격에 판매되며 컴퓨터에 전문적 지식이 없는 투자자도 손쉽게 사용할 수 있도록 되어 있다. 그러나 기술적 분석의 종류별 의미를 알지 못하면 효과를 얻을 수 없으므로 기술적 분석의 종류와 그에 따른 매매시점을 분석하는 요령을 숙지할 필요가 있다.

1) 봉차트(캔들차트)

차트분석의 기본은 일정기간동안 주가움직임을 막대모양으로 나타낸 봉차트(캔들차트)를 이해하는 것이다. 봉차트는 몸통과 꼬리로 구분한다. 몸통은 시가와 종가의 변동의 크기가 길이를 결정한다. 시가보다 주가가 오르거나 시가보다 종가가 높을 경우 빨간색의 양봉으로 나타나고 시가보다 주가가 떨어지거나 시가보다 종가가 낮을 경우 파란색의 음봉으로 나타난다. 꼬리는 주가의 등락에 의해 나타난다. 위 꼬리는 당일 고가를 아래 꼬리는 당일 저가의 크기를 보여준다. 투자자는 봉차트를 통해서 거래시 투자추세나 최대 변동폭을 알 수 있다. 몸통의 길이와 모양 그리고 여러 패턴을 통해서 시장의 전망을 예측해 볼 수 있다.

봉차트(캔들차트)

그림 9-1 주식차트

2) 필터기법

필터기법(filter rule)은 과거의 정보가 주가에 완전히 반영되지 않아 주가의 움직임은 과거의 주가 형태에 따라 일정한 추세를 가지고 움직이게 되므로 전체의 방향을 예측할 수 있다는 다우(Dow) 이론에 근거를 둔 적극적 투자방법이다. 즉, 시장은 약형의 효율적 시장을 만족하지 못하므로 과거의 주가 형태 그 자체가 하나의 중요한 투자정보로 가치가 있다고 믿는다. 이런 종류의 시장에서는 주가가 상승 혹은 하락 국면에 접어들게 되면 일정기간 동안 그 추세가 유지된다고 보고 매매 시기를 결정할 수 있다.

따라서, 필터기법은 주가가 최근의 저가에서 일정비율(x %)만큼 상승하기 시작하였을 때를 시장 상승추세로 진입하였다고 보고 매입하며, 반대로 최근의 고가에서 일정비율(x %)만큼 하락하기 시작하였을 때를 시장 하락추세에 진입한 것으로 보고 매도함으로써 초과 투자수익을 올릴 수 있다는 투자전략을 말한다. 이때, 최근의 저가 혹은 고가로부터 일정비율만큼 상승 혹은 하락하는 정도를 일컬어 필터(filter)라고 하며 이 필터의 크기보다 작은 움직임은 대세 상승 혹은 하락 시기를 알려 주는 신호가 되지 못한다고 가정한다.

필터의 크기는 시장과 투자자의 투자성향에 따라 다르지만 대체로 5~10%가 적당하다고 본다. 필터의 크기를 너무 작게 잡으면 시장의 상승세와 하락세의 추세 순환이 자주 일어나 빈번한 매매를 가져오며, 동시에 거래수수료를 증대시키고 반대로 너무 크게 잡으면 상승 · 하락 추세순환의 전환이 늦어 장기투자가 되지만 거래 수수료는 적게 드는 상반관계가 있다.

[그림 9-2]을 이용하여 필터기법의 실례를 들어보자. 어떤 투자자가 주식 X의 매입 · 매도에 관한 의사결정을 내리는 데 10%의 필터를 이용한다고 가정한다.

그림의 t시점에서 주식 X의 가격은 35,000원이며, 이 가격은 최근 한 달 동안의 종가 중에서 가장 낮은 가격이었다고 가정한다. 이 투자자가 10%의 필터를 이용한다고 하면, 주식 X의 가격이 최저가격 35,000원에서 10%가 상

그림 9-2 필터기업의 적용실례

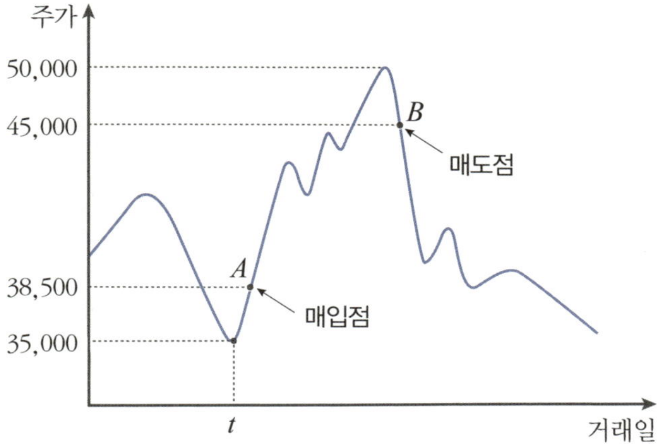

승한 38,500원선이 될 때 이 주식을 매입하게 된다. 따라서, 주식 X의 가격 38,500원이 매입점(A)이 되는 것이다.

한편, 이 투자자는 주식 X를 38,500원에 매입하여 보유하고 있다가 최근의 최고가격에서 10% 하락하게 되면 매각하게 된다. [그림 9–2]에서 지난 한 달간 가장 높은 가격이 50,000원이었기 때문에, 이보다 10% 하락한 45,000원이 주식 X의 매각점(B)이 된다.

이와 같이, 필터기법은 필터의 크기가 10%인 상황에서 주식 X의 가격이 최저가격인 35,000원에 필터의 크기인 10% 상승한 38,500원에서 매입을 결정하게 되며, 최고가격인 50,000원에서 10% 하락한 45,000원에서 매도하는 투자기법을 뜻한다. 이러한 필터기법은 투자자의 입장에서는 분석이 용이하고 투자시점을 간단히 포착할 수 있다는 장점을 가진다. 그러나, 필터의 크기를 결정하는 데 있어서 객관적인 기준이 없고 주관적인 경험에 의존할 수밖에 없다는 것이 큰 단점으로 지적된다. 뿐만 아니라, 주가 변동이 심할 경우에는 매입 · 매수가 빈번히 일어나 거래비용이 많이 발생해 실질수익률이 크게 줄어들 가능성이 매우 높게 된다.

앞의 예와 같이 필터의 크기는 투자자의 투자성향에 따라 달리 결정할 수 있으며 정해진 필터의 크기보다 작은 주가의 움직임을 향후 주가의 대세 움직임에 영향을 주지 못하는 미미한 것이므로 무시하고 필터의 크기보다 높은 상승이나 하락시기에만 주식을 매입 혹은 매도함으로써 투자수익을 높일 수 있다. 이 필터기법은 현재 많은 일반투자자들이 경험적으로 이용하고 있다. 증권시장에서 통용되는 용어 중에 '10% 손절매'를 철저히 지킨다는 말은 주가가 하락 국면으로 진입한다고 믿고 10%의 손실을 당하고서도 무조건 주식을 판다는 뜻이다. 이 원칙을 고수하는 투자자가 매도하였던 해당 주식이 10% 이상 상승하면 대세 상승시기로 진입한다고 믿고 다시 매입하여 보유하게 되면 이 투자자의 필터는 10%가 된다.

이 필터기법은 최근 시점으로부터 일정 크기의 필터만큼 상승 혹은 하락하고 나서 매입 혹은 매도하게 되므로 최저점과 최고점에서 매매가 일어나지 않고 최저점에서 필터 크기만큼 오른 가격에 매입하고 최고점으로부터 필터 크기만큼 내린 가격에 매도하게 된다. 이와 동일한 뜻의 주식속담에 "무릎에서 사서 목에 판다."라는 것은 바로 필터기법의 투자원칙을 고수하는 투자자에게 해당된다고 볼 수 있다.

3) 상자법

상자법(box theory)은 필터법을 다른 시각에서 보는 유사한 형태의 투자기법인데 증권투자로 많은 수익을 올린 매국의 니콜라스 다바스(Nocolas Darvas)의 이론이다. 상자법은 주가는 일정한 크기 내에서 반복하는 파동을 가지고 있으며 이 범위를 벗어날 때에는 새로운 크기의 범위 내에서 다시 순간적으로 왕복하는 파동을 가진다는 이론이다. 가령, 어떤 주식이 일정 가격을 기준으로 상하 15% 내에서 반복적으로 움직이거나 다른 주식은 20%의 범위 내에서 움직이는 습성을 가지고 있다면 상하움직임의 폭인 15%와 20%를 상자(box)라고 한다.

상자이론에 따르면 주가가 기존의 상자 상한선을 돌파하게 되면 주가는 상

그림 9-3 상자의 예

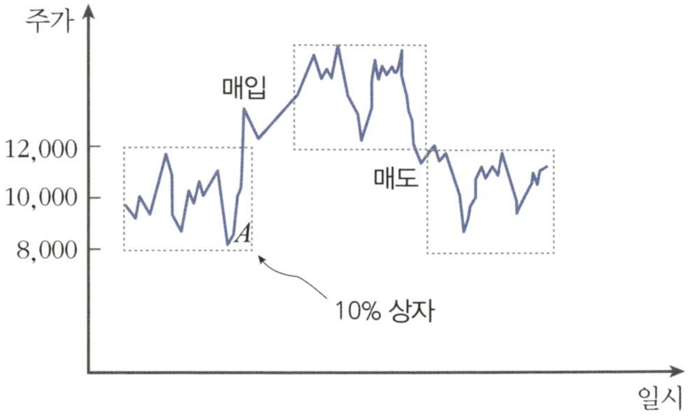

승하여 종래의 상자 위에 새로운 상자를 만들게 되고 기존 상자의 하한선을 돌파하면 주가는 하락하여 종래의 상자 밑에서 새로운 상자를 만든다는 것이다. 따라서, 상한을 돌파하는 시점에서 매입하고 하한선을 돌파할 때 매도하게 되면 시세차익을 크게 하고 동시에 손실을 줄임으로써 투자효과를 높일 수 있다고 보고 있다. 이를 이용하기 위해서는 관심대상 종목의 주가를 일정기간 동안 꾸준히 기록하여 그래프화하고 주가의 증감률을 측정하여 상자를 만들어 상자의 상 · 하한선을 지나는 시기를 이용하여 매매 시기를 포착할 수 있다.

4) 이동평균분석

"단기이동평균선이 장기이동평균선을 상향 돌파하고 있어 주가의 상승추세가 예상되는 골든 크로스(golden cross) 국면"이라는 증권시장의 시황분석 뉴스를 출 · 퇴근시간의 차 안에서 많이 듣고 있다. 이동평균(MA: moving average)이란 가격이나 지표의 일정기간 동안의 평균값을 시간의 흐름에 따라 계산하는 방법이다. 이동이라는 말의 의미가 내포하듯이 시간에 따라 평균을 변화시키는 이유는 시장의 불규칙적인 요인을 제거하여 장기적인 추세의 변동을 파악하기 위해서이다.

이동평균선을 이용하는 목적은 시장을 예측하기 위한 것이라기보다는 새로운 추세의 시작과 끝을 파악하여 추세가 전환되는 것을 확인하는 데 있다. 이동평균의 기간을 짧게 하면 가격변화에 민감하게 반응하는 대신 전반적인 추세의 파악이 어렵게 되며 반대로 이동평균의 기간을 길게 하면 주가 변화에 대한 민감도는 낮아지지만 새로운 추세의 국면을 파악하기가 상대적으로 용이한 점이 있다.

따라서, 단 · 장기 이동평균이 가지는 특성을 동시에 고려하기 위하여 일반적으로 5일, 20일, 60일, 120일 그리고 240일 등의 다양한 이동평균선을 모두 이용한다. [그림 9-4]은 종합주가지수와 단 · 중 · 장기의 이동평균선을 동시에 그래프로 그린 실례이다. 5일 이동평균지수는 다른 이동평균 지수에 비하여 실제 종합주가지수의 움직임에 민감하게 등 · 하락하고 있지만 150일 이동평균지수는 완만한 곡선을 형성하여 전반적인 주가의 등 · 하락 추세를 나타내어 준다.

(1) 이동평균의 계산 방법

이동평균의 계산 방법에는 여러 가지가 있지만 본장에서는 가장 간단한 단순이동평균과 선형가중이동평균에 대하여 실례를 들어 계산함으로써 이동평균의 의미를 자세히 알아보기로 한다. 1996년 3월 11일부터 3월 16일까지 영업일기준 5일간 해태제과 보통주의 가격은 다음과 같다.

일 시	3/11	3/12	3/13	3/14	3/16
가 격	8,700원	8,500원	8,400원	8,450원	8,950원

단순 5일 이동평균은 5일간의 가격을 모두 합산하여 5일간의 기간으로 나누어 계산한다. 즉,

$$MA_5 = \frac{8,700+8,500+8,400+8,450+8,950}{5}$$
$$= 8,600(원)$$

그림 9-4 종합주가지수와 이동평균선

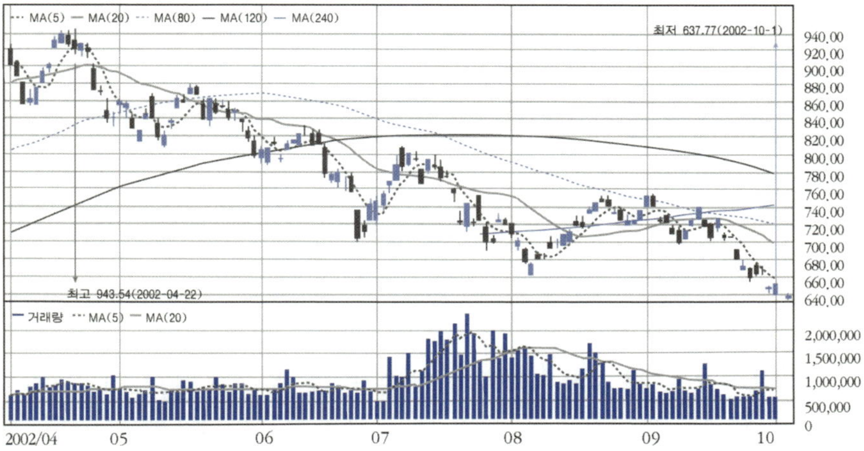

이와 같이 계산된 5일 이동평균은 하나의 가격이므로 이동평균선을 그릴 수가 없다. 따라서, 5일 이동평균선을 도출하기 위해서 3월 12일부터 3월 18일(3월 17일은 일요일이므로 비거래일)까지 다시 5일간 이동평균을 계산하고, 계속하여 하루씩 앞으로 이동하며 5일간 이동평균을 계산하면 해태제과의 5일 이동평균선을 그릴 수 있다.

단순이동평균은 계산이 간편하여 널리 이용되고 있지만 모든 시간을 동일한 가중치를 두고 있어 과거의 가격과 지금 현재의 가격을 동일하게 반영하는 단점을 가지고 있다.

투자자들은 과거의 가격보다는 현재의 가격에 심리적으로 더 의존하게 된다는 것을 감안하면 단순이동평균은 현재 시장의 장세를 잘 반영하지 못할 수 있다. 이를 보완하기 위하여 현재시간에 더 많은 가중을 두고 계산되는 선형가중이동평균이 있다. 앞의 예를 이용하면 3월 16일이 5일째 되는 날이며 동시에 현재시각이므로 이 가격에 5를 곱하고 3월 14일에는 4를 곱하여 3월 11일까지 곱하는 승수(가중치)를 하나씩 줄여나간다. 즉,

$$MA_5 = \frac{8,700 \times 1 + 8,500 \times 2 + 8,400 \times 3 + 8,450 \times 4 + 8,950 \times 5}{1+2+3+4+5}$$
$$= 8,630(\text{원})$$

현재시각에 더 많은 가중을 두어 계산된 가중이동평균은 현재의 상황을 더 잘 반영하고 있지만 투자자의 심리가 과거에 더 많이 치중되었을 때에는 과거에 많은 가중을 두어 계산하여도 무방하다.

(2) 이동평균을 이용한 매매기법

증권투자는 매매기회의 타이밍을 선택하는 순간의사결정의 경제예술이라고 한다. 매매시기를 포착하기 위해서는 미래의 주가를 예측하는 것이 가장 좋겠지만 주가의 향방은 마치 술에 만취한 사람이 어떤 방향으로 갈지 알 수 없는 상태의 무작위 행보(random walk)와 같아서 정확한 예측을 위한 노력이 결실을 거두기가 힘들다. 따라서, 매매 타이밍의 결정은 현재의 시장상황을 보고 주가의 흐름에 순응하는 것이 바람직하다. 즉, 현재의 증권시장 분위기가 대세상승의 시작이라고 느낀다면 주가가 많이 올라 있는 상태일지라도 매입하는 시기이며 시세가 천장을 치고 나서 하락하는 상황이라고 느낄 때는 주가가 아무리 싸도 매입해서는 안된다. 즉, 주가의 수준이 기준이 아니라 주가의 흐름을 파악하여야 한다.

이동평균선을 이용하여 매매시기를 결정하는 이면에는 주가행위에 대한 일반적인 속성을 그 바탕으로 하고 있다. 주가는 원래의 내재가치로 돌아오려는 구심력을 가지고 있어 끊임없이 상 · 하 왕복운동을 하고 있다. 주가는 대체로 장기상승 후에는 장기하락 국면이 있으며 상승 폭이 클수록 하락 폭도 크다. 물체의 이동에는 작용 · 반작용과 관성의 힘이 있는 것과 마찬가지로 주가도 힘이 가해진 만큼 반발력도 크기 때문에 소폭의 상승 후에는 소폭의 하락세가 오며, 반대로 소폭의 하락 후에는 큰 폭의 반등이 있는 경우가 있다.

꾸준히 오르는 시장세에서는 관성의 힘으로 계속 상승세를 유지하려는 힘이 발생하고 내린 주가는 계속 하락하려는 속성도 동시에 가지고 있다. 이런 모든 속성들이 상호 동태적으로 움직이며 주식시장을 형성하는 데 이를 체계적으로 분석하려는 것이 이동평균선을 이용한 매매시기 포착이다.

이동평균선을 이용한 매매시기 결정에서 가장 간편한 것이 교차법에 의한 시기선택 요령이다.

[그림 9–5]는 어떤 주식의 하루 동안 가격과 15일 이동평균가격을 동시에 그린 그래프이다. 15일 이동평균선은 가격변동을 완만하게 반영하고 있으며 현재의 시장가격 변동보다는 느리게 시장상황을 반영하고 있다. 주가가 상승추세에 있을 때에는 현재가격이 이동평균선보다 빠르게 움직이므로 현재 주가선이 이동평균선보다 위에 위치하게 되고 반대로 주가가 하락할 때에는 현재가격이 이동평균선보다 빠르게 반영되므로 현재 주가선보다 이동평균선이 상위에 위치하게 된다.

따라서, 이동평균선이 현재주가선보다 위에서 아래로 통과하며 주가가 이동평균을 상회하기 시작할 때에는 매입시기이며 반대로 이동평균선이 현재주가를 위로 통과하고 이동평균선이 주가를 상회할 때에는 매도를 하여야 한다. 만약, 이동평균선이 상승 혹은 하락의 추세가 보이지 않고 수평을 유지

그림 9-5 교차법에 의한 매매시기 결정

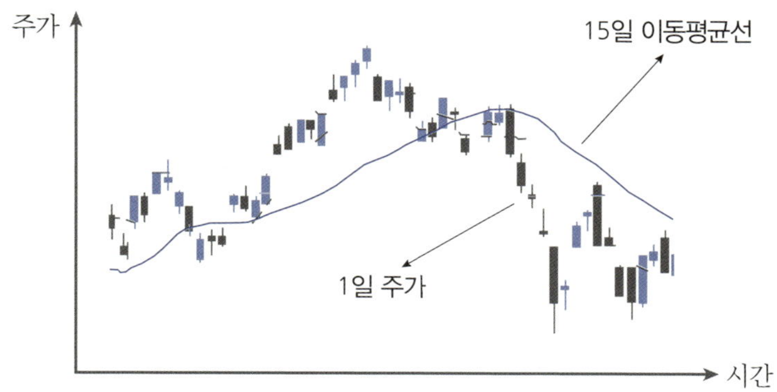

할 경우에는 이동평균에 의한 매매시기를 결정하지 않는 것이 현명하다. 왜냐하면, 이동평균선에 의한 추세파악이 힘들기 때문이다.

이와 같이 주가와 이동평균선의 교차형태에 따라 매매시점을 분석하는 것을 교차법(cross rule)이라고 한다. 그램빌(J.E. Gramville)은 교차법에 의하여 주가와 이동평균선의 교차형태를 세분하여 다음과 같은 매수 및 매도신호를 요약하고 있다.

가. 매입시기

① 이동평균선이 하락 후 보합이나 상승으로 가는 경우 주가가 이동평균선을 상회할 때 [그림 9-6-①]

② 주가가 상승하고 있는 이동평균선 아래로 하락하다 반전할 때 [그림 9-6-②]

③ 주가가 이동평균선 위에서 하락하다 이동평균선에 가깝게 근접한 후 상승할 때 [그림 9-6-③]

나. 매도시기

① 이동평균선이 상승 후 조정국면이나 하락으로 전환되는 시점에서 주가가 이동평균선을 하향돌파할 때 [그림 9-7-①]

② 이동평균선이 계속 하락하고 있을 때 주가가 이동평균선 밑에서 위로 뚫고 올라갈 때 [그림 9-7-②]

③ 주가가 하락하고 있는 이동평균선 밑에서 이동평균선으로 근접하다 다시 하락할 때 [그림 9-7-③]

이동평균선의 주가와의 관계만을 통하여 매매시점을 분석하는 것이 아니라 장 · 중 · 단기의 이동평균선과의 관계를 통하여 매매시기를 많이 파악하고 있다.

단기이동평균선은 주가의 변화에 중 · 장기 이동평균선에 비하여 상대적으로 민감하게 반응하지만 추세의 흐름을 잘 나타내지 못하는 반면에 중 · 장기선은 큰 시세의 흐름을 파악하는 데 용이한 점이 있다. 따라서, 기간에 따른

그림 9-6 매입신호

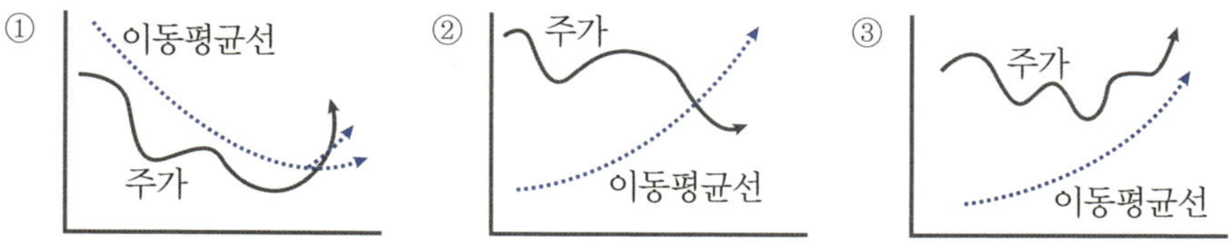

그림 9-7 매도신호

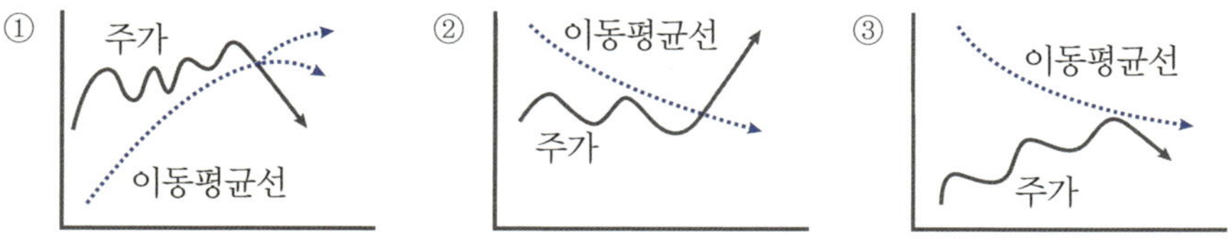

이동평균선의 특성을 종합적으로 분석하면 주가변화에 따른 시세의 흐름을 단 · 장기적으로 파악하여 매매시점의 결정에 응용할 수 있다.

다. 상승기의 신호

① 단기이동평균이 장기이동평균선을 밑에서 위로 교차하게 되는 골든 크로스(golden cross)일 때

② 단기 · 중기 · 장기 이동평균선이 차례로 나란히 병행하며 상승중일 때

③ 단 · 중 · 장기 이동평균선이 장시간 하락한 후 단기이동평균선이 상승하기 시작하는 주가의 바닥권일 때

라. 하락기의 신호

① 단기이동평균선이 장기이동평균선을 위에서 밑으로 하향교차하는 데드 크로스(dead cross)일 때

② 단 · 중 · 장기 이동평균선이 차례로 평행하여 하락중일 때

③ 단 · 중 · 장기 이동평균선이 장시간 상승한 후 단기이동평균선이 하락하기 시작하는 주가의 천정기일 때

그러나 일반적으로 이동평균선들의 움직임이 위에서 분류한 형태대로 움직이지 않고 복잡하게 혼돈양상을 보이는 경우가 있으며, 또한 형태에 대하여 다른 해석을 하는 경우도 있다. 만약, 이동평균선들이 분명하게 혼돈 양상을 보일 때에는 주식시장의 향방이 불투명하므로 투자를 잠시 보류하며 시세를 관망하는 자세가 필요하다.

5) 이격도(disparity)

이동평균선과 현 주가(또는 지수)와의 간격을 이격도라고 한다. 이격도가 100% 이상이라는 것은 당일의 주가가 이동평균선보다 높게 위치하고 있음을 의미하고, 반대로 100% 이하이면 이동평균선 아래에 위치하고 있음을 의미한다. 예를 들어 20일 이격도가 105라면 현재 주가가 20일 이동평균 주가에 비해 5% 높게 형성되어 있음을 의미한다.

$$\text{이격도} = \frac{\text{당일 주가(혹은 지수)}}{\text{당일 이동평균주가(지수)}} \times 100$$

현재의 주가가 이동평균선에서 멀어지면, 즉 이격도가 일정범위를 벗어나면 결국 주가는 이동평균선수준으로 회귀하려는 경향을 보인다. 따라서 이격도는 단기매매 시점에 포착하는 데 이용되기도 한다. 일반적으로 경험을 통해 추출된 이격도의 이상범위와 투자전략은 다음 [표 9-2]와 같다.

표 9-2 이격도를 활용한 투자전략

국면	20일 이격도	60일 이격도	신호
상 승	98% 이하	98% 이하	매수
	106% 이상	110% 이상	매도
하 락	92% 이하	88%이하	매수
	102% 이상	104% 이상	매도
보 합	95% 이하	90% 이하	매수
	105% 이상	110% 이상	매도

6) 주가와 거래량을 이용한 매매시점 포착

주가와 거래량과의 상관관계를 이용하여 주가의 움직임을 예측하려는 차트분석의 일종으로 역시계방향곡선이라고 한다. 이 지표는 시세의 중기적인 추세를 파악하는 데 많이 이용되므로 주가와 거래량의 25일 이동평균을 사용하여 세로축에는 주가를 가로축에는 거래량을 표시한 그래프이다.

[그림 9-8]은 역시계방향곡선의 8가지 국면을 표시하고 있다. 각 국면별 특징에 따른 의미와 매매시기는 다음과 같다.

① 바닥 국면

주가가 바닥권에 머물고 있는데 비하여 거래량이 늘고 있는 추세를 말하며 상승전환의 신호이다.

② 매입신호

주가가 상승하기 시작하며 동시에 거래량도 꾸준히 증가하면 상승국면에 접어들게 되므로 매입시기이다.

③ 매입지속

거래량은 높은 수준에서 머물고 있지만 주가가 계속 상승할 때이므로

그림 9-8 역시계방향곡선의 8국면

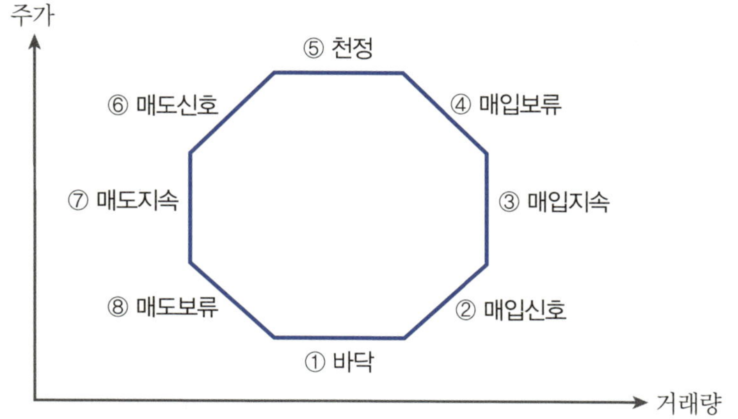

주식을 계속 보유하고 있거나 아니면 매입량을 늘리는 시기이다.

④ **매입보류**

주가는 계속하여 상승하지만 거래량이 서서히 감소하면 주식의 계속적인 매입을 자제하며 시기를 관망한다.

⑤ **천정**

주가가 높은 수준에서 조정받고 있지만 거래량이 감소하면 주가는 최고조에 달해 있다는 신호로 받아들여 보유하고 있는 주식물량을 매도할 준비단계이다.

⑥ **매도신호**

주가가 하락하기 시작하며 동시에 거래량도 꾸준히 감소하면 하락국면에 접어들게 되므로 매도시기이다.

⑦ **매도지속**

거래량은 일정수준에서 머물고 있으며 주가의 하락은 계속될 때이므로 지속적으로 매도하여야 한다.

⑧ **매도보류**

계속 하락하던 주가가 다소 천천히 하락하고 있지만 거래량이 서서히 증가하기 시작하면 매도물량을 줄이며 보류하는 시기이다.

투자자 甲은 주식 A에 대하여 [그림 9-9]와 같은 주가와 거래량 간의 25일 이동평균의 그래프를 작성하였다.

투자자 甲은 3월 15일부터 5월 2일까지의 움직임을 [그림 9-9]의 바닥국면에 해당한다고 판단하여 주식매입을 위한 준비를 함과 동시에 매입신호 국면을 기다렸다. 그러나, 주가는 꾸준히 오르고 있지만 거래량이 감소하기 시작하는 매입보류 시기가 나타나 잠시 관망을 하고 있었는데 5월 10일부터 거래량이 반등하고 주가가 오르기 시작하여 매입신호 국면으로 간주하고 적극적으로 주식을 매입하였다. 8월 10일을 기점으로 거래량이 감소하기 시작

그림 9-9 주가와 거래량

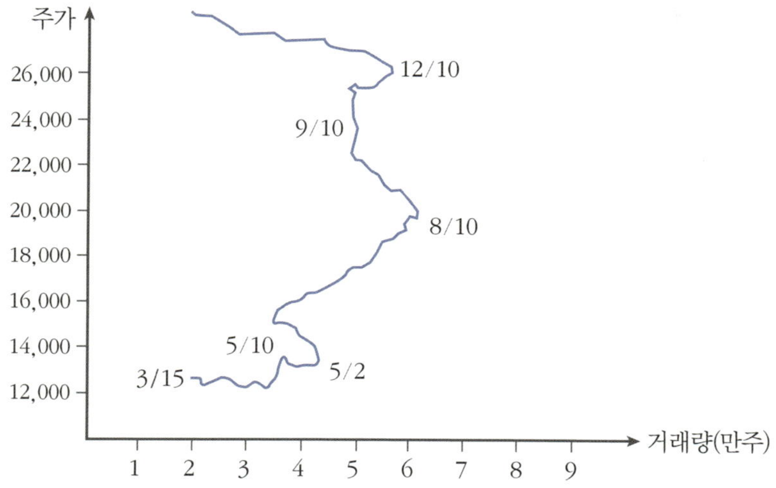

하여 계속적인 매입을 자제하고 시장을 관망하였는데 12월 10일을 기점으로 확실히 매입보유 국면에 접어들었고 천정 국면이 시작되는 것 같아 보유주식을 매도하였다.

7) ADL을 이용한 매매시점 포착

ADL(advanced decline line)은 일정기간 동안 주가의 상승종목수와 하락종목수의 차이를 매일 누계하여 그래프로 그린 것으로 증권시장 전체가 상승추세 또는 하락추세에 있는지를 파악하기 위한 시장 내부 강도측정지표이며 등락주선이라고 한다.

일반적으로 주가지수가 상승추세에 있고 ADL이 동반상승하면 시장의 내부세력이 한동안 강력히 뒷받침하고 있으므로 상승추세로 보며 반대로 주가지수가 상승한다 할지라도 ADL이 하락하면 내부세력의 약화로 하락추세를 예상한다. 즉, 주가지수에 관계 없이 ADL이 상승하고 있는 기간을 주가의 상승세를 기대하게 된다.

그림 9-10 ADL의 예

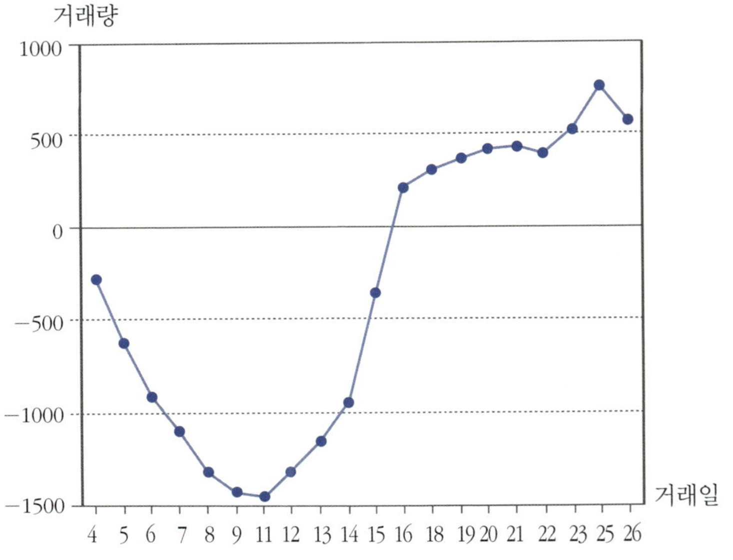

ADL을 일반투자자로 아주 쉽게 그래프화할 수 있다. 시황정보를 통하여 발표되는 상승 · 하락종목수를 이용하여 매일 누계하여 그래프로 그려보면 사장의 내부 세력 강도를 알 수 있게 된다. 예를 들어, [표 9-3]에 나타난 최근 20일간의 등 · 하락 종목수를 이용하여 그린 ADL은 [그림 9-10]과 같다.

한편, ADL과 관련된 **ADR**(advanced decline ratio)이라는 등락비율도 함께 사용된다. ADR은 매일의 상승종목수와 하락종목수의 백분비율을 계산하여 최근 1개월치를 합산하고 합산된 것을 25일로 나누어 평균한 비율을 말한다. ADR이 상승하면 시장을 강세로 예상하고 반대로 하락하면 약세시장으로 간주한다. 그러나, 100%를 기준으로 75% 이하이면 바닥권의 시세로 판단하여 매입시점이며 125% 이상이면 천장권의 시세가 예상되므로 매도시점으로 삼고 있다.

표 9-3 종합주가지수와 이동평균선

거래일	거래 종목수	상승 종목수	보합 종목수	하락 종목수	차이 (상승-하락)	누 계
3/4	845	182	211	452	−270	−270
5	876	111	303	462	−351	−621
6	908	162	289	457	−295	−916
7	888	230	252	406	−176	−1092
8	893	282	107	504	−222	−1314
9	858	331	75	452	−121	−1435
11	846	362	102	382	−20	−1455
12	880	491	38	351	140	−1315
13	857	486	46	325	161	−1154
14	874	512	58	304	208	−946
15	849	714	20	115	599	−347
16	823	690	10	123	567	220
18	869	180	596	93	87	307
19	822	140	602	80	60	367
20	840	120	650	70	50	417
21	822	130	582	110	20	437
22	849	170	469	210	−40	397
23	858	332	318	208	124	521
25	879	385	342	152	233	754
26	889	294	118	477	−183	571

8) 삼선전환법에 의한 매매시점 포착

주가가 상승에서 하락으로 또는 하락에서 상승으로 전환되는 시점을 포착하는 데 사용되는 기법으로 주가상승이 이전의 하락선 3개를 전환하는 시점을 상승 전환점으로 간주하며 반대로 주가하락이 이전의 상승선 3개를 돌파하는 때를 하락전환점의 신호로 본다.

주가의 상승을 □표시의 크기로, 주가의 하락을 ■표시로 나타낼 때, 어떤 날의 상승표시 크기가 바로 그 이전의 하락표시 3개의 크기 합보다 크게 되는 순간을 상승세 진입 국면으로 보면 하락세 진입은 그 반대의 경우이다. 이를 도표로 그린 것이 [그림 9-11]이다.

[그림 9-11]에서 보는 바와 같이 3월 주가의 등 · 락을 표시하여 삼선전환도를 작성하였다. 3월 15일의 주가상승이 그 이전 3일간의 주가하락 폭합계보다 크게 상승하여 상승 국면으로 진입하므로 매입 시기이며 4월 16일까지 소폭의 하락이 있는 날도 있었지만 하락 폭이 그 이전 3일간의 상승폭 합계보다 작으므로 무시한다. 그러나, 4월 16일의 하락 폭은 3일간의 상승 폭보다 크므로 보유한 주식을 매대하는 시기가 된다.

이와 같이 삼선전환법에 의한 매매시점의 파악은 도표의 작성과 해석이 아주 쉬우므로 널리 사용되고 있다. 그러나, 시장의 불안요소가 가중되어 단기간에 주가등락의 기복이 반복되는 경우에는 적합하지 않으며 주가가 지속적으로 상한가 또는 하한가와 같이 큰 폭으로 변동하는 경우에는 시세전환점의 파악이 곤란해지는 단점이 있다.

그림 9-11 삼선전환도의 예

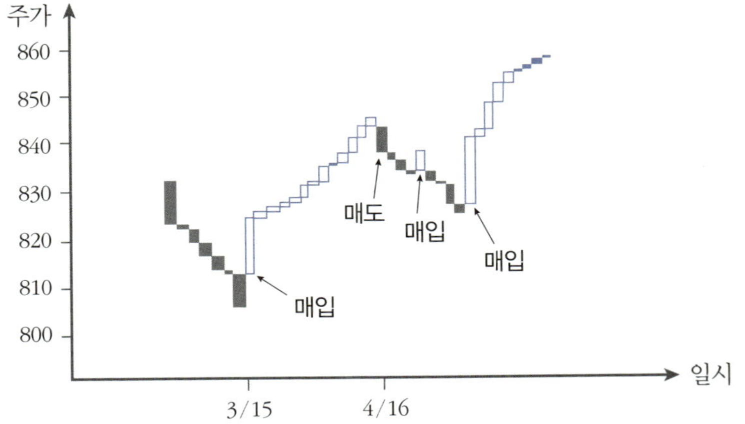

9) 지지선과 저항선

지지선(support line)은 주가그래프에서 주가파동의 하한점들을 연결한 선을 말하며 저항선(resistance line)은 주가파동의 상한점들을 연결한 선을 지칭한다. 지지선은 주가가 일정기간 보합세에 있을 때 이 기간 동안의 단기파동의 저가를 연결한 선으로써 이 선 근방에 잠재적인 매수세력이 대기하여 있는 것으로 간주한다. 따라서, 주가가 이 지지선을 돌파하여 하락하였을 때 보합세력의 이탈이 일어났다고 판단하게 된다. 마찬가지로 저항선 주위에는 잠재적인 매도세력이 대기하고 있는 것으로 간주하여 주가가 저항선을 돌파하여 상승하게 되면 보합세의 이탈이 발생하는 것으로 예상한다.

[그림 9-12]에서와 같이 지지선은 주가하락시 주식에 대한 수요가 증대하여 어느 가격 이하로 더 이상 내려가지 않은 수준을 나타내며, 반대로 저항선은 주가가 상승하면 그에 따라 주식의 공급이 증가하고 천정을 우려한 매수세력의 자제가 발생하여 더 이상 올라가지 않는 수준이 형성되는 것을 지칭한다. 따라서, 이 두 선을 돌파하며 거래량의 변화가 동반할 경우 당분간 그 추세가 유지될 것으로 본다. 가령 주가가 저항선을 돌파하며 대량거래가 계속 활성화되면 주가의 상승추세가 계속될 것으로 판단한다.

그림 9-12 지지선과 저항선의 예

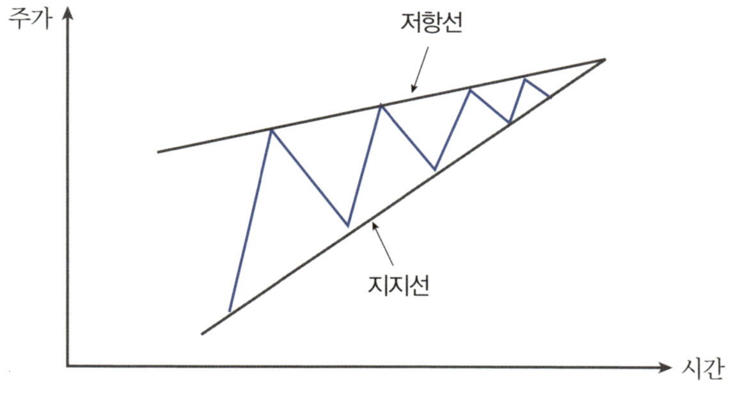

10) 패턴을 이용한 매매시점 파악

과거 주가의 움직임을 바탕으로 그 형태를 분석하고 주가 상승시, 보합시, 그리고 하락시에 주로 그리는 형을 정형화함으로써 시장상황을 분석하는 것을 패턴분석이라고 한다. 가령 주가의 움직임이 둥그런 산마루 모양을 완전히 그릴 경우에는 주가가 대체로 하락하는 경향이 있었다는 과거의 경험을 바탕으로 향후 추세를 분석한다. 주가의 형태를 크게 나누어 천정형 [그림 9-13]과 바닥형[그림 9-14]로 구분한다.

가. 천정형 패턴

① 원형 천정형

접시형이라고도 하며 주가의 큰 변화가 없는 가운데 천정형을 만드는 경우이며 이 패턴 이후에는 주가의 하락이 예상되므로 매도시기이다.

② 이중천정형

주가가 대량의 거래를 수반하면서 일정수준까지 상승하다가 곧 거래가 감소하면서 단기적으로 하락하다 다시 상승하여 원래 고점 수준까지 상승하는 경우이다. 두번째 천정을 형성할 때는 매수세력의 약화를 반영한다. 이중천정형은 장기추세 반전시에 나타나는 경우가 많으므로 향후 주가 추이를 주의 깊게 관찰하여야 한다. 이중천정이 나타나고 일정기간 보합세의 편편한 형(flat form)이 나타나면 주가가 하락하는 방향으로 전환될 가능성이 높다.

③ 머리–어깨모형(head and shoulder)

주로 삼봉형이라고 하며 패턴모형에서 가장 일반화된 것 중의 하나이다. 머리-어깨모형은 주가의 천정이 세 번 나타나며 두번 째의 천정이 첫번 째와 세번 째에 비하여 높은 형태이므로 두번 째를 머리라고 하며 첫번 째와 세번 째를 어깨라고 한다.

이 형에서 왼쪽 어깨인 제1국면에서는 주가의 상승속도가 빠르며 거래량의 증가가 수반되지만 왼쪽 어깨의 고점 이후부터는 거래량이 감소

그림 9-13 천정형 패턴

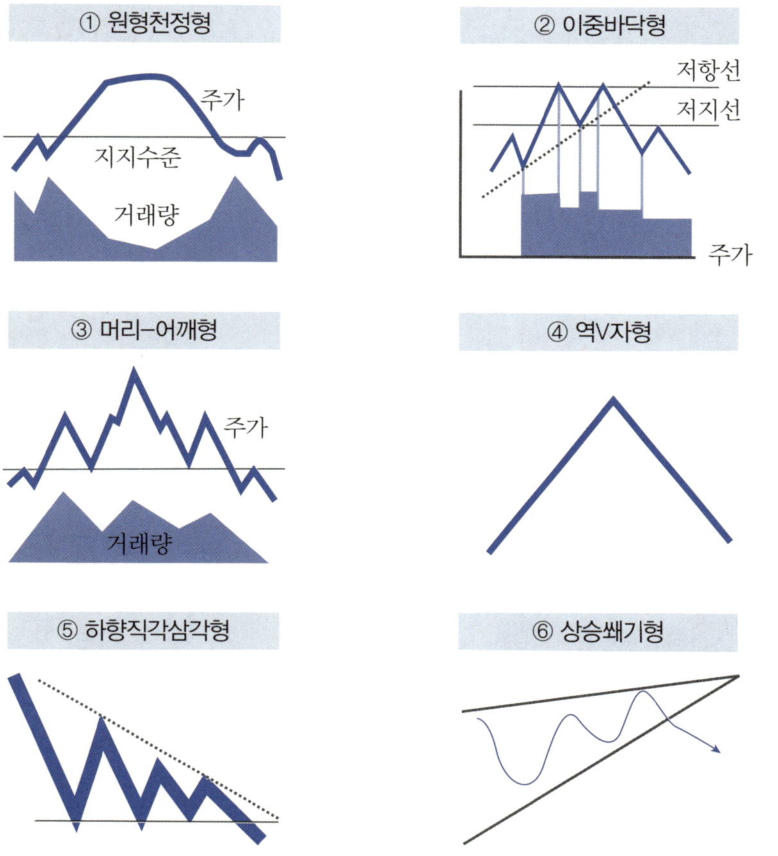

하기 시작한다. 왼쪽 어깨의 고점에서 하락하기 시작하던 주가가 반전하여 새로운 상승 국면을 그리기 시작하면 머리 부분으로 진입하고 이때에는 왼쪽 어깨에서보다는 적은 거래량이지만 점진적으로 증가추세를 보인다. 오른쪽 어깨는 주가가 하락하다 세번째로 회복하기 시작할 때 형성되는데 왼쪽 어깨 및 머리에서 보다 적은 거래량을 수반한다. 머리-어깨천정형 이후부터는 주가가 하락세에 진입하게 되므로 매수를 억제하고 매수우위의 포지션을 구성하는 것이 바람직하다.

④ 하향 삼각형 및 쐐기형

주가의 고점과 저점끼리의 연결선인 지지선과 저항선이 하향직각삼각형이나 하락쐐기형을 형성할 때에는 주가가 천정에 도달한 경우이므로 매도 준비자세를 취하고 향후 주가의 움직임을 주시하여야 한다.

나. 바닥형 패턴

바닥형 패턴은 천정형 패턴을 역으로 그린 것과 동일하며 매입시기를 포착하게 되는 준비단계이다.

그림 9-14 바닥형 패턴

11) 엘리오트 파동을 이용한 매매시점 분석

엘리오트 파동이론(Eliott wave theory)은 주가흐름에는 상승파동 5개와 하락파동 3개로 구성된 일정한 규칙이 있다는 것을 발견한 엘리오트(R.N. Elliot)의 이론을 볼턴(H. Bolton)이 일반화한 것이다.

그들의 이론에 의하면 주가의 변동파동을 대 · 소로 구분하고 대파동의 한 사이클은 그 속에서 다시 소파동의 상승 5파와 하락 3파로 구성되며 소파동의 한 사이클은 다시 작은 상승 5파와 하락 3파로 나누어질 수 있고 주장한다. 즉, [그림 9-15]에서 보는 바와 같이 주가의 변동은 대세 상승기와 하락기인 대순환파와 상승과 하락 국면을 주순환파 및 소형파로 구분하여 그릴 수 있다. 주가의 흐름은 크게 대순환파에 따라 대세상승기와 하락기로 구분하면 대세 상승기 때의 한 사이클은 I과 II국면을 지칭하며 한 사이클 내에는 5개의 상승 소형파와 3개의 하락 소형파로 나누어진다.

대세 상승시기인 I국면은 상승 시기이며 이를 다시 세분하면 3개의 상승파와 2개의 하락파로 구성된 5개의 소형파를 가지고 있고 하락 시기인 II국면에서는 2개의 하락파와 1개의 상승파로 구성된 3개의 소형파로 나눌수 있다.

그림 9-15 엘리오트 파동

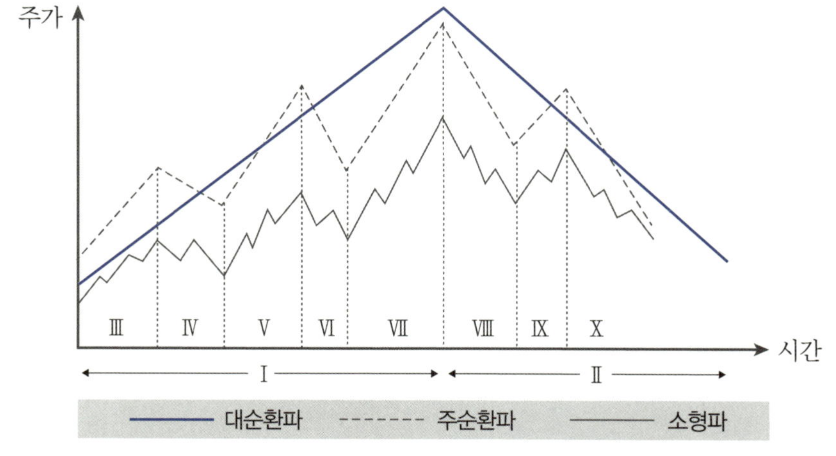

마찬가지 방법으로 하락시기의 Ⅳ, Ⅵ, Ⅷ 국면을 다시 주 순환파의 상승과 하락 시기에 따라 한 사이클 내에서 5개의 상승 소순환파와 3개의 하락 순환파로 나눌 수 있다. 엘리오트파동은 시장 전체의 순환과정을 설명하는 데는 많이 이용되지만 개별주식의 주가파동에는 많이 이용하지 않는다. 왜냐 하면 투자자가 각 단계의 전환점을 파악하였다고 하더라고 시장 전체와 개별주식과의 흐름이 일치하지 않는 경우가 많기 때문이다.

12) 볼린저밴드(Bollinger Band)

볼린저 밴드는 시간의 흐름에 따른 가격의 변화정도인 변동성을 반영한 지표이다. 주가가 등락을 거듭한다는 것을 기초로 위를 상한밴드, 아래를 하한밴드라 하고 가격대(밴드)의 폭의 변화를 분석하는 지표이다.

가격의 변동이 커지게 되면 밴드의 폭이 넓어지고 가격변동이 작거나 횡보하면 밴드의 폭이 좁아진다. 폭이 좁아지면 일정기간 후 주가는 상승이든 하락이든 새로운 추세를 보이게 된다. 즉, 상한선과 하한선의 폭이 좁아지면 가격변화가 일어나기 쉽다.

주가가 밴드를 이탈하여 움직이는 경우에는 현재 추세가 지속되는 것으로

그림 9-16 볼린저밴드

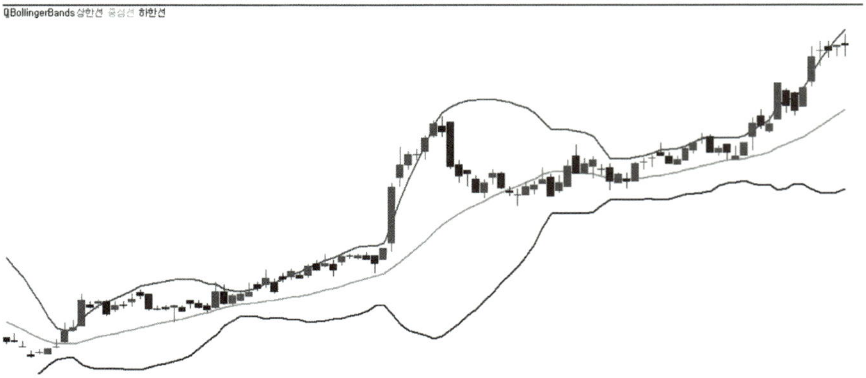

본다. 즉, 횡보하던 주가가 상한선을 이탈하면 상승추세로, 하한선을 이탈하면 하락추세가 되고 계속 이탈해서 움직이면 현재의 추세가 지속된다. 밴드밖에서 움직임이 다시 밴드안으로 진입하면 곧 추세의 전환의미이다.

상한선 밖에서 안으로 진입후 고점을 형성하면 주가는 하락으로 전환되고, 하한선 밖에서 안으로 진입하여 저점을 형성하면 주가는 상승으로 전환한다. 상한선이나 하한선 가운데 어느 한쪽으로 주가가 움직인 이후에는 항상 다른 한쪽을 향해 주가가 움직이려는 경향 있기 때문이다.

13) MACD(Moving Average Convergence &Divergence: 이동평균선 수렴 확산지수)

단기이동평균선과 장기이동평균선 사이의 관계를 보여주는 지표이다. 장기와 단기 이동평균선이 서로 멀어지게 되면 다시 가까워지려는 것을 반복한다는 점을 활용하여 추세변화를 파악하려는 보조지표이다.

이동평균선 교차법은 실제 주가보다 늦게 움직이는 후행선을 가지므로 이를 극복하고자 **MACD**를 사용한다. MACD는 단기이동평균선에서 장기이동평균선을 차감한 것이며, 시그널은 N일간의 MACD지수의 이동평균선을 의미한다. 시그널선은 단기 이동평균성과 장기 이동평균선의 괴리가 가장 큰 시점을 찾기 위해 활용할 수 있다. MACD과 시그널선이 교차하는 지점이 괴리가 가장 클 때이다.

MACD는 단기 이동평균선이 장기 이동평균선보다 높으면 (+)값을, 단기 이동평균선이 장기 이동평균서보다 낮으면 (−)의 값을 가진다. 그래서 0을 기준으로 MACD선이 0선 돌파시 에는 상황에 따라 매수 혹은 매도 신호로 본다. 시그널 선을 이용하면 매수, 매도 시점을 파악할 수 있다.

MACD선이 시그널선을 아래에서 위로 상승돌파하거나 MACD이 전저점 근처까지 하락 한후 상승전환 될 때는 매수신호로 본다. MACD선이 시그널선 위에서 아래로 하락 돌파할 때 MACD선이 전고점 근처까지 상승한후 하락전환하면 매도신호로 본다. 주가의 추세와 MACD선이 반대로 움직이는 것을 다이버전스라고 한다.

그림 9-17 MACD

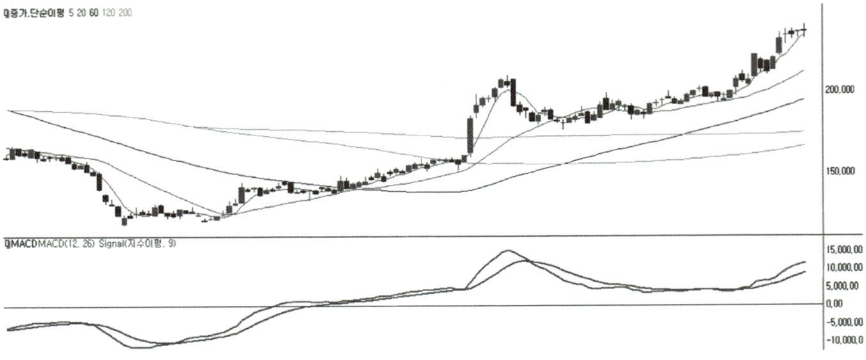

주가가 하락하는 추세일 때 MACD선이 상승하면 상승형 다이버전스라 하고, 주가가 상승하는 추세일 때 MACD선이 하락하면 하락형 다이버전스라고 한다. 상승형이 나타다면 주가 상승을 예상하고 하락형이 나타나면 주가의 하락을 예측해 볼 수 있다.

제 10 장

시장이례현상

1. 효율적 시장의 의미
2. 공시자료의 시차이용법
3. 시장이례현상을 이용한 매매 시기 포착
4. 주식투자 격언

기술적 분석 이외에도 매매 시기를 포착하는 방법에는 여러 가지가 있지만 그 중에서 투자자들이 이용하기 용이한 것으로 시장이례현상(market anomalies)이 있다. 시장이례현상이란 정확한 이론이나 논리적 근거는 희박하지만 시장의 불규칙성이 일정기간에 걸쳐 정기적으로 나타나는 현상을 말한다.

일반 투자자들이 많이 이용하는 시장이례현상 중에는 '연말장'이라는 것이 있다. 즉, 대체로 연말과 연초를 기점으로 증권의 가격상승률이 다른 시기에 비하여 높으므로 현재 저렴한 가격에 매입하였다가 연말과 연초에 가격이 상승하면 매도하여 높은 시세차를 얻고자 하는 투자 방법이다.

이런 시장이례현상을 투자자는 경험적으로 체득하여 투자에 이용하고 있지만 시장이례현상이라는 용어에는 대체로 생소한 반응을 나타내는 것을 볼 수 있다.

본장에서는 효율적 시장가설에 대해 먼저 알아보고, 시장의 효율성을 벗어난 시장이례현상의 종류와 의미를 파악하여 매매시점 포착에 보다 쉽게 접근할 수 있도록 하고자 한다. 또한 증시에서 떠도는 여러 투자격언들과 속설들을 정리함으로써 증권투자에 대한 이해를 넓히고 흥미를 유도한다.

1 효율적 시장의 의미

효율적 시장(efficient market)이란 증권의 가격결정에 이용가능한 모든 정보가 충분히 그리고 신속히 반영되는 시장을 말한다. 증권시장에 유포되는 정보는 각 정보가 가지는 가치만큼 증권의 가격에 신속히 반영된다. 효율적 시장의 실례를 들어보자. 포항제철(현 POSCO) 주식이 미국의 뉴욕증권시장(NYSE: New York Stock Exchange)에 상장하기 위하여 상장 방법 및 경제적 효과를 포항제철과 재경원(현 재경부)에서 분석하기 시작하였을 때, 증권시장에 그 정보가 이미 유포되었다. 투자자들은 포항제철 주식이 뉴욕증시에 상장된다는 것은 포항제철 주식에 대한 수요를 증가시키고 미국 속에 한국기업의 홍보효과로 인한 기업의 이미지 제고와 매출증가를 가져온다는 판단 하에 포항제철 주식을 매입하기 시작하였고 이는 주식의 가격을 상승시키는 결과를 가져왔다.

뉴욕증시 상장이라는 정보가 증권시장에 유포됨과 동시에 포항제철의 주가는 신속히 반영하여 지속적으로 상승하다가 1994년 10월 14일자로 신문에 그 사실이 발표되자 주가의 상승세는 멈추고 말았다. 뉴욕증시에 상장된다는 것이 사실로 발표되었는데도 불구하고 왜 주가는 계속 상승하지 않았을까? 그 대답은 효율적 시장에서 찾을 수 있다. 포항제철의 주가는 사실 발표 이전까지 해외증시 상장이라는 정보에 신속하고 지속적으로 반영하였지만 뉴스로 보도되는 그 순간 모든 투자자들이 다 알 수 있는 정보가 되었으며 해외증시 상장이라는 정보는 발표 이전 이미 주가에 반영되어 그 가치가 상실되었기 때문이다. 이런 현상을 지칭한 "풍문(소문)에 사서 뉴스에 팔아라"라는 증권시장의 속담은 시장의 효율성을 간접적으로 나타낸 것이라고 볼 수 있다.

효율적 시장에서는 기업이 미래에 창출할 이익의 현금흐름과 관계되는 모든 정보가 주식의 시장가격에 반영되기 때문에 가격을 통하여 자본의 효율적 분배가 가능토록 하는 데 필수적인 조건이 된다. 만약 시장이 비효율적이라면 건실한 기업의 정보가 주가에 반영되지 않아 낮은 가격에 매매되고 부실한 기업의 주가가 오히려 높은 가격으로 매매되는 현상을 초래하여 투자자가 증권시장을 외면하여 산업의 안정적 자금을 지원한다는 본래의 기능을 상실할 수 있다.

증권시장이 효율적이기 위해서는 정보가 많은 사람들에서 신속하게 배분되어 저렴한 비용으로 입수 가능하여야 하며 모든 증권은 각자의 위험에 상응한 대가(premium)를 받을 수 있는 조건이 충족되어야 한다. 이런 조건

하에서 증권시장의 효율성은 정보에 대한 반응속도에 따라 약형(weak form), 준강형(semi−strong form), 그리고 강형(strong form) 효율적 시장으로 구분된다.

약형 효율적 시장은 현재의 주가는 과거의 주가에 관한 모든 정보를 다 반영한 것이므로 과거의 주가에 반영된 공적인 정보를 이용하여 현재의 주가를 예측하는 것은 아무런 의미가 없다는 시장이다. 예를 들면, 1달 전의 신문에 A기업이 외국 정부로부터 부상으로 토지를 불하받아 현지 공장을 설립할 수 있는 특혜를 받았다는 기사가 보도되었다고 하자. 이 기사를 늦게 접한 투자자 甲은 이 정보로 인하여 A기업의 주가가 상승할 것으로 믿고 주식을 매입하고자 주식상담사에게 문의하였더니 A기업의 주가가 이미 상승하여 이 정보로 인하여 초과수익률은 기대하지 않는 것이 좋다는 조언을 들었다. 즉, 과거의 정보는 이미 그 당시의 주식가격에 반영되었으므로 현재의 주가예측에 영향을 줄 수 없다는 상담사의 조언 이면에는 약형 효율적 시장을 전제로 하고 있다.

준강형 효율적 시장은 현재까지 가능한 모든 공개된 정보가 현재의 주가에 반영된 시장을 말하며, 모든 공개된 정보란 신문지상에 공적으로 게재되는 사회 · 경제적 정보, 증권분석 기관의 분석정보 및 기업의 결산정보 등을 지칭한다. 따라서, 준강형 효율적 시장에서는 약형 효율적 시장이 자동적으로 성립된다. 그 결과 과거의 정보는 물론 현재의 정보를 이용하여 주식투자에 이용한다 할지라도 시장평균 이상의 수익률을 올릴 수 없다.

강형 효율적 시장은 현재까지 가능한 모든 공적인 정보는 물론 기업의 극비 정보마저도 주가에 반영되므로 기업의 비공개 정보를 보유한 내부거래자일지라도 평균 이상의 초과수익률을 얻을 수 없는 시장을 말한다.

이와 같이 시장이 약형, 준강형, 혹은 강형 효율적 시장이라면 과거의 주가 움직임이나 현재의 공적인 혹은 비공개 정보를 가지고 있다 할지라도 미래의 주가분석에 아무런 영향을 줄 수 없다는 의미인데 왜 투자분석가들

알고 갑시다

- **내부거래자**
  내부자라 함은 회사의 임원, 직원 또는 주요 주주 등 기업의 중요 정보를 직접 다루는 내부자 및 준내부자를 말하며, 투자자의 투자판단에 중요한 영향을 미칠 수 있는 비공개 정보를 이용하여 내부자가 주식투자를 하는 내부자 거래는 투자자 보호를 위해 법으로 금지하고 있다.

은 과거의 주가나 현재의 정보를 이용하여 주식투자에 활용하고 있는가? 그 이유는 각 나라 주식시장 구조와 정보의 종류에 따라 시장이 효율적으로 반응하지 못하는 경우가 있기 때문이다. 앞에서 언급하였듯이 효율적 시장이 되기 위해서는 정보의 유출과정이 매우 신속하고 모든 투자자가 동시에 새로운 정보를 가장 저렴한 비용으로 입수하여야 하는 기본전제가 필요하다.

그러나 주가는 정보에 따라 과대 혹은 과소평가되는 과민반응을 나타내기도 하고, 또한 정보의 전달속도가 신속히 이루어지지 않거나 새로운 정보가 일부 한정된 투자자에게 국한되어 입수될 경우도 발생하므로 시장이 완전히 효율적일 수는 없다. 즉, 정보는 적극적으로 분석하여 투자하는 투자자에게 먼저 전달되고 다수의 일반 투자자에게 전달되기까지는 일정한 시간이 소요되며 실제 투자행위와 정보의 입수 간에도 약간의 시차가 존재하므로 일정기간 동안 시장가격은 균형점으로부터 벗어날 가능성을 가지고 있다.

이런 논리 위에서 투자분석가는 시장의 비효율성이 효율적으로 이동되는 순간을 포착하여 역으로 투자에 적극 활용할 수 있다고 믿고 있다. 그러면 투자 분석가들이 투자에 많이 활용하는 방법 중에 일반투자자들이 이용 가능한 것에는 어떤 것이 있는지 알아보자.

2 공시자료의 시차이용법

증권시장이 준강형 효율적 시장이라면 현재까지 입수가능한 모든 공적인 정보는 현재의 주가에 모두 반영되어 그 정보로 인한 초과수익률의 달성이 어렵게 된다. 그러나, 정보의 입수와 분석 그리고 저렴한 가격으로 충분히 많은 투자자에게 공유될 때 준강형의 효율적 시장이 성립된다. 현실적으로 정보의 입수와 분석에는 제약이 뒤따르기 때문에 공적인 공시자료의 정보가 발표된다 할지라도 현재의 주가에 반영되기까지 일정한 시차가 존재한다. 특히, 여러 가지의 정보 중에 배당 등의 공시자료도 주가에 완전히 반영되기까지는 국가들마다 각기 다른 수치를 보이고 있다.

분기별 수익공시자료가 발표된 때 해당 기업의 주가에 미치는 영향을 분석해 본 결과 수익성 공시자료는 일반투자자에게 공개되고 입수가능한 정보임에도 불구하고 발표 이전 약 2개월 전부터 주가가 반응을 보이기 시작하여 공시 후 약 1개월까지 초과수익률이 나타나고 있는 것을 볼 수 있다. 물론, 이와 같은 실증분석은 검증에 사용되는 자료의 기간과 분석 방법에 따라 다소의 다른 결론을 가질 수 있지만 중요한 사실은 공적인 정보도 주가에 반영되기까지 일정한 시차를 가지고 있으므로 준강형 효율적 시장이 성립되지 않는 경우가 존재한다는 것이다. 이와 같은 비효율성을 이용하여 이익공시자료가 발표되기 전 약 2개월 전에 해당 주식을 매입하여 공시 발표 후 1개월 정도에 매도한다면 초과수익률을 올릴 수 있는 가능성이 타기간에 비하여 높을 것이다.

유 · 무상증자 및 주식분할정보를 이용하여 시장의 비효율성을 투자에 전용할 수 있다. 무상증자 및 주식분할의 경우 공시 후 수일간 누적초과수익률이 발견되었으며 유상증자의 경우는 공시일이 아니라 실제 권리락 전 · 후에 비정상초과수익률이 발견되고 있다. 따라서, 유 · 무상 및 주식분할에 관한 정보를 입수하였을 때는 무상증자와 주식분할의 경우는 공시일 전 · 후 그리고 유상증자일 경우는 권리락 전 · 후를 매매시점으로 포착한다면 타 기간에 비하여 초과수익률을 얻을 가능성이 높을 수 있다. 기간에 따라 준강형의 효율적 시장을 공시일이나 권리락일을 이용한다 할지라도 초과수익률을 얻을 수 없는 경우가 있을 수 있지만 막연한 매매 시기 결정보다는 확률적으로 높은 우위를 점할 수 있으므로 일반투자자의 입장에서 고려하여도 무방하다고 본다.

그림 10-1 무상증자 및 주식분할에 따른 초과수익률

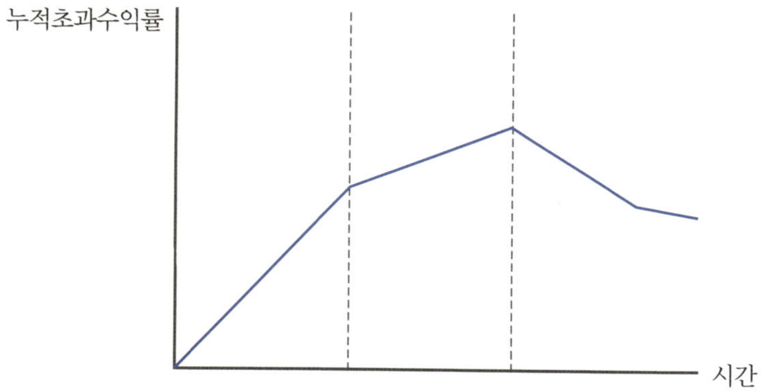

자료 : 김철교 · 이래웅, "무상증자와 주식분할에서의 기업특성과 주가반응", 「증자론」, 법문사, 1988, pp.17~95.

그림 10-2 유상증자에 따른 초과수익률

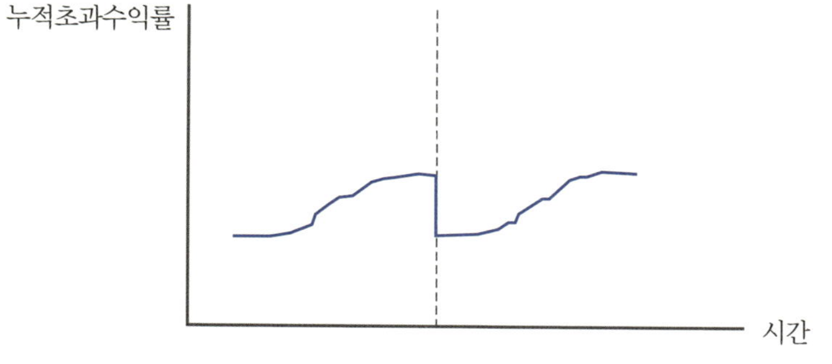

자료 :" 한국주식시장에서 유상증자가 주가에 미치는 영향의 실증분석", 상게서, pp.17~95.

3 시장이례현상을 이용한 매매 시기 포착

주식시장에서 미래주가의 움직임이 어떻게 진행될 것인가에 대하여 많은 연구가 계속되고 있지만 일반화된 정설에는 랜덤워크가설(random walk hypothesis)이 있다. 이 가설은 현재의 주가는 과거의 주가형태와 아무런 관계가 없으며 현재의 주가 또한 미래의 주가예측에 아무런 도움을 주지 못한다는 것이다. 다시 말하면 주가란 무질서한 체계 속에서 움직이며 과거, 현재, 미래의 주가 간에 아무런 상관관계가 존재하지 않는 무작위적(random) 변동이라고 가정하고 있다.

이러한 주가의 움직임 속에서 일련의 불규칙성이 시간이 지남에도 불구하고 사라지지 않고 정기적으로 지속되며 특정한 장소에서만이 아니라 많은 국가의 증권시장에서 동일한 현상이 나타나지만 이론적으로 명확히 설명할 수 없는 것을 지칭하여 시장이례현상(market anomalies)[1)]이라고 한다. 따라서, 불규칙적 특성인 시장이례현상이 증권시장에서 지속적이며 체계적으로 영향을 미치게 된다면 투자자는 이를 이용하여 주식의 선택 및 매매시점의 파악을 효과적으로 수립할 수 있는 투자전략을 수립할 수 있다.

시장이례현상을 이용하여 주식의 선택능력을 고조시킬 수 있는 투자전략의 수립은 주로 기업 특성적 시장이례현상과 관련되며 매매시점의 파악은 계절적 시장이례현상과 밀접한 관계를 가지고 있다. 본장의 초점은 매매시점을 분석하는 것이므로 계절적 시장이례현상을 대상으로 자세히 알아 보기로 한다. 계절적 시장이례현상이란 주식시장에서 일련의 불규칙성이 시간대별로 나타나는 현상을 말하며 그 종류로는 계절이례효과(season effect), 1월효과(January effect), 월중효과(monthly effect), 주말과 휴일효과(week-end and holiday effect), 그리고 일중효과(intra-day effect) 등으로 나눌 수 있다.

---

1) 시장이례현상은 시장의 평균적인 특징을 분석하는 것이므로 종목에 따라서는 다른 결과를 보일 수 있다.

1) 계절이례효과

일반적인 계절효과(seasonality)란 기업제품의 특성상 특정 계절에 매출이 감소 혹은 증가함에 따라 주가에 변화를 초래하는 것을 말한다. 그러나, 기업제품의 특성과 관계 없이 특정 계절에 시장 전반의 주가가 상승 혹은 하락하는 현상을 계절이례현상이라고 한다.

이는 각 국가마다 이례현상이 나타나는 계절이 다르기는 하지만 명확한 이유 없이 특정 계절에 시장의 불규칙이 나타나므로 모든 국가에 일률적으로 이용될 수는 없다. 한국의 경우 주로 혹서기인 7, 8월에 주가가 하락하는 현상을 보여주고 있으므로 7, 8월 이전에 주식을 매도하고 7, 8월에 하락세의 바닥이 보이는 시기에 매입하면 투자수익률을 고조시킬 가능성이 높아진다.

2) 1월효과

1월효과란 1월 한 달 동안의 주가수익률이 주식시장의 평균수익률을 초과한다는 것으로 실제 이를 이용한 성공사례가 많이 나타나고 있다. 1월효과는 1942년 미국주식시장을 대상으로 특정한 달의 주식수익률이 다른 달의 주식수익률과 차이가 나타나는가를 연구한 위첼(Wachtel)의 시도 이후로 세계 주요 국가의 주식시장에서도 지속적으로 발견되고 있는 이례현상이다.

우리나라의 경우 많은 실증적 분석에서 1월 달의 주가수익률이 주식시장의 평균수익률을 초과하고 있다는 것을 나타내고 있는데 각 월별, 지수별수익률은 [그림 10-3]와 같다.

[그림 10-3]에서 보는 바와 같이 대형주가지수를 제외한 나머지 3개 지수는 1월 달의 주가수익률이 다른 달에 비해 월등히 높으며 혹서기인 8월에는 전 지수가 동시에 음(−)의 수익률을 기록하고 있는 것을 알 수 있다. 따라서, “혹서기인 8월에는 주식을 매입하여 연말과 연초장을 기다린다.”는 투자자들의 전략은 경험적으로 1월효과를 알고 투자전략을 수립한다고 볼 수 있다.

그림 10-3 **월별 지수별 주가수익률**

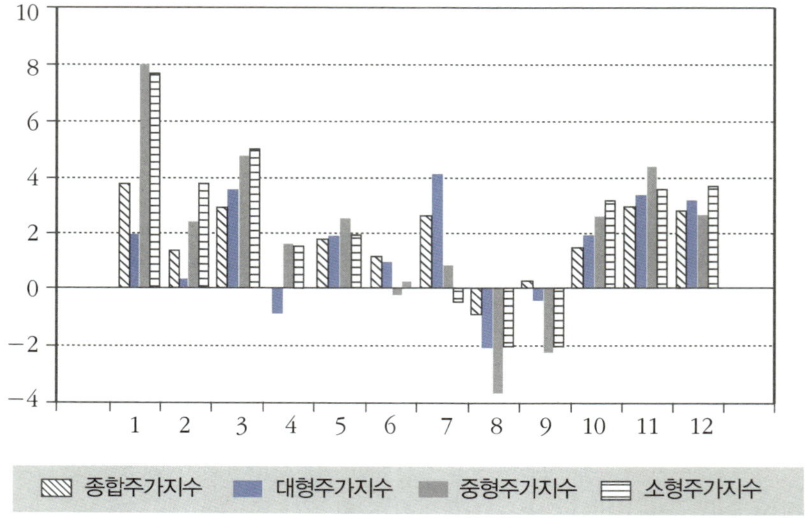

자료 : 윤영섭 외 8인 공저, 「주가변동과 이례현상」, 학연사, 1994, p.42의 자료를 이용하여 그래프화한 것임.

1월효과는 대체로 기업특성 가운데 기업 규모와 연관하여 관찰하면 더욱 뚜렷이 나타나는데 대기업보다는 소규모의 기업에서 1월효과가 더욱 뚜렷하다는 것을 발견하였다. 특히, 소규모의 기업에서는 1월의 수익률 중 약 50% 이상이 1월 최초 며칠 동안에 나타난 것이며, 경우에 따라서는 12월의 마지막 영업일 며칠 전부터 1월 초까지의 수익률이 1월 수익률의 약 40%를 차지한다는 것을 발견하고 이를 연말연시효과(turn-of-the-year effect)라고 하였다.

3) 월중효과

월중효과란 매월 거래일들 중에서 특정 기간의 주가수익률의 분포가 일정하게 나타나는 현상을 말하며, 달력상의 거래월을 기준으로 대체로 매월 초순의 수익률이 하순의 수익률보다 높은 현상을 지칭한다. 한국의 경우는 거래월의 22번째 거래일부터 8일간의 수익률이 타 기간에 비하여 높은 평균

알고 갑시다

• **월급효과**

월급날이 몰려 있는 24, 25일 이후 월말과 다음 달 월초에 주가가 강세를 보인다. 이러한 현상은 적립식펀드에 가입한 직장인의 월급통장에서 금융회사 계좌로 납입금이 자동이체되면서 주식매수 여력이 대폭 확충되기 때문으로 적립식펀드의 월말, 월초효과라고도 한다.

실제로 지난 2005년 1월 말 현재 적립식펀드 누적 가입금액은 2조1천억 원이며 이 중 절반 이상은 은행 월급통장에서 자동이체되고 있는 것으로 알려졌다. 특히 직장인의 경우 월급날이 24일과 25일에 몰려 있어 월말 이전에 적립식펀드로 자금이 대량 이전되고 있다.

수익률을 기록하고 있다는 실증분석이 나와 미국과 다른 형태를 보여 주고 있다.

4) 주말과 휴일효과

주말과 휴일효과는 주말이나 휴일 전날 초과수익률을 올릴 수 있는 것을 지칭하며 한국의 경우는 주초가 매수시기이며 주말이 매도시기인 현상을 말한다. 이와 같은 주말효과 현상을 이론적으로 규명할 수는 없지만 대체로 기업이 악재의 정보를 보도하여야 할 경우 주초에 발표하여 그 주간내내 주가의 하락을 가져오는 현상을 지양하고 주말까지 기다렸다가 발표한다. 그러면 주말 동안 거래가 중단되면서 악재의 파급효과가 희석되어 주가에 크게 악영향을 미치지 못하게 하려는 기업의 의도가 주말효과를 이유로 생각되고 있다.

주말효과가 나타나는 시장에서 투자자는 목요일이나 금요일에 계획했던 구매행위를 다음 주 월요일까지 연기하고 월요일에 계획했던 매도를 전주 금요일에 하게 되면 초과수익을 얻을 수 있게 된다. 또한, 경축일이나 휴가철의 이전이 이후 기간보다 높은 초과수익률을 올린다는 것도 주말효과의 맥락에서 해석할 수 있다. 참고로 요일별 종합주가지수 수익률을 1980년부터 1990년까지 분석한 결과는 [그림 10-4]와 같다.

그림 10-4 요일별 수익률 구조

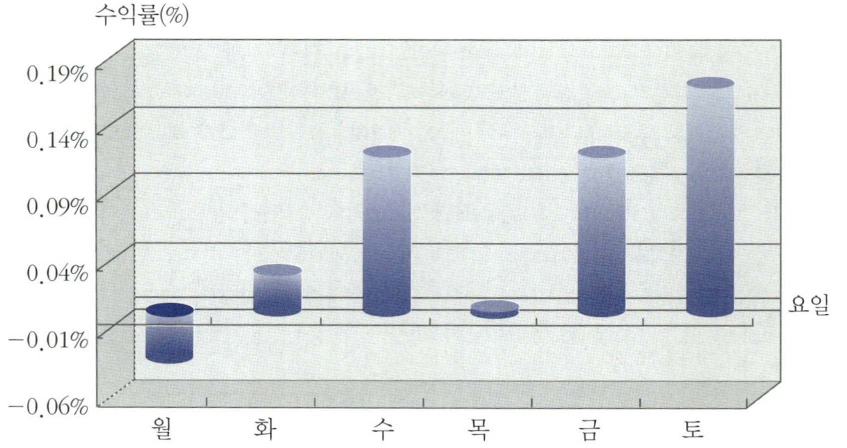

자료 : 윤영섭 외 8인, 전게서 참조.

알고 갑시다

• **블랙화요일**

'화요일에는 불나네.' 올해 들어 종합주가지수가 화요일에 가장 많이 하락한 것으로 나타났다.

올 들어 지난달까지 종합주가지수 등락 현황을 조사한 결과 화요일 증시는 모두 11번 가운데 8번이나 지수가 떨어져 하락 확률이 72.7%에 달해 '검은 화요일'을 나타냈다. 다음으로 수요일이 12번 가운데 8번 하락해 하락률 66.7%를 기록했다.

반면 주가하락이 가장 많이 발생하는 것으로 알려져 '블랙 먼데이(검은 월요일)'로 익숙한 월요일이 13번 가운데 9번 상승, 그 동안의 징크스를 깼다. 상승 확률은 69.2%에 달한다.

이에 대해 박동명 굿모닝신한증권 연구위원은 "증시에서는 금요일과 월요일이 하락확률이 높은 것으로 알려져 있는데 올해 정반대 결과가 나왔다"며 "미국 시장 반영도가 과거와 달라졌기 때문인 것으로 판단된다"고 말했다.

즉, 주말 미국 증시 관심도가 약해지면서 월요일에 미국 증시 상황이 덜 반영되고, 화·수요일에야 뒤늦게 부진했던 미국 증시 영향이 '후폭풍'으로 반영되면서 하락하는 경우가 많았다는 설명이다. (매일경제 2005-04-03 인용)

4 주식투자 격언

1) 주식을 사기보다는 때를 사라

주식투자의 가장 큰 목적은 투자 차익에 있다. 최대의 투자차익을 남기기 위해서는 사는 시점과 파는 시점의 선택이 가장 중요하다. 지금 매수하지 않으면 다시는 이런 좋은 기회가 오지 않을 것 같아 무리를 하다가 실패하는 경우가 많이 있다. 막 떠나려는 버스를 성급하게 타다가 다른 노선의 버스를 잘못 타는 것보다 느긋한 마음으로 다음 버스를 타는 것이 현명한 방법인 것처럼, 성급하게 참여했다가 실패하는 것보다 다음 기회를 노리는 것이 현명한 선택이다. 이번 버스가 떠나면 다음 버스가 오듯이 주식투자를 위한 좋은 기회는 반드시 다시 온다. 당신에게 주식투자를 위한 적절한 시기를 기다리기에는 아직도 많은 세월이 남아 있음을 명심하라.

2) 주식을 사는 것은 기술이고 파는 것은 예술이다.

주식투자에 있어서 매수보다 매도가 더 중요함을 말한다. 대부분의 투자자들은 매수시점을 선택하는 것보다 매도시점을 잡는 데 더 어려움을 느끼고, 실제로 파는 마무리는 잘 하지 못해서 실패하는 경우가 많다. 예를 들어 얼마의 수익을 올리면 미련 없이 팔겠다거나 아니면 얼마를 잃으면 미련없이 팔겠다는 등의 손절매에 관한 확실한 기준도 없이 주저주저하다가 팔수 있는 기회를 놓치고 본의 아니게 많은 손실을 당하는 투자자들을 흔히 볼 수 있다. 불안해서 너무 일찍 팔아도 안되지만 욕심 때문에 너무 끝까지 이익을 추구해서도 안된다. 손해보고 있을 때도 적은 손해로 투자를 마무리 할 줄 알아야 한다. 많은 투자자들이 자기의 본전을 기준으로 매매를 결정하기 때문에 적절한 매도시점을 놓친다. 매매시점 결정은 자기가 산 값이 얼마였느냐가 아니라 주식이 더 오를 것인가 내릴 것인가의 전망에 따라서만 결정하여야 한다.

3) 대중이 가는 뒤안길에 꽃길이 있다.

인기의 뒤안길을 가라. 사람들이 사는 것을 생각도 못 할 때가 살 때이다. 초보자에게 주식이 너무나 쉽게 보일 때는 이미 그 주식의 주가가 많이 올라 있는 상태이다. 따라서 대중이 미처 알아채지 못하고 있는 재료주를 찾아 투자하면 큰 돈을 벌 수 있다.

주식에 관련된 믿을 만한 속설 중에 ① 시세판 앞에서 활짝 웃는 투자자 사진이 신문에 세 번 이상 실리고, ② 구두닦이가 주식얘기를 하며, ③ 농부가 소판 돈을 들고 객장을 찾아가고, ④ 살림만 하던 아줌마들이 애를 업고 객장에 나오기 시작하면 잘 나가던 주가가 떨어진다는 것이다. 너도나도 몰릴 때가 곧 내리막이고, 그때가 상투잡는 때이다.

즉, 주식이든 부동산이든 남들이 거들떠보지도 않을 때 사고, 모든 사람이 관심을 가질 때는 빠져 나와야지 남들과 똑같이 행동해서는 오히려 뒷북만 칠 가능성이 많음을 명심하라.

4) 생선의 꼬리와 머리는 고양이에게 주라.

주식투자를 하다보면, 자기가 사고나면 떨어지고 팔고나면 오르는 소위 '머피의 법칙'을 경험하게 된다. 그런데 주식을 팔고 나서 그 주식의 가격이 오르면 일반 투자자들은 몹시 애통해 하는 것이 보통이다. 심지어 팔고나서 오르는 것이 겁이 나서 제때에 팔지 못하는 사람도 많다. 주식을 우연히 천정에서 파는 소수의 사람을 제외하고는 팔고나서 오르는 것이 정상이다. 바닥이라고 판단하여 사고나면 그 바닥 아래에 예상치 못한 깊고 깊은 지하실이 있음을 뒤늦게 발견하는 경우는 허다하다. 그렇기 때문에 항상 '무릎에서 사고 어깨에서 판다'는 마음으로 주식투자를 해야 하는 것이다.

사고나서 떨어지면 자기가 정한 선에서 일단 손절매를 하고 다음 기회를 노리면 되고, 또한 팔고난 후에 오르면 그냥 웃을 수 있는 여유를 가지는 것이 중요하다. 주가의 바닥과 천정은 경제전문 귀신도 모른다. 그러니 '팔고나서 올라도 애통해 하지 마라'.

5) 주식과 결혼하지 마라.

자기가 가진 주식에 지나친 애정을 가지고 장기간 보유하면 주식을 팔기회를 잃어버린다. 또한 손해 본 주식을 장기간 보유하면서 버티기 작전을 하면 손실만 깊어질 따름이다. 주식투자는 자기 나름의 소신을 가지고 해야겠지만 너무 자기 생각에만 집착해서는 안된다. 고집이 지나치게 세고 융통성이 부족한 성격의 사람은 주식투자가 적성이 아닌 것으로 알려지고 있다.

상황이 불리하고 자기 판단이 잘못되었다고 생각하면 하루아침에 시세관을 180도 바꾸는 유연성이 주식투자에는 절대적으로 요구된다. 즉, 주식투자에는 독야청청 소나무보다는 고무신을 거꾸로 신는 여자의 마음을 가질 필요도 있는 것이다.

6) 시장분위기에 도취되지 마라.

주식시장에는 항상 어떤 분위기가 형성되어 있다. 낙관적 분위기라든지 비관적 분위기, 관망 분위기 등이 그것이다. 이러한 분위기는 불합리한 인간심리나 단면적인 투자 판단에 좌우되므로 수시로 변한다. 따라서 시장 분위기에 휩싸인 충동매매는 후회의 근본이 된다. 남의 이야기나 시장분위기에 영향을 받아서 충동적으로 매매를 결정하는 사람은 대개 투자 결과가 좋지 않은 것이 보통이다. 시세의 장기적인 흐름이나 기업 내용, 주가의 현재까지의 움직임 등을 충분히 생각해 보지도 않고 즉흥적인 감정으로 매매를 결정하기 때문에 실패하기 쉽다. 시장분위기를 벗어나서 객관적이고 냉정한 상태에서 시장의 흐름을 분석하고 투자 판단을 내려야 성공확률이 높아진다.

또한 왜 그 기업에 투자했느냐고 물어보면, 본인은 그 기업에 대해서 아는 것이 전혀 없는데, 다른 사람의 좋다는 말만 듣고 무조건 투자했다는 일명 '묻지마 투자'는 반드시 피해야 한다. 즉, 내가 자세히 알지 못하는 기업에는 투자하지 않는다는 원칙을 세워두는 것이 나중에 큰 낭패를 보지 않는 길임을 명심할 것.

7) 여유자금으로 투자하라.

목숨이 걸린 돈이나 비상금으로 주식투자를 해서는 안된다. 주식시장의 시세가 좋다고 해서 생활비나 용도가 정해진 자금들을 동원해서 투자했다가 주가가 크게 하락하면 큰 손해를 보고 팔아야 한다. 그러므로 투자자금은 여유자금으로 한정해야 한다. 또한 투자자금을 항상 100%주식에 투자한 상태로 끌고 가는 것은 좋은 방법이 못된다. 항상 현금보유비율이 30% 정도는 유지되는 것이 좋다.

대박을 꿈꾸며 여유자금이 아닌 생계에 영향을 미칠 수 있는 자금으로 투자가 아닌 투기적으로 접근하다 대박보다는 쪽박을 맞는 경우를 흔히 볼 수 있다.

8) 움직이지 않는 주식에는 손을 대지 마라.

주가의 진행방향은 한 번 정해지면 상당기간 동안 같은 방향으로 움직이므로 이 움직이는 방향에 편승하는 것이 가장 쉽고 확실한 투자방법이다. 움직이지 않는 주식은 지루하고 앞으로 오르게 될지 내리게 될지 잘 알 수 없으므로 투자 위험이 커진다.

그러나 '장기간 움직이지 않던 주식이 오르기 시작하면 크게 오른다'는 것도 염두에 두자. 장기휴면 주식이 움직이기 시작하면 그만한 이유가 있어서 움직인다. 오랫동안 움직이지 않던 주식이 한 번 오르기 시작하면 크게 오르는 것이 보통이므로 조금 올랐다고 좋은 기회라 생각하고 팔아 버리는 것은 잘못된 방법이다.

9) 하루 종일 시세판을 쳐다보고 있어도 돈은 벌 수 없다.

주식시세에 중독이 되면 매분 매시간 주가 변화를 알고 싶어 못 견디지만 시간시간의 주가 변화를 안다는 것은 투자에 전혀 도움이 되지 않는다. 늘 객장에 나가 있으면 장세 분위기에 휩쓸려 숲을 보지 못하고 나무만 보게 되어 본의 아니게 뇌동매매를 하게 되므로 증권사 객장에는 되도록 나가지 않는 것이 좋다.

하루하루의 주가 등락은 거의 우연성에 의해 결정되는 경우가 상당히 많기 때문에 그것을 모두 예측하고 편성하는 것은 거의 불가능하다. 또한 주가의 일일 변동이나 단기적인 파동만 보고 투자를 하면 시세의 큰 흐름을 보지 못한다. 강물의 잔 파도만 보고 배를 노저어 가면 자기도 모르는 사이에 엉뚱한 곳으로 흘러내려 가고 마는 것처럼 말이다. 따라서 하루 이틀의 잔파도는 타지 않는 것이 좋다.

숲을 먼저 보고 나무를 보아라. 먼저 시세의 큰 흐름과 그 배경을 이해하고 그러한 바탕 위에서 눈 앞의 시세를 해석해야 한다. 증권시장은 흔히 자본주의의 성감대라고 할 정도로 정치, 사회, 경제 모든 부문의 각종 요인이 작용하므로 이를 종합적으로 해석할 수 있는 안목을 기르는 것이 중요하다. 주식투자를 전문으로 하는 펀드매니저나 전문가가 아니라면, 1일 파동 또는 2~3일 단위의 초단기 매매는 증권회사의 수수료 수입만 늘려줄 뿐 본인에게는 결국 손실만 쌓아가는 결과를 낳기 쉽다.

10) 사고팔고 쉬어라. 쉬는 것도 투자다.

주식투자에서 사고파는 것 못지않게 중요한 것이 바로 쉬는 것이다. 프로야구와 같은 1년 간의 긴 레이스에서는 경기가 없는 날에 푹 쉬는 것도 다음 경기를 위한 것으로 하나의 경기의 연장선이라고 볼 수 있다. 즉, 운동에서도 충분한 휴식을 취하지 못하면 체력이 소진되어 다음 경기를 망치듯

주식투자에서 빈번한 매매는 실패의 근본이라고 할 수 있다. 제 아무리 전문가라도 약세장에서 큰 돈을 벌기는 어렵다. 대세의 큰 장에서 수익을

올렸다 하더라도 바로 다시 들어갈 것이 아니라 잠시 쉬면서 다음 장을 대비할 줄 알아야 한다. 쉬는 것도 하나의 큰 투자 방법임을 명심하라.

11) 바닥은 깊고 천정은 짧다.

주식시세가 진행되는 일반적인 패턴은 바닥기간이 가장 길고 상승기간은 매우 짧다. 주가가 급등하는 천정권의 시세는 극히 짧은 기간에 머물고 그로부터 또다시 기나긴 하락기간으로 들어가는 것이 보통이다 시세가 천정권에 머무는 기간이 짧기 때문에 머뭇머뭇해서 주식을 팔 기회를 놓치지 말라.

만약 1, 2년 이상을 내다보는 장기투자가 목적이 아니라면, 일 년 중 실제 매매를 하면서 주식투자를 하는 기간보다 매매 후, 현금을 보유하고 다음 기회를 노리면서 쉬는 기간이 더 많은 것이 바람직하다고 할 수 있다.

12) 달걀을 한 바구니에 담지마라.

주식시장에는 성격이 다른 여러 종류의 주식이 거래된다. 안정적인 자산주, 꿈이 있는 성장주, 인기류주, 저가부실주 등은 그 움직임이나 패턴이 전혀 다르며 업종별로도 주가는 다르게 움직인다. 종목을 선택하는데 있어서 한 두 종목에 집중할 경우 성공하면 크게 남기지만 실패하면 크게 손해 본다. 그러므로 적당한 종목 수로 나누어 분산투자하는 것이 종목 선택의 기본이다.

분산투자와 관련된 격언하나를 더 소개하자면 '나누어서 사고 나누어서 팔아라'는 말을 들 수 있다. '달걀을 한 바구니에 담지마라'는 말은 종목분산을 통한 위험관리에 초점을 두는데 반해, '나누어서 사고 나누어서 팔아라'는 말은 동일 종목일지라도 매매 시기를 분산함으로써 위험을 감소시킬 수 있다는 데 초점을 맞춘다. 즉, 투자자들은 누구나 시세에 대한 100% 확신을 가질 수 없기 때문에 나누어서 매매함으로써 시황의 변화에 따라 매매를 조정할 수 있다는 것이다.

13) 시대적 요구에 부합되는 미인주를 발굴하라.

어느 시대에 있어서나 그 시대의 이상과 꿈을 대표하는 기업이나 업종이 있다. 만인이 좋아하고 만인이 흥분할 수 있는 시대적 기업이나 업종이 있다면 그 주식은 증권시장에서 반드시 인기주로 부상하게 된다. 모든 투자자들에게 가장 미인으로 보이는 주식이야말로 가장 잘 올라간다. 그러나 인기주 투자는 초기에 뛰어들면 대성하지만 뒤늦게 뛰어들면 대패하게 된다는 점을 명심할 필요가 있다. 결국 인기는 유행처럼 변하는 것은 속성을 갖고 있기 때문에 한때의 미인주가 영원한 미인주일 수는 없다. 주식시세에서한 업종이나 종목 집단에 인기가 집중하더라도 시간이 지나면서 신선미가 없어지고 인기는 퇴조하여 새로운 종목집단으로 이동한다. 즉,' 인기는 순환한다'. 주식시장의 인기는 업종별로 순환하는 것이 일반적인 패턴이다. 따라서 그때그때 시대적 변화에 관심을 갖고 유망업종을 선별할 수 있는 안목을 길러야 한다.

14) 천정권의 호재는 팔고 바닥권의 악재는 사라.

주가는 오르는 힘이 다하면 저절로 떨어지고, 장기간 바닥을 굳힌 후 서서히 오르기 시작하는 주가는 어떤 악재가 나와도 오른다. 그러므로 천정권에서 큰 호재로 주가가 폭등하면 팔아야 하고 바닥권에서 악재로 주가가 폭락하면 사야 한다.

15) 뉴스를 과신 말고 기사는 행간을 읽어라.

신문이나 방송의 뉴스는 같은 내용의 뉴스를 신문사나 방송국에 따라서 보도하는 각도가 다르고 오보나 추측기사, 각색기사 등이 많으며 사실을 있는 그대로 전달하지 못한다. 따라서 뉴스를 너무 과신해서는 안된다. 또한 신문기사를 곧이곧대로 읽지 말고 행간에 숨겨진 또 다른 의미를 해석할 수 있는 안목을 길러야 한다.

16) 합창을 하면 주가는 반대로 움직인다.

모든 사람들이 주가가 반락하면 사겠다고 생각하고 있으면 반락은 오지 않고 많은 사람이 반등이 오면 팔겠다고 생각하면 반등은 오지 않는다. 모든 사람이 큰 시세가 올 것이라고 생각하고 있으면 미리 주식을 모두 사놓고 큰 시세가 오면 팔겠다고 생각하고 있는 상태이므로 그런 경우 큰 시세는 오지 않는다.

17) 수급은 모든 것에 우선한다.

주가도 일반상품 시세와 마찬가지로 근본적으로 수요와 공급에 의해서 결정된다. 사회적으로 유동성이 풍부하여 주식시장으로 자금이 밀려올 때에는 어떠한 악재에도 주가는 오르고 증자 등으로 주식물량이 과다해진 상태에서는 어떠한 호재나 부양책에도 주가는 하락한다.

18) 대세는 오래가도 개별 종목시세는 짧다.

주식시장에서 장기간에 걸친 큰 시세가 나오는 경우에 모든 종목이 함께 상승하는 것은 아니다. 먼저 우량주가 오르고 다음에 보통주가 오르고 마지막에는 부실저가주가 오른다. 종합주가는 계속 오르지만 부실주가 천정부지로 오르는 동안에 먼저 오른 우량주는 시세가 끝나고 하락세로 들어간다.

19) 종목별로 상승하고 일제히 하락한다.

주가가 오르는 것은 미래에 대한 어떤 기대심리 때문이다. 기대는 단계적으로 커지기 때문에 주가도 업종별 종목별로 순환하면서 단계적으로 오른다. 반면에 주가가 하락하는 것은 인간의 불안 공포심 때문인데 인간의 불안 의식은 순식간에 모든 사람에게 전파되는 경향이 있어서 주가가 하락할 때에는 업종이나 종목의 구분 없이 일제히 하락한다.

20) 대량거래가 지속되면 천정의 징조다.

주식시세는 큰손이나 전문투자가들에 의해서 주도되는 것이 보통이다. 이들 시장전문가들은 바닥권이나 시세의 초기 단계에서 매입했다가 시장활황을 보고 몰려드는 일반투자자나 대중투자자들이 매입에 열중할 때 보유주식을 사정없이 내다판다. 전문가와 아마추어 간에 손이 바뀌는 과정에서 대량거래가 수반되고 주가도 등락이 교차되는 혼조장세가 연출된다. 전문가들이 시장을 빠져나가면 시세는 대개 천정을 친다.

제Ⅳ부

파생 및 금융상품

제Ⅳ부에서는 위험관리를 위한 파생상품과 주식관련 금융상품을 소개하고 있다. 제11장에서 선물과 옵션은 위험을 관리하는 중요한 역할을 담당하고 있고 기존의 증권과는 다른 거래형태와 기능을 가지고 있어 이를 본 장에서 이해 가능하도록 설명하였다. 제12장에서는 주식관련 파생상품과 간전투자 상품 등이 투자자의 다양한 요구(Need)에 부응하여 많은 거래가 실제로 이루어지고 있다. 현실 경제에서 자주 등장하는 신금융상품을 중심으로 각 상품의 성격과 특징을 자세히 기술하여 현실경제를 이해하도록 하였다.

제 11 장

파생상품시장

1. 선물시장
2. 옵션시장

현대인은 불확실성의 시대에 살고 있다. 산업의 발전이 가속화되고 온갖 정보기기가 개발됨에 따라 사회의 변화속도는 그 어느 때보다 빠르고 미래에 대한 예측을 불확실하게 한다. 더욱이 각종 금융시장은 규제의 철폐 혹은 완화라는 금융의 자유화를 개혁적으로 추진하게 됨으로써 국가 간의 경제적 국경을 철폐시켜 왔다. 국경 없는 국가 간 거래는 경제적 상호의존도를 심화시키고 자본의 이동을 촉진시키며 한 국가의 경제적 혼란이 다른 나라로 급속히 확산되기에 이르렀다.

이런 국제적 환경 하에서 개인투자자는 물론 기업들도 안정적 이윤 창출에 있어서 예기치 않은 많은 경제 · 사회적 변수에 영향을 받고 있다. 특히 70년대 이후 세계의 경제환경은 유가(oil price)를 포함한 물가, 환율, 금리 그리고 주식가격 등의 급격한 변동에 의하여 한치 앞을 내다볼 수 없을 정도로 급변하고 있다. 가령 해외에서 원자재를 수입하여 완제품을 만드는 기업은 원자재의 가격이 오르락내리락하여 안정적인 수익을 위한 가격결정에 큰 문제를 겪고 있다. 또한 외환시장의 불안정으로 인한 환율의 변동으로 인하여 큰 손실을 당하는 경우가 발생하며 그 실례로 엔고(yen高)현상으로 일본의존도가 높은 기업의 환차손이 상품의 판매수익을 능가한 경우를 들 수 있다. 뿐만 아니라 새로운 사업이나 운영자본을 확보하기 위하여 기업이 자금을 조달할 경우 금리변동에 큰 영향을 받아 자금조달의사결정에 변화를 초래할 수 있으며 유상증자를 통한 자금조달 역시 주식의 가격변동에 따라 크게 영향을 받게 된다.

이와 같은 상황 하에서 실물자산이나 자본시장의 가격변동은 투자자와 기업의 경영위험을 고조시켜 위험관리(risk management) 분야의 중요성이 높아지는 결과를 낳았다. 따라서 가격의 변동성을 관리하기 위한 방법에 대한 요구가 높아지고 이에 부응하기 위하여 자연발생적으로 출현하게된 것이 선물, 옵션, 스왑 등의 파생상품(derivatives)이다.

파생상품은 새롭게 발생하는 위험들을 관리하고 동시에 투자자산으로서의 가치를 창출한다는 이중의 목표를 가지고 계속적으로 연구개발되고 있다.

80년대에 들어서는 파생상품의 개발을 위한 이론들을 물리학, 유전공학, 전산학, 수학 그리고 통계학 등으로부터 수입하여 재무관리 기법과 접목함으로써 마치 첨단과학기술과 유사한 복잡성과 정교성을 가지게 되어 재무공학(financial engineering)이라는 새로운 분야를 탄생시켰다.

이렇듯 복잡한 파생상품을 거래하는 근본이유는 파생상품이 가지는 경제적 기능에서 찾을 수 있다.

① 파생상품은 가격변동위험을 관리하는 효율적 수단을 제공한다. 제품이 생산자에서 소비자로 전달될 때까지 일정한 시간이 소요되며 이 기간 동안 현물가격은 변동하게 되므로 파생상품을 통하여 변동하게 될 가격변화를 중화시켜 가격변동에 따른 위험을 감소 혹은 제거시키게 된다.
② 유동성을 증가시켜 경쟁력을 통한 거래의 활성화를 촉진시킨다. 현물시장 전반에 영향을 미치는 거시경제적인 사회적 변수들의 변화로 발생하는 위험인 시장위험(market risk) 혹은 체계적 위험(systematic risk)이 파생상품의 도입으로 관리가 가능해졌다. 따라서 현물시장에의 투자를 주저하던 잠재적 투자자들을 현물시장은 물론 파생상품시장에까지 참가할 수 있도록 유도함으로써 거래를 활성화하고 유동성을 제고시킨다.
③ 경쟁을 촉진시켜 정보의 전달속도를 신속하게 하고 정보비용을 감소시켜 시장의 효율성을 높인다.
④ 파생상품시장의 도입으로 자본형성을 촉진시켜 자본의 효율적 배분이 일어날 수 있도록 한다.
⑤ 새로운 투자수단을 제공함으로써 투자기회를 확대시켜 준다.

그러나 파생상품은 주식상품과는 달리 얻는 자(winners)와 잃는 자(losers)가 엄연하게 구분되는 제로섬(zero-sum) 게임이다. 즉, 막대한 자금력과 첨단의 투자기법을 보유한 측이 절대우위를 점할 수 있으므로 많은 자금의 손실을 초래할 수 있는 위험성을 내포하고 있다. 특히 파생상품은 작은 자본으로 대량의 거래가 가능한 금융상의 힘(leverage effect)을 가지고 있으므로 파생상품에 대한 정확한 이해와 정교한 투자기법을 습득하지 않고 참가하는 것은 위험하다.

본장에서는 파생상품들 중 선물과 옵션에 국한하여 자세히 알아보기로 한다.

1 선물시장

1) 선물의 의미

선물시장의 의미를 알아보기 위하여 먼저 선도매매시장(forward market)의 개념을 알아보기로 하자. 선도매매시장이란 해당 현물상품을 사는 사람과 파는 사람 간에 가격을 포함한 모든 거래조건을 현재시점에서 계약하고 상품의 인 · 수도와 그에 따른 대금결제는 미래의 일정시점에서 이루어지는 것을 말한다. 이를 쉽게 설명하기 위하여 쌀 선도매매를 예로 들어보자.

농부 甲은 지금부터 3개월 후에 쌀을 수확할 예정인데 이 기간 동안 쌀 시장개방에 대한 정부의 시책이 불확실하고 동시에 기후조건등으로 인해 쌀 가격이 하락한다면 큰 손실을 당할 위험을 걱정하고 있다. 반면에 쌀 막걸리를 만드는 양조업자 乙은 향후 3개월 후에 추수기가 되면 막걸리에 대한 수요가 증가할 것으로 예상하고 많은 양조업자들이 막걸리의 생산량을 늘리게 되면 쌀 가격이 상승될 것이며 이로 인한 생산단가의 인상으로 이윤폭이 감소할 위험이 있다고 판단하였다. 만약 甲과 乙이 향후의 쌀 가격 변동에 대하여 동일한 예상을 한다면 甲과 乙사이에 매매가 성립되지 않을 것이다. 그러나 현재 甲과 乙의 예상은 상호반대이므로 각각의 손실위험에 대비하여 매매계약을 체결하고자 한다.

현재 쌀가게(쌀 현물시장)에서 쌀 1kg당 2,000원에 거래되고 있지만 농부 甲은 양조업자 乙에게 쌀 1,000kg을 3개월 후에 수확하여 배달해 준다는 조건으로 kg당 2,100원을 요구하였고 乙은 이에 동의하여 매매계약이 체결되었다. 양조업자 乙이 kg당 2,100원의 제의가격에 응한 이면에는 나름대로의 계산이 있다. 향후 쌀 가격의 상승에 대비하여 현재 kg당 2,000원에 쌀의 품질을 유지하는 데 필요한 유지비 및 보관에 따르는 관리비, 그리고 만일의 도난 사태에 대비하여 보험비등의 비용이 필요하므로 현재의 쌀 가격에 이 비용을 감안하여 kg당 2,100원에 쌀 선물을 매입한 것으로 판단된다.

이와 같이 거래당사자 甲과 乙은 쌀 선도매매시장에 참가하여 가격을 포함한 거래조건을 현재 계약하고 실제로 쌀의 인 · 수도와 그에 따른 대금결제는 3개월 후인 미래 일정시점에서 행하는 계약을 체결함으로써 향후 쌀 가격의 변동에 상관 없이 매매가 가능하게 되었다.

이런 종류의 거래가 일정한 조직화된 장소(선물거래소)에서 규격화된 거래조건으로 특정 상품에 대하여 거래가 이루어지는 것을 선물시장 혹은 선물(futures)이라고 한다.

선물과 선도매매거래는 동일한 기본개념을 가지고 있지만 다음과 같은 중요한 차이점이 있다.

① 선물거래는 선물거래소라는 정형화되고 조직적인 시장에서만 일어나고 선도매매는 시간과 장소의 제약이 없이 거래당사자 간의 직접계약에 의하여 이루어진다.

② 선물거래는 거래당사자 간의 직접계약이 아니라 거래소와의 계약이며 반드시 거래소의 회원인 중개회사를 통하여 매매주문을 낼 수 있고 불특정 다수인 간의 경쟁입찰에 따라 결정된 가격으로 거래가 이루어지므로 거래상대방을 알 수 없다.

③ 선물거래는 만기시에 반드시 현물의 인 · 수도가 이루어질 필요가 없으며 반대매매를 통하여 계약을 종료시킬 수 있다. 그 밖의 차이점은 [표 11-1]에 요약되어 있다.

표 11-1 선물거래와 선도매매의 차이점

	선 물 거 래	선 도 매 매
거래방법	공개경쟁입찰	거래당사자 직접계약
경제적 기능	연속적 헤지 기능	불연속 헤지 기능
시장형태	조직화된 거래소	제한 없음
가격형성	계속적	계약시 단 한 번
거래조건	표준화	계약에 따라 조정가능
의무이행보증	결제회사	거래당사자 신용
실물인도	2~3%만 실물인도	98%이상 실물인도

2) 시장 참가자

(1) 참가 목적에 따른 분류

가. 헤저(hedgers)

헤지목적을 가지고 선물시장에 참가한 자로 상기의 예에서 농부 甲과 양조업자 乙이 이에 해당한다. 즉, 미래 쌀 가격의 상승과 하락이라는 변동 위험을 회피하기 위하여 참가한 자들이다.

나. 투기자(speculators)

선물가격의 변동에 따른 시세차를 얻을 목적으로 참가한 자들이다. 이들은 미래의 가격에 대하여 자신의 예상에 바탕을 두고 예상과 적중할 시에는 이익을 얻고 예상이 빗나가면 손해를 각오하고 참가하므로 가격변동의 위험이 존재하여야 참가목적을 달성할 수 있다. 투기자는 가격변동위험을 제거하기 위하여 참가한 헤저들을 대신하여 위험을 안고 예상이 적중하면 그에 따른 반사이익을 얻는 자들이므로 선물시장을 활성화하고 유지하는데 반드시 필요한 거래자이다.

알고 갑시다

• **헤지**(hedge)

외부로부터 오는 위험을 막기 위하여 울타리를 친다는 뜻에서 유래되어 경제 변수의 변동으로 인한 가치변화의 위험을 제거 혹은 감소시킨다는 의미로 사용된다. 예를 들어 환율의 변동으로 인하여 수출 및 수입대금의 원화가치가 변동하면 통화선물을 이용하여 환율변동위험을 관리하는 것을 환리스크(exchange rate risk)를 헤지한다고 한다. 그 밖에도 금리, 인플레이션, 주가 등의 변동성 위험을 헤지할 수 있으며 선물거래의 가장 중요한 기능 중의 하나이다.

알고 갑시다

• **차익거래**(arbitrage)

재정거래라고도 하며 시장 간의 불균형에 의하여 가격이 서로 다른 때에 자금을 빌려 싼 시장에서 상품을 매입하고 비싼 시장에 팔아 빌린 자금의 원금과 이자를 지불하고 남은 매매차익을 얻고자 하는 거래이다. 따라서 차익거래는 본인의 자금이 전혀 투자되지 않고 아무런 위험 없이 이윤을 창출할 수 있으므로 차익거래기회가 계속 존재하는 한 무한정의 이익을 얻을 수 있어 돈을 만드는 수도(money pump)라고 한다. 그러나 차익거래의 기회가 존재하면 차익거래자가 많이 몰려 싼 시장에서는 사자는 수요자가 증가하여 상품의 가격을 상승시키게 되고 비싼 시장에서는 팔자의 공급자가 증가하여 상품의 가격은 하락하게 되므로 그 결과 두 시장은 동일한 가격을 가지게 된다. 이때를 균형점이라고 부르며 차익거래의 기회는 사라진다.

다. 차익거래자(arbitrageurs)

현물과 선물 간의 일시적 가격 불균형에 의하여 발생하는 가격차이를 아무런 위험 없이 이익화하는 거래자들을 말한다. 이 거래를 실행하기 위해서는 선물의 이론적 가격을 정확하게 산정할 수 있어야 하고, 이론가격과 선물의 실제 시장가격간에 대소를 비교하여 현물과 함께 거래전략을 수립하여야 하므로 신속한 처리를 위한 컴퓨터 시스템이 뒷받침되어야 한다.

(2) 시장중개인의 성격에 따른 분류

가. 선물중개인(FCM: Futures Commission Merchant)

고객의 주문을 처리하는 데 필요한 서비스를 제공함과 동시에 고객 예탁금의 관리등 계좌개설부터 매매 종료까지 모든 중개 및 관리업무를 수행하고 이에 대한 수수료를 받는 자를 말하며 우리나라의 경우는 법인이어야 한다. 외국의 경우에는 선물중개인이 반드시 법인으로 국한되지 않고 개인에게도 허용되어 있는 것이 특징이다.

나. 장내거래인(Floor Trade)

개인이나 법인인 거래소 회원으로서 보통 FCM을 겸하고 있으며 선물거래소의 거래장(pit)에서 자기 고객의 주문을 중개하여 체결시켜 주거나 아니면 자기 계정으로 자신을 위하여 직접 선물 주문을 행하는 자들이다. 장내거래인 중 고객의 주문을 중개하는 자들을 장내 브로커(floor broker)라고 하며 자기계정으로 주문하는 자를 로칼(local)이라고 한다.

다. 중개알선자(IB: Introducing Broker)

FCM에게 고객을 알선하고 자금을 유치하도록 권유하는 자이며 때로는 자금운용을 위해 거래주문을 대행하여 주지만 FCM과는 달리 거래와 관련된 증거금등 일체의 현금이나 유가증권을 수수할 수 없다.

라. 선물거래 상담사(CTA: Commodity Trading Advisor)

선물투자에 대하여 조언과 지시를 하고 일정률의 수수료 또는 이익의 일부분을 받는 자이다. 이들은 FCM에 소속되어 있기도 하지만 독립적으로 운영하여 고소득을 올리고 있는 전문 투자상담사로서, 선물시장에서 중요한 직업으로 각광받고 있다.

마. 선물신탁운영자(CPO: Commodity Pool Operator)

선물상품에 투자한 자금이나 유가증권을 모집 권유하는 자이며 소규모 투자자로부터 모집된 자금을 이용하여 선물에 투자하고 그 수익금의 일부를 받

알고 갑시다

장내거래인들은 자신들이 투자하고 있는 선물보유 상황(포지션)에 따라 스캘퍼(scalper), 일일거래자(day trader), 포지션거래자(postion trader)로 구분된다.

- **스캘퍼**
  선물포지션의 보유기간이 극히 짧아서 2~5분 동안에 매수 및 매도를 통한 호가차이를 이익으로 취하는 시장조성자(market maker)이며 시장의 유동성을 높이는 역할을 한다.
- **일일거래자**
  포지션의 보유시간이 1일을 경과하지 않고 당일 중으로 포지션을 마감하는 자이며 스캘퍼와 함께 시장의 유동성 제고에 큰 역할을 담당하고 있다. 스캘퍼와 마찬가지로 일중 매수·매도호가 차이를 이익으로 취하며 대체로 시장 마감 30분 전에 전 거래량의 1/4 이상이 이루어진다.
- **포지션거래자**
  수일 내지 수주일 이상 포지션을 보유하는 거래자이다.

는다. 대체로 CTA와 CPO가 같이 모여 선물회사를 설립하여 운영하는 경우가 많다.

바. 등록대리인(AP: Associated Person)

선물거래에 필요한 서류 작성을 대리하고 거래주문의 접수 및 매매체결에 관한 내용을 보고하는 자이다. 등록대리인이 되기 위해서는 선물시장에 관한 기초적인 지식을 필요하므로 간단한 자격시험을 요구하고 있다.

3) 선물시장의 구조

(1) 거래소(Exchange)

선물거래는 반드시 조직화된 거래소(exchange)를 통하여 이루어진다. 미국에서 가장 오래되고 거래량이 많은 시카고 상품거래소(CBOT: Chicago

Board of Trade)를 전형으로 하여 세계 각국에는 많은 거래소가 설립되어 운영되고 있으며 거래소에 가입된 회원에 한하여 선물거래를 하도록 하고 있다. 거래소 내부에 설치된 6각형의 스탠드와 같은 곳에서 매매가 이루어지는데 이를 핏(pit)이라고 한다. 거래자는 핏 주변에 모여서 공개발성호가제도(open cryout system)에 의하여 경쟁적으로 가격을 체결한다. 그러나 최근에 와서는 많은 거래소가 공개발성호가제도보다는 전산호가제도를 많이 채택하거나 두 제도를 병행하고 있다.

모든 거래소는 선물거래가 공정하고 질서 있게 이루어질 수 있도록 제반 실무규약을 정하고 투자자를 보호하기 위한 업무를 담당하고 있다. 거래소가 하는 주된 임무는 다음과 같은 내용을 결정하는 것이다.

가. 계약단위

해당 선물 1계약당 규정된 수량을 말하며 거래가 활성화될 수 있을 정도로 적정한 단위로 정한다. 가령 한국거래소의 파생상품시장에서 금선물 1 계약의 거래단위는 1Kg이다. 이와 같이 모든 선물은 각 상품의 1계약 단위를 거래소가 정한다.

나. 가격변동폭

모든 선물은 호가가격단위가 정해져 있으며 최소가격 변동폭은 호가를 제시할 때 최소로 가격이 움직일 수 있는 폭을 말한다. 우리나라 금선물에서 호가는 10g 당 가격으로 10원이 호가 단위이다. 즉 최소가격변동폭은 호가단위×1 계약단위가 된다.

다. 인도조건

선물계약은 해당 상품의 인도시기와 절차를 명시하고 있다. 해당 상품을 인도하는 달의 특정 요일을 지정함으로써 거래의 집중도를 높이기 위함이다. 금선물의 경우 2, 4, 6, 8, 10, 12월 중 6개와 짝수월이 아닌 월 중 1개로 총 7개이다. 그러나 각국의 거래소마다 인도월과 인도일을 거래소의 사정에 따라 다르게 정할 수 있다.

알고 갑시다

• **공개발성호가**

매입자와 매도자가 동시에 원하는 선물상품의 pit 주변에 모여 자신이 사거나팔고자 하는 가격을 수신호와 발성을 통하여 공개적으로 알려서 가격이 맞는 당사자 간에 매매가 체결되는 것을 말한다. 반면에 전산호가제도란 매입과 매도가격을 전산에 입력하여 시간우선, 가격우선, 수량우선 등의 원칙으로 매입자와 매도자간의 가격이 일치하면 전산에서 자동적으로 거래가 체결된다. 두 제도 모두 각각의 장·단점을 가지고 있어 두 제도를 병행하는 거래소가 증가하고 있다.

라. 가격제한폭(Price limit)

선물거래는 일반 주식등의 거래와 달리 손 · 익의 고저가 큰 위험을 가지고 있으므로 급격한 선물가격의 변동으로 막대한 손실을 당하는 경우 거래질서의 혼란이 일어날 수 있으므로 하루 동안 가격이 변동할 수 있는 최고 · 최저 폭을 설정하고 있다.

(2) 결제회사(Clearing House)

거래소의 모든 참가자에게 계약이행을 보장하기 위하여 거래소 내부에 담당 부서를 두거나 혹은 독립된 법인을 조직하여 결제에 따른 모든 업무를 관장하는 곳을 결제회사 혹은 청산소라고 한다. 결제회사는 선물 매입자와 매도자의 거래 상대방 역할을 대신하며 각 거래자는 결제회사에 대하여 의무를 가지므로 거래자 간의 신뢰성은 중요하지 않고 결제회사 자체의 공신력이 문제가 된다. 따라서 결제회사의 존재 여부가 선도매매와 선물거래의 주요한 차이점이다.

결제회사는 계약이행을 보장하기 위하여 고객의 포지션에 대하여 선물가격변화에 의한 지분의 가치변화를 매일매일 파악하고 증거금을 관리한다. 결제회사의 주요 기능은 다음과 같다.

가. 일일정산제도(Daily Settlement System)

선물계약의 결제이행을 준수할 수 있도록 선물가격의 변화에 따른 지분가치의 변동을 매일매일 관리 및 조정하는 것을 말하며 일일결제(marking-to-market)라고도 한다.

나. 증거금(Margin)

증거금이란 선물거래를 위하여 계좌를 개설할 때 결제회사가 매입자와 매도자 모두에게 계약의 이행을 보증하도록 요구하는 담보금 성격의 보증금으로 계약의 성립과 동시에 납부하는 개시증거금(initial margin)과 선물가격의 변화로 지분의 가치가 일정수준 이하로 내려가면 원래의 개시증거금 수준으로 추가증거금(variation margin)을 납부하도록 요구(margin call)할 수 있으며 일정수준으로 유지하도록 규정된 증거금을 유지증거금(maintenance margin)이라고 한다.

결제회사는 일일정산과 증거금을 총괄하여 관리하며 증거금 납부를 거래자에게 요구하고 이에 불응할 때에는 강제로 반대매매하여 계약을 종료시킨다. 개시증거금은 현금이 아닌 대용증권(주식, 채권, 혹은 CD 등)으로 납부할 수도 있지만 추가증거금은 반드시 현금으로 납입하여야 한다.

4) 선물의 가격 결정

선물거래는 미래의 가격변동위험을 감소 혹은 제거하기 위하여 참가한다는 목적을 달성하기 위해서는 해당 상품을 현재 보유하여 미래에 인수도 하고 미리 정해진 가격으로 대금을 결제하여야 한다. 따라서 현재 거래되는 현물시장(spot market)보다 상품의 인수도가 늦게 이루어지므로 인수도 기간까지 상품의 보관과 유지에 경비가 필요하다. 선물매도자는 이 경비를 고려하여 매입자에게 가격을 제시하게 된다. 또한 선물매도자는 미래에 인도할 상품을 현재 보유하고 있으므로 금융이득을 얻을 수 있는 기회를 상실하게 된다. 즉, 이 상품을 지금 팔아서 그 대금으로 안전한 곳에 투자하면 이자소득

알고 갑시다

• **보유비용모델**(cost of carry model)

보유비용모델 하에서 결정되는 선물가격은 다음과 같이 표현된다.

선물이론가격 = 현물가격+보유비용−보유이득

대체로 보유비용의 크기가 보유이득을 능가하므로 선물의 이론가격은 현물의 가격보다 높게 나타나지만 선물시장과 현물시장의 상황에 따라 실제 시장가격은 달리 결정될 수도 있다. 선물의 가격이 현물의 가격보다 높은 경우를 정상시장(normal market)이라고 하며 반대로 현물의 가격이 선물가격보다 높은 시장을 역조시장(inverted market)이라고 한다. 역조시장은 현물시장에서 상품의 공급이 차질을 빚어 상품기근현상이 나타날 때 많이 일어난다.

이 발생하지만 상품의 인도는 미래시점에 일어나고 대금 또한 그 당시에 얻게 되므로 선물매도자는 자기가 얻을 수 있었던 이자소득을 선물거래로 포기하는 대신 선물가격이 이 이득만큼 보상할 수 있도록 요구하게 된다. 그러나 선물매도자가 미래에 인도할 상품을 현재 보유하고 있음으로 해서 얻을 수 있는 이득이 있다. 가령 해당 상품이 주식이나 채권일 경우에는 미래에 인도할 때까지의 기간 중에 발생하는 배당금이나 이자지급 등은 선물매도자가 얻는 이득이므로 선물가격에서 제외시켜야 한다.

이와 같은 근거 하에서 선물가격을 결정하는 방법이 보유비용모델(cost of carry model)이다.

5) 선물거래의 종류

(1) 상품선물(Commodity Futures)

상품선물은 미국의 시카고를 중심으로 발달하기 시작하여 현재 세계 각국에서 활발히 거래되고 있다. 초기의 상품종류로는 미국 중서부 지방에서 대량으로 생산되는 소맥, 옥수수, 콩 등이었지만 현재는 커피, 코코아 등의 식료품은 물론 면화, 구리, 금, 은 등의 광물 및 원유에 이르기까지 다양하게 거래되고 있다. 우리나라는 돈육과 금만이 거래되고 있다

(2) 금융선물(Financial Futures)

금융선물은 1972년 통화선물(currency futures)을 중심으로 거래되기 시작하여 미국정부주택저당채권(GNMA)이 상품으로 도입되고 금리에까지 확대되어 현재 금리선물(interest rate futures)이 가장 활발한 유동성과 거래량을 보이고 있다.

통화선물에서 활발하게 거래되는 외환으로 달러, 파운드, 엔, 스위스 프랑, 마르크, 길더 등이 있으며 금리선물은 T-bill, T-bond, T-note 그리고 유로달러(Eurodollor) 등이 있다. 그리고 1982년 캔사스 시티에서 시작되어 역사는 짧지만 거래 규모 및 경제적 기능의 측면에서 높이 평가되고 있는 주가지수선물(stock price index futures)은 기타 선물과는 달리 인수도하는 대상이 실체가 없는 추상적인 지수(index)라는 것이 특징이며, 우리나라에도 KOSPI200 주가지수선물이 한국거래소에서 1996년 5월부터 거래되고 있다.

6) 한국의 주가지수 선물

주식관련 선물로는 KOSPI200선물, 코스피200섹터지수선물, 코스피200변동성지수선물 , 개별주식선물 등이 거래되고 있다.

코스피200 선물은 유가증권시장본부에 상장된 주권 200 종목의 시가총액기준으로 산출된 코스피200 지수(산출기준시점 1990.01.03)를 기초자산으로 하는 상품이다. 코스피200섹터지수선물은 코스피200지수 구성종목을 산업군별로 재분류하여 산출한 코스피200섹터지수를 기초자산으로 하는 상품이다. 코스피200변동성지수선물은 코스피200옵션가격을 이용하여 미래(30일) 코스피200의 변동성을 나타낸 지수(V-KOSPI 200)를 기초자산으로 하는 상품이다.

코스피200 선물 및 코스피200섹터지수선물과 코스피200변동성지수선물

은 주가지수를 기초자산으로 하고 있으며, 최종결제방식은 현금결제방식을 채택하고 있다.

개별주식 선물은 주식시장에 상장되어 있고 유통주식수가 200만주 이상, 소액주주수가 2,000명 이상, 1년간 총거래대금이 5,000억원 이상인 보통주식 중에서 시가총액과 재무상태 등을 감안하여 선정한 기업이 발행한 주식을 기초자산으로 하는 선물이다. 주식관련 선물의 대표격인 코스피200 선물을 통하여 주가지수 선물의 전반적인 의미와 거래구조를 자세히 알아보자.

가. 코스피200섹터지수선물

코스피200섹터지수선물은 코스피200지수 구성종목을 산업군별로 재분류하여 산출한 코스피200섹터지수를 기초자산으로 하는 상품이다. 코스피200 섹터지수선물은 주가지수를 거래대상으로 하고 있으며, 최종결제방법은 현금결제방식을 채택하고 있다.

나. 코스피200변동성지수선물

코스피200변동성지수선물은 코스피200옵션가격을 이용하여 미래(30일) 코스피200의 변동성을 나타낸 지수(V-KOSPI 200)를 기초자산으로 하는 상품이다. 변동성지수선물은 지수를 거래대상으로 하고 있어 최종결제방법은 현금결제방식을 채택하고 있다.

(1) 주가지수선물의 의미

주가지수선물의 상품인 주가지수는 증권시장 전반의 상황을 평균적으로 파악하는 지표이므로 추상적이다. 따라서 계약 만기시인 인도월에 현물의 인수도가 일어날 수 없으므로 인수도를 대체할 수 있는 방법이 필요하다. 주가지수선물에 참가한 계약자 간에 인수도 대신 계약 개시 당시의 가격과 계약만료시인 인도일의 가격차이를 상호 현금으로 결제할 수 있다. 이런 현금정산방법이 주가지수선물이 다른 선물과 구별되는 중요한 기준이다. 따라서 주가지수선물은 주가지수에 대하여 현재 계약을 맺고 만기일 전에 반대매매하거나 아니면 만기일에 현금으로 정산하여 계약을 종료시키는 선물로 정의된다.

(2) 주가지수선물의 목적

미래의 주가지수가 상승 혹은 하락할 것인가에 대한 예측을 놓고 현재시점에서 가격을 정하여 거래하므로 일부에서는 주가지수선물을 투기적이라고 비난하는 경우도 있다. 그러나 이는 주가지수선물에 대한 이해의 부족에서 오는 잘못된 판단이다.

주가지수선물은 70년대 이후부터 현저하게 변동성이 증대하고 있는 주식시장의 가격변동위험을 관리하여 투자자를 보호하고, 투자자의 심리요인과 시장의 급작스런 불균형으로 야기되는 가격이상현상을 빠른 시간내에 균형으로 되돌려 시장의 안정성을 높이는 중요한 기능을 가지고 있다.

1982년 미국 캔사스 시티에서 밸류라인 주가지수(VLI : Value Line Index)에 대하여 선물을 도입하려고 할 때 일부에서는 현물주식시장에 유입된 자금 중 투기적 성격이 있는 자본이 선물시장으로 이전되어 현물주식시장의 위축을 가져올 것이라는 부정적 효과를 우려하였다. 그러나 주가지수선물은 오히려 현물주식시장의 규모를 확대시켜 주는 결과를 낳았다. 주식투자에 있어서 가장 문제시되는 것은 가격변화에 따른 투자위험인데 주가지수선물이 등장하기 이전까지는 잘 분산된 포트폴리오를 구성하여 개별주식이 가지는 위험은 분산할 수 있었지만 시장 전반에 미치는 시장위험은 투자자가 감수하여야 하였다. 그러나 주가지수선물은 분산투자가 해결하지 못하는 시장 전반의 위험을 헤지하는 기능이 탁월하여 지금까지 주식시장에의 투자를 기피하던 각종 연기금의 주식시장 투자금이 선물시장으로 유출된 투기성 자금의 규모보다 많아 주가지수선물 도입 이후 주식시장의 규모가 확대되는 결과를 가져왔다.

또한 선물시장은 다른 어떤 시장보다 정보의 전달속도가 빠른 시장이므로 주가지수선물은 현물 주식시장의 정보 공유성과 신속성에 영향을 미쳐 시장의 현물주식과 주가지수선물을 연계시킴으로써 실효성을 제고시키고 정보의 신속하고 광범위한 전달체계 미비로 인한 불균형 가격을 최단시간 내에 정상가격으로 전환시키는 역할을 한다.

이와 같이 주가지수선물은 현물주식 포트폴리오의 효율적 관리는 물론 주식시장의 균형적 발전을 가져오는 기능을 함과 동시에 투자자에게 선물이라는 새로운 투자기회를 제공하여 투자자산의 관리 폭을 넓히고 기업에게는 새로운 자금조달원을 제공하여 국민경제의 활성화에 이바지한다.

(3) KOSPI 200 선물의 구조

가. 기초자산

제5장에서 자세히 설명된 KOSPI 200지수 그 자체가 기초자산이다. 한국거래소에 상장된 종목중 거래가 활발하며 시가 총액이 일정규모이상인 200개의 종목으로 구성된 지수이다.

나. 결제월물

주가지수선물은 거래의 집중을 유도하기 위하여 결제일(인도일)을 정해진 달의 특정 요일에 국한하게 되며 이에 따라 결제월물이 결정된다. KOSPI 200지수선물의 결제월물은 결제월에 따라 3월물, 6월물, 9월물, 그리고 12월물로 4개가 있다.

현재 시점에서 가장 가까운 결제월물을 최근월물(spot month)이라고 하며 반대로 가장 먼 결제월물을 최원월물(deferred contract)이라고 한다.

다. 거래단위

주가지수선물의 계약단위는 포인트당 25만원으로 계산된 거래 당시의 계약지수와 동일하다. 즉, KOSPI 200선물을 1계약 매입할 당시 KOSPI 200선물지수가 200포인트라면 1계약단위는 200포인트×25만원=5천만원이 된다. 따라서 계약 당시의 선물지수가 몇 포인트이었는가에 따라 계약단위는 달라진다.

라. 호가단위

KOSPI 200선물의 호가단위는 0.05포인트로 정하고 있기 때문에 소수점 둘째 자리의 선물가격 호가가 무시된다. 따라서 호가단위는 0.05포인트이기 때문에 호가 1단위의 금액은 0.05포인트×25만원=12,500원에 상당한다.

마. 일일가격제한폭

선물가격의 급격한 변동에 의한 시장 혼란을 방지하기 위하여 일일변동폭을 지수 수준에 따라 달리 정하였지만, 현재는 기준가격 대비 각 단계별로 ① ±8% ② ±15% ③ ±20% 와 같이 확대 적용하였다.

바. 증거금

KOSPI 200지수선물의 위탁증거금(개시증거금)은 약정 금액의 7.5%이며 유지증거금(거래증거금)은 5%이다. 가령 선물지수가 100포인트일 때 10계약을 주문하였다면 총약정금액은 100포인트×25만원×10계약= 2.5억원이므로 2.5억원의 7.5%와 5%가 개시 및 유지증거금이 된다.

(4) KOSPI 200 선물의 간단한 활용 예

현재 보유 중이거나 미래에 보유하고자 하는 주식의 가격변화에 의한 손실 폭을 줄이거나 제거하는 헤지전략을 수립하는 데 주가지수선물을 이용하면 효율성을 높일 수 있다. 가령 A투자신탁 회사는 소규모 투자자로부터 자금을 모집하여 12억원 규모의 펀드를 조성하고 20X0년 4월 24일 현재 전액 주식에 분산 투자하였다고 하자. 펀드 운용자는 향후 50일 후에 주식 시장이 전반적으로 침체할 것으로 예상하고 주가지수선물을 이용하여 헤지하고자 한다.

주식시장이 전반적으로 하락한다면 KOSPI 200지수도 하락할 것이며 따라서 KOSPI 200지수에 대한 선물가격도 동시에 하락이 예상된다. 선물의 가격이 하락할 때 이를 이용하여 이득을 얻으려고 한다며 하락하기 전에 팔고 나중에 실제로 하락된 가격에 동일한 상품을 재매입하여야 한다. 즉, 20×0년 4월 24일 현재 KOSPI 200지수가 100포인트이며 6월물 선물가격이 105포인트이었던 것이 50일 후인 6월 13일 95포인트로 하락하였다고 가정하면, 105포인트에 KOSPI 200 6월물 선물을 팔고 6월 13일에 95포인트로 재매입함으로써 (105－95)=10포인트의 이득을 얻을 수 있다. 1포인트의 가격은 25만원이므로 6월물 선물 1계약당 10포인트×25만원=250만원의 이득을 얻는다. 한편 주식에 분산 투자된 12억원은 주가의 하락으로 6월 13일 10억 8,000만원이 되었다. 초기의 주식에 투자된 금액이 12억원이므로 4월24일 KOSPI 200지수 수준에 대비하면 선물 48계약(=12억원/100포인트×25만원)과 동일한 크기의 금액이다. 따라서 6월물 선물 48계약을 4월 24일에 105포인트에 팔고 6월 13일에 95포인트에 재매입하면 현물주식과 선물로부터 얻는 손·익은 다음과 같다.

50일후 결과

주식시장 :	4월 24일 주식포트폴리오 가치	12억 원
	6월 13일 주식포트폴리오 가치	10억 8천만 원
	손 실 (1억 2,000만원)	
선물시장 :	4월 24일 6월물 48계약 매도 105pt×25만 원×48계약=12억 6,000만 원	
	6월 13일 6월물 48계약 매입 95pt×25만 원×48계약=11억 4,000만 원	
	이 익	1억 2,000만 원
	총 손 익	0원

현물 주식 포트폴리오로부터 발생한 손실만큼 주가지수선물로부터 이득을 얻었으므로 주식시장의 전반적인 하락에도 불구하고 12억원의 펀드는 초기와 동일하게 유지될 수 있다. 이와 같이 주가지수선물은 각종 주식포트폴리오 펀드를 관리하는 데 효과적으로 이용된다.

(5) KOSPI 200 선물의 위험 공시

증거금에서 설명하였듯이 선물을 주문할 때 증거금의 일부분만 현금으로 납입하고 나머지는 주식 및 채권 등의 대용증권을 이용할 수 있다. 가령 현금 1억과 시가 100억원의 주식 및 채권을 가진 기관투자가가 현금 1억을 주식 혹은 선물에 투자할 경우를 생각해 보자. 주식에 투자할 경우는 1억원의 주식만 매입할 수 있지만 주가지수선물에 투자할 경우는 1억원을 개시증거금으로 일부분으로 사용하고 나머지 증거금은 보유하고 있는 주식이나 채권 등의 대용증권으로 납입한다면 주식에 투자할 때보다 훨씬 많은 양의 투자를 할 수 있게 된다. 따라서 선물은 작은 투자 금액으로 많은 양의 투자를 할 수 있는 레버리지 기능이 있어 주식보다 위험한 투자가 된다.

따라서, 선물시장은 현물주식시장보다 더욱 큰 위험을 가지는 시장이므로 사전에 투자자에게 위험을 공시하도록 법으로 규정하고 있다. 투자자는 위험공시서를 교부받아 모든 위험을 본인의 책임 하에 감수하겠다는 의사를 표시하고 거래에 임하게 된다.

2 옵션시장

1) 옵션의 정의

선물과 마찬가지로 옵션(options)은 주식이나 채권처럼 미래의 수익에 대한 직접적인 청구권을 가진 것이 아니라 기초자산(underlying asset)의 가치변화에 의하여 자신의 가치가 결정되는 제2차적 증권(secondary securities) 혹은 파생증권(derivatives)이다.

옵션은 현재 미리 정해진 가격으로 미래의 일정기간 이내 혹은 만기일에 해당 자산을 사거나 팔 수 있는 권리(right)를 나타내므로 선물의 의무조항(obligation)과 구별된다. 즉, 옵션의 보유자는 자신이 유리할 때 권리를 행사하여 이윤을 취하고 해당 자산의 가격이 불리하게 움직일 때는 사거나 파는 권리를 포기할 수 있기 때문에 자산의 가격변화에 상관 없이 반드시 계약을 이행할 의무가 있는 선물계약과 성격을 달리한다.

알고 갑시다

- **옵션 프리미엄**(option premium)
  옵션을 산다는 것은 해당 자산을 사거나 팔 수 있는 권리를 사는 것이므로 권리제공에 대한 대가를 지불하여야 된다. 따라서 이 대가를 옵션프리미엄 혹은 옵션가격이라고 한다.
- **행사가격**(striking price **혹은** exercise price)
  옵션 매입자가 옵션을 매입할 때 미래에 해당 자산을 사거나 팔 수 있는 가격을 현재 계약 당시에 정하게 되며 권리행사시에 이 가격을 적용하므로 행사가격이라고 부른다.
- **만기일**(maturity)
  옵션 발행시에 정해진 미래 일정일을 말하며 만기일을 지난 후에는 계약이 소멸된다. 옵션을 발행한 후 시간이 지나감에 따라 만기일까지 남은 기간은 점점 감소하므로 거래되는 옵션이 만기일까지 남은 유효시간을 주로 표시하며 이를 잔여만기일(term-to-maturity)이라고 한다.

옵션의 발행자인 매도자는 옵션 보유자가 권리를 포기할 경우 옵션보유자가 권리 취득시에 지불한 대금을 이윤으로 얻을 수 있고 반면 옵션 보유자가 권리를 행사할 경우에는 손실을 입게 된다. 그러나 옵션을 발행할 당시 향후 해당 자산의 가격이 어떻게 변할지는 모르기 때문에 발행자와 매입자는 동일한 상황 하에서 거래한다고 볼 수 있다.

2) 옵션의 종류

(1) 권리의 종류에 따른 분류

가. 콜 옵션(Call Option)

콜옵션은 해당 자산을 일정한 약속된 행사가격에 살 수 있는 권리(right to buy)를 말한다. 예를 들어 A기업 보통주에 대하여 행사가격이 6만원이며 20×6

년 4월 24일 현재 만기일이 6월 15일인 콜옵션을 발행하여 거래소에서 매매한다고 하자. 콜옵션은 A기업 보통주를 시장가격과 상관없이 행사가격인 6만원에 살 수 있는 권리이며, 이는 해당 자산인 A기업 보통주의 발행사인 A기업의 의사와 관계없이 발행될 수 있다. 어떤 투자자가 A기업 보통주에 대한 콜옵션을 매입하고 나서 주식시장의 상승세가 계속되어 A기업의 보통주 가격이 8만원이 되었다면 콜옵션을 매입한 투자자는 권리행사를 함으로써 시장에서 8만원인 주식을 행사가격인 6만원에 사게 된다. 시세보다 2만원을 싸게 매입함으로써 주당 2만원의 이득을 얻는다. 그러나 콜옵션을 매입한 이후부터 A기업 보통주의 가격이 계속 하락하여 4만원이 된다면 시장에서 4만원에 살 수 있는 것을 구태여 권리행사함으로써 6만원에 구입할 우둔한 투자자는 없을 것이다. 이때에는 권리행사 만기일까지 권리행사 의사를 밝히지 않고 가만히 있음으로써 권리포기가 가능하다. 이와 같이 콜옵션보유자는 A기업의 보통주 가격이 자신에게 유리하게 상승할 때에는 권리행사를 하여 이득을 취하고 반대로 가격이 하락하면 권리를 포기할 수 있다. 콜옵션의 발행자는 권리를 제공한 대가로 프리미엄(콜옵션 가격임)을 요구한다.

나. 풋옵션(Put Option)

풋옵션은 해당 자산을 약속된 행사가격에 팔 수 있는 권리(right to sell)를 말한다. 풋옵션의 매입자는 앞의 예와 반대로 만기일까지 A기업의 보통주 가격이 하락할 것을 학수고대한다. 만약 A기업의 보통주 가격이 하락하여 4만원이 되었다면 시장에서는 4만원밖에 받지 못하는 주식을 행사가격 6만원에 팔 수 있는 권리가 있으므로 권리 행사시에 2만원의 이득을 취하게 된다. 물론 풋옵션을 취득하는 데에도 일정금액의 프리미엄을 지불하여야 하므로 순이익은 2만원에서 지불한 프리미엄을 제한 나머지가 된다. 이와 같이 풋옵션 보유자는 콜옵션과 반대로 해당 자산의 가격이 하락할 것을 기대하며 하락세의 시장에서 풋옵션의 가치는 상승하게 된다.

(2) 권리행사 시기에 따른 분류

가. 유럽식 옵션(European option)

권리행사가 만기일 당일에만 가능한 옵션을 말한다.

나. 미국식 옵션(American option)

권리행사가 만기일 이전이나 만기일에 모두 가능한 옵션이다.

(3) 해당 자산에 따른 분류

권리를 행사하여 사거나 팔 수 있는 대상이 무엇인가에 따라 옵션은 여러 종류로 구별된다. 일반적으로 기초자산이 주식인 주식옵션(stock option), 각종의 외환에 대한 통화옵션(currency option), 금리에 대한 금리옵션(interest rate option), 주가지수에 대한 지수옵션(index option), 그리고 선물에 대한 선물옵션(options on futures) 등이 있다. 우리나라에서는 한국거래소에서 KOSPI 200지수에 대한 지수옵션을 1997년 7월부터 거래하고 있다.

(4) 행사가격과 자산가격의 관계에 따른 분류

가. In-the-money 옵션(내가격 옵션)

옵션의 행사가격과 해당 자산의 가격 간에 대소의 크기에 의하여 권리행사를 할 경우 이득을 얻을 수 있는 상태의 옵션을 말한다. 콜옵션의 경우 해당

알고 갑시다

- **유럽식 옵션과 미국식 옵션의 가치 비교**

  옵션은 계약 이후 만기일까지 해당 자산의 가격이 어떻게 움직일지 모르는 불확실성에 대하여 시장 참가자 각자의 예상에 따라 매매되는 것이다. 따라서 권리행사가 만기일 당일 하루에만 가능한 유럽식 옵션은 만기일에서 남은 잔여기간 중이나 만기일에 모두 권리를 행사할 수 있는 미국식 옵션보다 권리 행사시에 이득을 취할 수 있는 선택의 기회가 적으므로 다른 조건이 동일하다면 미국식 옵션의 가격이 높아야 한다.

자산의 가격이 행사가격보다 높은 상태의 옵션이며 풋옵션은 해당 자산의 가격이 권리행사가격보다 낮은 상태이다.

나. At-the-money 옵션(등가격 옵션)

옵션의 행사가격과 해당 자산의 가격이 일치할 경우의 옵션이다. 가령 행사가격이 6만원인 A기업 주식에 대한 콜옵션이 거래되고 있을 때 A기업의 보통주가 6만원이라면 권리행사를 하여 주식을 매입하는 것과 시장에서 직접 사는 경우 모두 동일한 가격이므로 이 상황에 있는 옵션을 at-themoney 옵션이라고 한다.

다. Out-of-the-money 옵션(외가격 옵션)

콜옵션의 경우는 권리행사가격이 해당 자산의 가격보다 높은 상태이며 반대로 풋옵션은 행사가격이 해당 자산의 가격보다 낮은 상태를 지칭한다.즉, 행사가격이 6만원인 A기업의 주식 풋옵션이 거래되고 있을 때 A기업 주식 가격이 변하여 8만원이라면 현 상황에서는 풋옵션의 보유에 따른 아무런 이점이 없다. 시장에서 8만원에 팔 수 있는데 구태여 권리행사를 하여 6만원에 판다는 것은 어리석은 거래행위이기 때문이다. 이 상황의 풋옵션을 out-of-the-money 풋옵션이라고 한다.

3) 옵션의 가격

옵션의 가격은 내재가치와 시간적 가치의 결합에 의하여 결정된다. 앞에서 이미 설명한 바와 같이 옵션의 내재가치는 해당 자산의 가격과 행사가격의 크기에 의하여 결정된다. 콜 옵션의 내재가치는 해당 자산의 가격이 오를수록 증가하며 반대로 풋옵션의 내재가치는 해당 자산의 가격이 하락할수록 증가한다.

또한 콜옵션은 다른 조건이 일정하다면 행사가격이 낮을수록 유리하고 풋옵션은 반대로 행사가격이 높을수록 내재가치가 높아진다. 가령 행사가격이 4만원, 5만원, 6만원인 세 종류의 콜옵션이 동일한 해당 자산인 어떤 주식에

알고 갑시다

- **옵션의 내재가치**(intrinsic value)

해당 자산가격의 수준에 의하여 결정되는 옵션의 가치를 지칭하여 내재가치라고 한다. 예를 들어 행사가격이 6만 원인 A기업 주식의 콜옵션은 A기업 주식가격에 따라 그 가치가 달라진다. 현재 A기업의 주가가 주당 8만 원인 경우 콜의 프리미엄을 일단 무시한다는 가정 하에서 콜옵션의 권리 행사를 통하여 주당 2만 원의 이익을 얻을 수 있으므로 콜옵션의 내재가치는 2만 원이다. 그러나 A기업 주식가격이 6만 원 이하로 내려가면 권리행사를 하여 A기업 주식을 매입하는 것보다 시장에서 직접 매입하는 것이 이득이므로 권리를 포기하며 이때 권리가 가지는 내재가치는 아무것도 없다. 따라서 콜과 풋옵션의 내재가치는 다음 식과 같이 표현한다.

$$C = \max[0,\ S-E],\ P = \max[0,\ E-S]$$

C와 P는 콜과 풋의 내재가치를 지칭하고 S와 E는 기초자산의 주가와 행사가격을 나타낸다. 상기의 예에서 포철의 주가가 8만 원이고 행사가격이 6만 원인 콜옵션의 내재가치는 C=max[0, $S-E$=2만 원]이므로 0과 2만 원 중 권리행사를 하여 2만 원을 취할 수 있으므로 내재가치가 2만 원이다. 그러나 A기업 주식의 가격이 4만 원이라면 C=max[0, $S-E$=−2만 원]이므로 권리행사하면 −2만 원의 손실이 발생하고 권리를 포기하면 0이 되므로 옵션이 가지는 내재가치는 0이 된다. 따라서 내재가치가 양(+)인 옵션이 in-the-money 옵션이다.

대하여 발행되고 현재 그 주식의 주가가 7만원이라면 각각의 행사가격에 따른 콜옵션의 내재가치는 3만원, 2만원, 1만원이므로 4만원의 행사가격을 가진 콜옵션이 가장 높은 가격을 가지게 된다. 옵션의 시간적 가치는 해당 자산의 가격이 얼마나 큰 폭으로 등 · 하락하는가를 나타내는 변동성(volatility)과 만기까지의 잔여기간에 의하여 주로 결정된다. 가령 현재 시장가격이 동일한 주식 A와 B에 대하여 만기 및 행사가격이 동일한 콜 옵션이 각각 발행되어 거래되고 있다.

주식 A, B의 현재 시장가격과 두 개의 콜옵션의 행사가격이 동일하므로

알고 갑시다

- **out-of-the-money 옵션의 시장가격**

out-of-the-money옵션의 내재가치는 0(zero)이므로 아무런 가치를 가지지 못하여 시장에서 거래되지 않는 것으로 생각하는 경우가 많다. 옵션의 시장가치는 해당 자산의 가격과 행사가격의 대소에 의한 내재가치와 옵션의 시간적 가치(time value)의 복합으로 결정된다. 옵션의 시간적 가치란 만기일까지 해당 자산의 가격이 변동하여 in-the-money 상태에서 out-of-the-money로 전환되거나 반대로 out-of-the-money가 in-the-money로 반전될 수 있을 가능성을 가치로 나타낸 것이다. 가령 행사가격이 6만 원인 콜옵션의 해당 자산인 A기업 주식가격이 현재 4만 원이라면 out-of-the-money 상태이지만 이후에 A기업의 주식가격이 6만 원 이상으로 상승할 가능성이 클 때에는 내재가치가 양(+)의 값을 가지며 in-themoney로 바뀔 수 있다. 이 경우 현재 out-of-the-money 상태로 내재가치는 0(zero)이지만 향후의 가능성 때문에 일정 시장가격으로 거래된다.

내재가치 또한 동일하다. 그러나 주식 A는 오를 때는 아주 많이 오르며 내릴 때는 수직 하강하는 변동성이 높은 주식이고 반대로 주식 B는 오르고 내리는 폭이 미미한 낮은 변동성을 가진 주식이라면 각 주식에 대하여 발행한 콜의 시간가치가 달라져서 옵션의 시장가치도 차이가 난다.

콜옵션의 보유자는 해당 주가가 행사가격보다 하락할 경우 권리를 포기함으로써 손실 폭을 콜매입에 따른 프리미엄의 지불로 한정할 수 있는 반면 주가가 오를 때는 권리행사를 통하여 상한선이 고정되지 않는 이윤을 얻을 수 있다. 즉, 주가가 권리행사 가격 이하로 크게 내리건 작게 내리건 권리포기로 동일한 결과를 얻지만 오를 경우에는 작게 오르는 것보다 높게 오르는 것이 훨씬 높은 내재가치를 얻을 수 있다. 따라서 변동성이 높은 주식 A에 대하여 발행한 콜옵션이 변동성이 낮은 주식 B에 대한 콜옵션보다 높은 가치를 가지게 된다. 변동성에 대한 풋옵션의 가치변화는 콜과 동일하다. 또한 옵션은 만기까지의 잔여기간에 의하여 가치가 달라진다. 만기까지의 잔여기간이

표 11-2 옵션의 가치변화와 변수의 관계

	등락 상황	콜옵션 가치	풋옵션 가치
해당 자산가격	상 승	상 승	하 락
	하 락	하 락	상 승
행사가격	높 음	하 락	상 승
	낮 음	상 승	하 락
해당 자산가격의 변동성	높 음	상 승	상 승
	낮 음	하 락	하 락
잔여만기일	장	상 승	상 승
	단	하 락	하 락
이자율	상 승	상 승	하 락
	하 락	하 락	상 승

길수록 풋과 콜은 권리행사의 기회 폭이 넓어지므로 가치의 증가를 가져온다. 가치에 영향을 주는 변수에 따른 옵션의 가치변화를 요약하면 [표 11–2]와 같다.

4) 옵션의 거래유형

(1) 기본포지션

기본포지션(naked position)은 콜 혹은 풋옵션의 한 종류만을 매입 혹은 매도하여 옵션의 가격변화에 따라 손익의 결과가 나타나는 것을 말한다. 가령 콜옵션을 매입한 경우 해당 자산의 가격이 행사가격(E)과 콜옵션 매입에 지불한 프리미엄(C)의 합계($E+C$)보다 높게 되면 이윤이 발생하며, 해당 자산의 가격이 행사가격보다 낮게 되면 권리행사를 포기하면 되므로 이때의 최저손실폭은 프리미엄(C) 그 자체가 된다(그림 11–1).

이때 옵션매입자의 C만큼의 손실이 옵션발행자에게는 이윤에 해당한다. 그러나 옵션발행자의 손실은 해당 자산의 가격이 상승함에 따라 무한정의 손해를 당할 수 있다(그림 11–2).

그림 11-1 **콜옵션 매입**

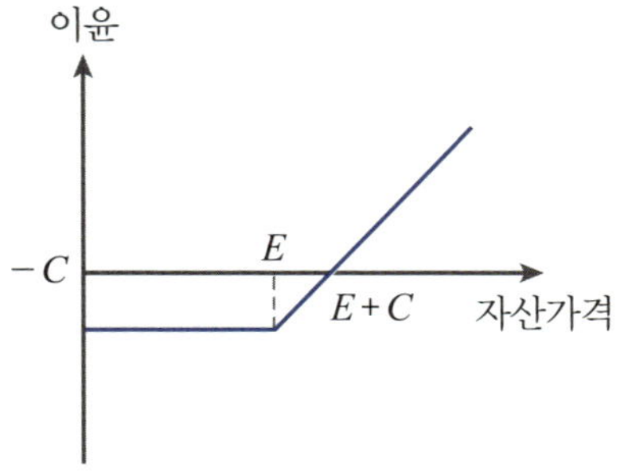

그림 11-2 **콜옵션 매도**

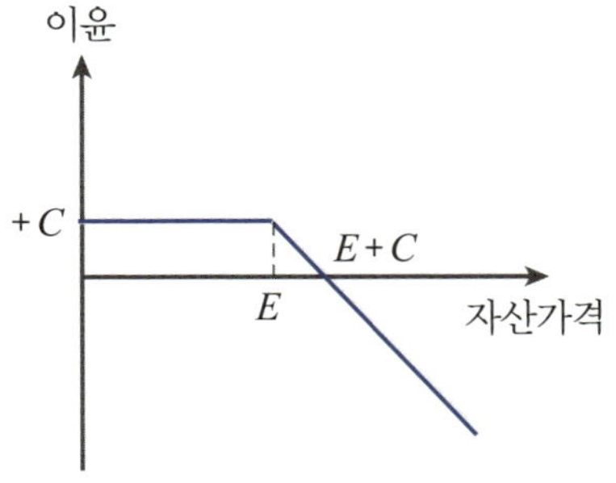

그림 11-3 **풋옵션 매입**

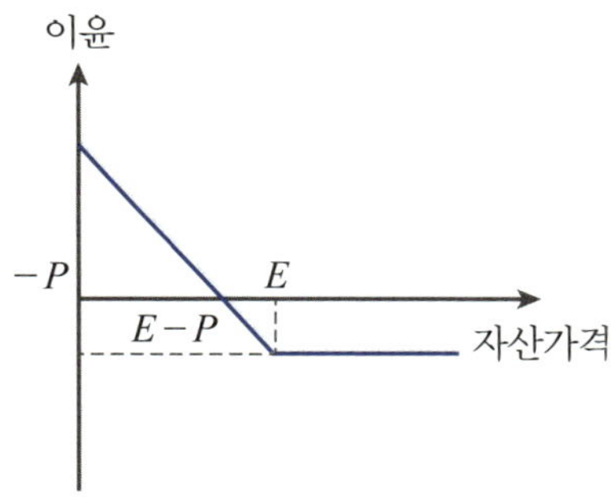

그림 11-4 **풋옵션 매도**

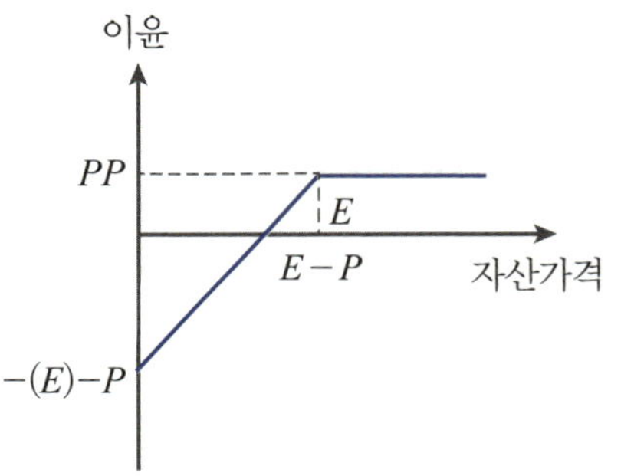

풋옵션은 매입과 매도에 따른 기본 포지션의 예상 손익은 [그림 11−3]과 [그림 11−4]와 같다.

(2) 헤지 포지션(Hedged Position)

헤지 포지션이란 해당 자산과 옵션을 결합하여 자산의 불리한 가격변동에서 오는 손실을 일정수준에서 고정시키거나 제거하는 거래전략을 말한다. 가령 A기업의 주식과 이 주식에 대한 풋옵션을 동시에 매입하게 되면 A기업의 주식가격이 하락하여도 그 손실 폭을 제거할 수 있다. 왜냐하면 풋옵션은 해당 자산인 A기업의 주식가격이 하락하면 이윤을 얻을 수 있고 이 이윤으로

그림 11-5 헤지포지션의 실례

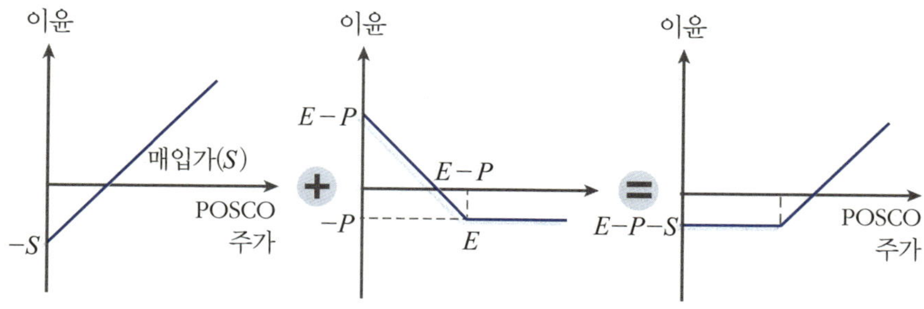

보유하고 있는 A기업 주식의 손실 폭을 충당할 수 있으므로 주가가 하락하여도 손실을 보전할 수 있기 때문이다. 그러나 반대로 주가가 상승할 경우에는 보유하고 있는 주식의 가치상승으로 이익이 발생하며 보유하고 있는 풋옵션은 권리행사를 포기하여 손실 폭을 풋매입에 지불한 프리미엄에 한정시킴으로써 전체적인 이익을 올릴 수 있는 역할을 한다.

이를 그림으로 표시하면 [그림 11–5]와 같다.

(3) 스프레드 포지션

스프레드 포지션(spread position)이란 한 종류의 옵션을 매입하고 동시에 다른 옵션을 매도함으로써 두 옵션 간의 가격차이를 이윤화하려는 투기전략이다. 스프레드 포지션은 구성하는 방법에 따라 수많은 종류가 있으며 각 종류마다 의도하는 목적이 다르므로 거래에 임하는 당사자가 자신의 목적에 부합하는 종류를 선택적으로 이용하여야 한다. 따라서 그 구조가 복잡하게 연결되고 전문성을 요구하는 거래전략이다.

알고 갑시다

- **포트폴리오 보험**(portfolio insurance)

예상하지 않은 손실에 대하여 그만큼 보상하여 주는 보험의 개념을 주식에 도입하여 사용하는 것을 포트폴리오 보험이라고 한다. 즉, 보유하고 있는 주식가격의 하락에 따른 손실 폭을 다른 투자수단으로부터 얻는 이익으로 보충하여 손실폭을 제거하거나 한정하고 주가의 상승시기에는 보유하고 있는 주식의 가치상승에 동반하여 이득을 올리는 것이 포트폴리오 보험이다.

상기의 헤지 포지션은 주식과 풋옵션을 동시에 매입하여 주가 하락시에는 손해 폭을 고정시키고 주가 상승시에는 주가상승에 동반하여 이득을 올리는 포트폴리오 보험의 개념을 제공하여 주는 거래전략이다. 다른 말로는 보호적 풋(protective put)이라고 한다.

알고 갑시다

- **한국거래소에서 거래되는 파생상품**(2014년 1월 기준)

	선물	옵션
주가지수상품	코스피200선물	코스피200옵션
	코스피200섹터지수선물	
	배당지수선물	미니코스피200옵션
	미니코스피200선물	
	코스닥선물150	
	KRX300선물	코스닥150옵션
	유로스톡스50선물	
변동성지수상품	코스피200변동지수선물	-
개별주식상품	개별주식선물(138개)	개별주식옵션(33개)
ETF상품	ETF선물	
채권/금리상품	3년국채선물	-
	5년국채선물	
	10년국채선물	
	상품간스프레드	
통화상품	미국달러선물	미국달러옵션
	엔선물	
	유로선물	
	위안선물	
comodity 상품	돈육선물	-
	금선물	

제 12 장

금융상품

1. 금융상품의 의의
2. 수익증권
3. 뮤추얼펀드
4. 주가지수 관련 간접상품
5. 랩어카운트
6. 단기 금융상품
7. 부동산, 선박투자회사

금융기관들은 투자영역의 확대를 통한 수익성의 향상과 일반투자자에게 증권투자의 간접적 기회를 제공할 목적으로 다양한 금융상품을 개발하여 판매하고 있다. 증권분석에 미숙하거나 시장의 변동성이 증대하여 투자에 대하여 위험부담을 느끼는 투자자는 증권 관련 금융상품을 매입함으로써 위험을 금융기관에게 전가하거나 감소시킬 수 있다. 그러나 현재 다양한 금융상품이 판매되고 있음에도 불구하고 이를 잘 활용하지 못하고 있는 실정이다. 따라서 본장에서는 증권 관련 금융상품에 대하여 자세히 알아보고 자신의 투자목적에 부합하는 상품을 선택할 수 있도록 하는 데 그 초점을 둔다.

1 금융상품의 의의

인플레이션과 경기파동의 심화, 국제 외환시장에서 불안감의 증대에 따른 국내파급효과, 그리고 국내 · 외의 거시경제변수의 변동성이 과거 어느 때보다 증대함에 따라 주가의 예측이 점점 어렵게 되고, 주가 변동성의 증대는 일반투자자의 불안을 가중시켜 증시 자체를 기피하는 경향이 나타나게 된다. 투자자의 증시 기피는 금융기관의 수익을 악화시키고 제조산업의 자금조달을 어렵게 하여 산업을 마비시키는 경우로 발전될 가능성이 있다.

금융상품은 정보수집 및 분석력에 있어서 개인보다 우월한 기관에게 위험을 전가시켜 효율적으로 투자를 관리할 수 있도록 하는 가교역할을 함과 동시에, 일반투자자의 증시이탈을 방지할 수 있는 방파제의 기능을 가지고 있다. 투자자의 증시이탈을 방지함으로써 금융기관은 수익구조의 안정화를 기할 수 있으며 일반투자자에게는 각자의 투자선호도와 투자목적에 따라 다양한 상품을 선택할 수 있는 기회를 제공한다.

물가 · 금리 · 환율 · 주가 등의 변동 폭이 증가함에 따라 직접적 증권투자에서 안정적인 수익을 제공하는 수익증권(income securities) 등의 간접투자로 투자자의 선호도가 변화하고 있으며 이는 금융상품의 발달을 가속시키는 촉매작용을 하였다. 이와 동시에 증시 전체 거래량에서 많은 부분을 차지하여 증권시장의 가격과 거래에 현저하게 영향력을 행사하는 증시의 기관화(institutionalization) 현상은 일반투자자로 하여금 금융기관의 상품에 대한 의존도를 더욱 높이게 하였다.

금융상품을 선택할 때 고려하여야 할 기준으로 유동성(liquidity), 수익성(profitability), 안정성(stability), 그리고 세제혜택(tax) 등이 있다. 높은 유동성이란 거래가 활발하여 상품과 현금 간에 전환이 용이한 것을 말하므로 투자자금의 장 · 단기적 성격에 따라 고려되어야 하며, 수익성과 안정성은 상호 배타적인 상반관계에 있으므로 투자자의 위험에 대한 선호와 투자자금의 성격에 따라 적정한 상품을 선택하여야 한다. 마지막으로 투자수익에 대하여 세금 감면 및 면제의 혜택이 부여된 상품이 있으므로 이를 고려하여야 한다.

2 수익증권

1) 의미

수익증권(beneficiary certificate)은 일반적으로 펀드라고 한다. 이는 투자자가 직접 투자를 할 경우 전문지식이 부족하거나 다양한 증권을 매입하여 투자위험을 분산하기에는 자금의 규모가 작을 때 자산운용회사 등이 많은 투자자로부터 대규모의 자금을 조성하여 주식 및 채권 등의 유가증권, 파생상품, 그리고 부동산 등에 분산 투자하여 얻은 수익을 투자자에게 그 실적에 따라 배당하는 금융상품을 말한다. 수익증권은 자산운용사의 고유한 업무이지만 금융투자회사도 수익증권을 매매할 수 있다. 그러나 금융투자회사는 수익증권을 판매하여 투자자금을 모집하고, 자산운용을 자산운용회사에게 위탁하고 그에 따른 수익금을 투자자에게 돌려주게 된다.

펀드는 다수의 일반투자자로부터 소규모의 자금을 조달하여 공동기금을 만들고 이를 특정 전문기관이 관리 운영하므로 일반투자자 개인이 투자하는 것보다 효율성이 높으며 신탁된 대규모 자금으로 분산투자하여 투자에 따른 위험을 감소시키는 역할을 한다. 그리고 소규모의 자금을 가진 투자자가 직접 투자할 수 없는 자산(예; 원유, 고무 등 원자재)도 해당펀드에 가입함으로써 투자가 가능하다. 즉 투자자의 요구에 부응하는 다양한 펀드가 존재한다. 그리고 펀드의 가치는 공시되므로 투자자는 운영성과를 직접 확인할 수 있으므로 선명성이 높다.

반면 펀드의 판매와 관리비용이 상당히 소요되는 단점도 있다. 투자자를 모집하는 펀드의 판매인에게 지급할 보수, 그리고 펀드 운용회사의 펀드운용과 관리에 따르는 비용 등을 펀드 가입자들이 부담하여야 하므로 상황에 따라 시장은 상승세인데도 불구하고 투자원금의 훼손, 시장에 비하여 낮은 수익률을 기록하는 경우도 발생하며, 펀드상품에 따라 해약에 따른 불이익도 있을 수 있다.

(2) 펀드의 종류

가. 투자대상에 따른 분류

펀드는 어떤 곳에 투자하는가에 따라 다양한 종류가 있다. 펀드의 종류는 투자대상에 따라 주식이나 채권 등의 증권에 투자하는 증권펀드, 파생상품에 투자하는 파생상품 펀드, 부동산에 투자하는 부동산 펀드, 선박, 석유, 금 등의 실물자산에 투자하는 실물펀드, 수익권 및 출자지분 등에 투자하는 특별펀드, 단기금융상품에 투자하는 MMF, 그리고 다른 펀드에 다양하게 분산 투자하는 펀드의 펀드 등이 있다. 투자대상에 따른 펀드의 종류와 특징은 〈표 12-1〉과 같다.

표 12-1 투자대상에 따른 펀드의 종류와 특징

종류	투자대상	주요내용
증권펀드	주식, 채권, 주식채권혼합	주식펀드는 주식에 60%이상하므로 위험이 높고 반면 고수익을 추구하며, 채권형펀드는 채권에 60%이상을 투자하며 채권이 주식에 비하여 투자원금의 회손 위험이 적고 변동성이 낮으므로 안정성이 높고, 지는 성격채권에 60%이상, 혼합형펀드는 주식에 60% 이하를 투자하며 채권의 안정성과 주식의투자의 수익성을 동시에 고려
파생상품펀드	선물, 옵션 등 파생상품	파생상품을 통하여 원하는 형태의 수익을 추구하기 위하여 구조화(structured) 하는데, 위험이 극히 높아 경우 고수익을 얻을 수도 있지만 대규모의 손실을 당할 수 도 있음
부동산펀드	부동산	부동산의 매입, 개발 등을 통한 수익을 목표로 운영하며, 투자대상이 부동산이므로 현금화하는유동성이 증권 및 파생상품펀드보다 낮음
실물펀드	선박, 석유, 금 등	실물자산에 투자하는 것으로 장기투자를 통한 수익을 추구하고 환금성이 낮음
특별자산펀드	수익권 및 출자지분 등	미래 성장 가능성이 있는 기업 등에 투자하므로 장기적이며, 기업의 경영성과에 따라 출자지분의 가치가 결정
펀드의펀드	다른 펀드	재간접펀드라고도 하며 상기에 언급된 여러 가지 펀드에 분산투자하여 펀드 수익의 안정성을 추구하려는 펀드
MMF	단기금융상품	보통예금과 같이 수시 입출입이 가능하며, 주로 단기 회사채 등에 투자하여 얻는 수익을 배분하는 형태이므로 예금은 원금이 보장되지만 이는 원금 훼손의 가능성도 가지고 있음

나. 투자대상, 운용전략 및 구조에 따른 펀드의 다양한 형태

펀드는 운용대상 자산에 따라 구분되기도 하지만 운용하는 전략과 구조에 따라 다양한 형태의 펀드가 있다. 현재 시장에서 많이 거래되고 있는 대표적인 펀드의 종류와 특징을 살펴보면 다음과 같다.

① 인덱스펀드

인덱스펀드(index fund)는 특정지수의 수익률을 목표로 운용되는 펀드를 지칭한다. 예를 들어 KOSPI 200 지수의 수익률을 목표로 운용되는 펀드는 조성된 자금으로 KOSPI 200 종목에 편입되는 주식들에 잘 분산하여 투자하면 이 펀드의 수익률은 KOSPI 200 지수의 수익률과 유사하거나 동일하게 된다. 시장흐름에 따라 수익률을 추구하는 이러한 투자전략을 소극적 투자전략(passive strategy)이라고 하며 시스템에 의해 운영되며 다른 펀드에 비하여 수수료가 저렴하다. 이러한 인덱스펀드는 거래소에 상장하여 주식 형태로 거래하면 상장지수펀드(ETF: Equity Traded Fund)라고 한다. 현재 다양한 형태의 상장지수펀드가 거래소에 상장되어 거래되고 있으며 상장지수펀드의 이름을 보면 어떤 지수를 목표로 하는지 알 수 있다. [그림 12-1]에 다양한 상장지수펀드를 예시하고 있는데 'KODEX 200'은 KOSPI200 지수의 수익률과 동일하거나 유사하게 수익률을 목표로 하는 상장지수펀드의 이름이다. ETF에 대하여 추후에 자세히 살펴보기로 한다.

② 전환형 펀드

전환형 펀드는 우산펀드(Umbrella Fund)라고도 하며, 펀드의 신탁약관이 정한 바에 따라 각 펀드의 투자자에게 펀드 판매회사가 제시하는 펀드내에서 자유롭게 다른 펀드로 전환할 수 있는 권리가 부여된 펀드이다. 예를 들어 신탁약관에 주식과 채권형 펀드를 자유롭게 전환할 수 있는 권리가 부여되어 있는 전환 펀드라면 투자자는 주식시장이 좋을 때 주식형 펀드를 선택하였다가 주식시장이 하락할 때는 채권형으로 전환하여 수익률을 자기의 책임으로 관리할 수 있다.

그림 12-1 상장지수펀드의 예시

(기준시간 2014. 01. 27 14:09 장중)

종목명	현재가(원)	전일비	등락율	거래량	시가종액(억원)
KODEX 200	25,190	▼300	-1.18%	13,259,457	42,773
TIGER 200	25,235	▼320	-1.25%	1,907,302	23,998
KODEX 레버리지	11,060	▼270	-2.38%	34,563,736	21,501
KODEX 단기채권	100,255	▼5	0.00%	19,769	10,019
KINDE 200	25,280	▼280	-1.1%	246,912	8,406

③ 구조화 펀드

구조화 펀드(structured fund)는 펀드의 수익구조가 이미 구조적으로 정하여져 있는 펀드를 말한다. 구조화펀드는 투자자의 요구에 맞춰 주식, 상장지수펀드(ETF), 선물 및 옵션 등을 적절히 조합하여 자금을 운용하고 있다. 이 펀드의 특징은 투자자가 원하는 수익을 달성하기 위하여 다양한 금융상품을 이용한 맞춤형 상품이다. 그러나 투자자가 원하는 수익이 높을수록 그에 따른 높은 위험도 감수하여야 하므로 위험과 수익률에 따른 투자자의 기호에 따라 선택되는 상품의 종류가 달라진다. 그 결과 만기 혹은 환매 시에 투자한 금융상품의 가치가 예상과 달리 큰 폭으로 상승 혹은 하락할 경우 손실이 발생할 수 있다.

④ 원금보존 추구형 펀드

원금보존 추구형 펀드의 대표적인 종류에는 ELF(Equity Linked Fund)와 ELS(Equity Linked Security) 등이 있는데, 원금이 보장되는 원금보존형과 원금은 보장되지 않으면서 해당 주가가 일정수준 이상이거나 이하일 경우 일정금리와 함께 상환되는 조기 상환형이 있다. 이는 펀드자산의 대부분을 채권에 투자하고 나머지를 주식 또는 선물, 콜옵션 풋옵션 등의 파생상품에 투자하여 운용되고 있다. ELF, ELS, 그리고 ELD 등은 뒤에서 다시 자세히 다루기로 한다.

⑤ 모자형 펀드

모자형 펀드(master-feeder fund)는 모펀드(master fund)와 자펀드(feeder fund)를 설정하고 자펀드는 모펀드의 간접투자증권만을 취득하는 펀드이다. 투자자가 자펀드에 가입하면 자펀드의 투자자금은 모펀드에 투자되고 여러 개의 자펀드로부터 들어와 모아진 모펀드의 자금은 다양한 자산에 투자되어 운용된다. 예를 들어 기업 A, B, C가 퇴직연금 설계하면 각 기업에 해당하는 자펀드 A, B, C가 만들어지고 운용회사는 이 자펀드 A, B, C를 한데 모아 모펀드를 구성하고 운용하는 형태이다.

알고 갑시다

- **성장형/ 안정성장형/ 안정형 펀드**

주식형 펀드는 다시 주식 편입비율에 따라서 성장형, 안정성장형, 안정형 등으로 구분된다. '성장형 펀드'란 주식편입비율을 70%이상 유지하여 고수익을 추구하는 펀드이며 주가가 오르면 큰 수익을 얻을 수 있지만 주가가 떨어지면 원금의 상당액이 훼손될 수 있다. '안정성장형'은 주식편입비율 50% 내외인 상품으로 성장형에 비해 주가 상승시 수익률 상승폭은 작지만 주가 하락시 수익률의 급격한 하락은 방지될 수 있다. '안정형'은 주식 편입비중이 30% 이내의 저편입 주식형이나원금보존형 펀드 및 공사채형과 같이 원금손실 가능성이 낮아 확정금리 형태의 수익률을 지급하는 상품을 말한다. 따라서 안정형은 주식보다는 안전한 국·공채나 회사채에 투자비중이 높기 때문에 원금 손실 가능성이 거의 없는 대신 주가상승기에는 안정성장형이나 성장형에 비해 수익률이 낮다.

3 뮤추얼펀드

뮤추얼펀드는 증권투자회사를 지칭하여 일컫는 회사형펀드(corporate fund)이다. 뮤추얼펀드 자체가 하나의 명목상 투자회사(paper company)이므로 사장 및 감독이사 등의 구성원으로 이루어져 있다. 증권회사에서 설립한 뮤추얼펀드는 발매는 증권회사 창구에서 하고 운용은 투자신탁회사에서 하며, 현재 증권회사, 자산운용회사, 투자신탁회사 등에서 다양한 뮤추얼펀드가 취급되고 있다.

뮤추얼펀드와 헤지펀드(hedge fund)를 혼동하는 경우가 많은데 헤지펀드의 성격을 보면 뮤추얼펀드와 다른 특징이 있다. 헤지펀드는 일반적으로 유동자산이 100만달러 이상인 특정 부유자산가들의 자금과 헤지펀드 운용사의 자기자금으로 구성하여 막대한 고수익을 위해 주식, 채권, 파생상품, 통화

표 12-2 뮤추얼펀드의 예시

펀드명	운용사	펀드명	운용사
Pru나폴레옹FREE주식 1A	푸르덴셜	(M)태광하이클래스채권혼합	태광
맵스KBI플러스주식 1(CLASS-A)	미래에셋(맵)	마이다스블루칩배당혼합 C	마이다스
PCA업종일등주식D-1클래스A	PCA	프라임배당혼합	신영
랜드마크미래만들기주식근로자 1	랜드마크	동양모아드림30혼합 1	동양
삼성우량주장기-CLASS A	삼성	KTB온누리혼합투자신탁	KTB
CJ카멜레온주식 1	CJ	칸서스배당주적립식혼합 1	칸서스
한국삼성그룹적립식주식 1	한국운용	클래스원아름다운실버배당혼합 1	대한
CJ행복만들기주식 1	CJ	농협CA종자돈적립고배당혼합 1	농협CA
마이다스블루칩배당주식 C	마이다스	(M)태광업그레이드혼합형투자회사	태광
미래에셋플래티늄랩주식 1	미래에셋(자)	현대HR30주식혼합 1	현대와이즈
칸서스하베스트적립식주식 1	칸서스	랜드마크1억만들기고배당혼합 1	랜드마크
동양모아드림주식 1클래스A	동양	미래에셋솔로몬채권혼합K-1	미래에셋(투

등에 투자하는 위험이 아주 높은 펀드이다. [표 12-3]과 같이 뮤추얼펀드와 헤지펀드는 여러 가지 측면에서 비교된다. 뮤추얼펀드 운영자는 관리수수료 위주로 보상을 받지만, 헤지펀드 운용자는 실적에 따라 성과급보상을 받는다는 것이 특이하다.

표 12-3 헤지펀드와 뮤추얼펀드의 비교

구 분	뮤추얼펀드	헤지펀드
투자자보호	엄격	완화
투자기간	중장기	단기
투자자모집	공모	사모
자기자금출자	불가	가능
정보공개	공개	비공개
투자수익평가	상대평가	절대평가
투자규제	위험자산 투자 규제	비규제
보상체계	수수료	기본급+성과급

알고 갑시다

- **헤지펀드**(hedge fund)

1949년 미국의 투자자 Alfred Johns는 주가하락시 이익을 얻을 수 있는 공매와 주가상승시 이익을 얻는 신용매입을 동시에 구사하여 주가 등락에 관계 없이 수익률을 헤지하는 펀드를 운용한 것이 헤지펀드의 효시이다. 그러나 헤지펀드는 성격이 바뀌어 고수익을 목표로 하는 단기투기자금을 대표하고 있으며, 영국의 파운드화 위기때 조지소로스의 퀀텀펀드는 일시에 15억 달러를 벌어 세계의 주목을 받았다. 동남아시아 외환위기의 주범이 헤지펀드를 포함한 국제적 단기투기자금(hot money)이라고 주장하는 학자도 있다. 현재 전 세계적으로 3,000억~4,000억 달러 정도로 추산되고 있지만 공식적 집계는 불가능하다. 왜냐하면, 미국 증권관리위원회(SEC)에 보고의무가 없기 때문이다. 헤지펀드는 일반적으로 세금을 회피할 수 있는 지역에 서류상의 회사를 설립하여 실제 운영은 전 세계 주식 및 외환시장에서 이루어지고 있다.

4 주가지수 관련 간접 상품

1) 상장지수펀드

상장지수펀드(ETF: exchange traded fund)는 주가지수와 연동하여 운영하는 인덱스펀드를 기초로 발행한 ETF증권을 상장하여 일반주식처럼 매매하는 것이다. 즉, ETF는 투자위험을 분산시키는 인덱스 펀드의 성격을 가지면서도 주식과 같이 거래되기 때문에 유동성과 투자의 용이성 면에서 기존의 인덱스 펀드보다 더 우수하다고 할 수 있다. 또한 거래시 발생하는 수수료도 기존의 인덱스 펀드에 비해 저렴하다. 현재 한국거래소에서 거래되고 있는 대표적인 ETF로는 KOSPI 200지수를 추종하는 KODEX 200과 KOSEF 200 등이 있다.

표 12-4 ETF와 다른 상품 비교

항 목	ETF	다른 상품
투자위험	시장위험	개별종목 : 시장위험+개별종목위험
위험분산	소액으로도 지수 전 종목 투자 효과	개별종목 : 소액으로 분산 투자 어려움
거래비용	거래세 없음	개별종목 : 매도시 거래세 부과
투자방법	발행시장, 유통시장 참여	일반펀드 : 발행시장만 참여
투명성	높음	일반펀드 : 낮음
자산평가	실시간 평가 및 거래 가능	일반펀드 : 익일 이후 평가가격 산출 특히 환매시 시차 발생에 따른 가격 위험 발생

자료 : 우리투자증권

2) 주가연계증권(ELS)과 파생상품연계증권(DLS)

주가지수연계증권(ELS: Equity Linked Securites)은 재정경제부령이 정하는 금융기관이 발행하는 증권으로써 특정 주권 또는 다수 주권의 가격이나 주가지수의 수치의 변동에 따라 지급이익이 결정되는 증권을 말한다.

즉, 이 상품의 수익은 주식 관련 자산과 연계되어 있다. 그렇다고 주가가 오르면 무조건 수익이 나는 것은 아니다. 상품에 따라서는 오히려 주가가 떨어졌을 때 이익이 나도록 설계된 것들도 있다. 따라서 ELS에 가입할 경우에는 그 상품의 수익이 주가의 움직임에 따라 어떻게 움직이도록 설계되어 있는지를 살펴봐야 한다.

또 하나 유의점은 무조건 원금이 보장되는 것은 아니라는 점이다. 상품설계에 따라 원금보장형, 부분보장형, 원금 비보장형으로 나뉘는데 최근에 많이 판매되고 있는 조기상환형 ELS는 부분보장형에 속한다. 예를 들어 KOSPI 200 조기상환형 ELS의 경우 가입 6개월 후 KOSPI 200 지수가 가입 당시보다 오르면 연 9.4%로 조기상환되고, 조기상환요건이 충족되지 않을시에는 다음 6개월 후로 연기되는 등 6개월 단위로 조기상환이 결정된다. 그런데 만일 조기상환 되지 않고 만기까지 가게 되면 3년간 KOSPI 200 지수가 30% 이상 하락한 적 없을 경우에 한해 원금을 보장받는다.

표 12-5 ELS와 유형과 수익구조

유 형	수익구조
넉아웃형	만기까지 주가지수 상승률이 단 한 번이라도 미리 정해 놓은 수준에 도달하면 만기수익률이 결정됨
불스프레드형	만기시점 주가지수 상승률에 비례해 수익률 결정
리버스컨버터블형	미래 정해 놓은 하락 폭 밑으로만 빠지지 않는다면 주가지수가 일정 부분 하락해도 약속한 수익률 지급
디지털형	만기시점 주가지수가 미리 정해 높은 상승률 구간을 넘어설 때만 수익률이 뛰어오르는 형태

ELS는 파생상품(옵션)과 결합되어 있어 결합된 옵션에 따라 다양한 수익구조의 상품으로 설계될 수 있다. 파생상품과 결합한 금융상품을 DLS (Derivative Linked Security)라고 한다. ELS의 발행 유형으로는 크게 넉아웃형, 불스프레드형, 리버스컨버터블형, 디지털형 등으로 구분된다. 현재 국내 시장에서 발행되고 있는 ELS는 대부분 넉아웃형이나 디지털형에 해당한다.

넉아웃형은 투자기간 중 주가지수가 정해진 상한가격에 도달하지 못한 경우에는 만기 시점의 주가지수 상승률에 따라 수익률이 결정되고, 투자기간 중 한 번이라도 상한 가격에 도달하면 계약시 정한 수익을 보장하는 상품이다. 반면 디지털형은 만기 시점의 주가지수가 미리 정한 수준보다 높으면 약정한 수익을 지급하고, 아니면 원금만 되돌려 받는 것이다.

표 12-6 주가연계상품 비교

구 분	ELS	ELD	ELF
운용회사	장외파생금융 인가받은 증권사	은행	투신사
투자형태	유가증권 매입	정기예금 가입	수익증권 펀드 가입
만기수익	지수에 따라 사전에 제시한 확정 수익 지급	지수에 따라 사전에 제시한 확정 수익 지급	운용성과에 따라 실적배당
상품구조	채권+옵션 등 파생상품	예금+주식워런트	채권 + ELS 또는 주식워런트
상품의 다양성	저위험, 저수익의 안정형 부터 고위험, 고수익의 공격형까지 다양한 상품 개발 가능	100%원금 보장의 보수적인 상품만 가능	〈상품의 다양성 정도〉 ELD<ELF<ELS
환금성	거래소에 상장되므로 증권매매를 통해 가능 (매수/도 호가 차이 존재)	중도 해지 가능 (해지 수수료 有)	중도 환매 가능 (환매 수수료 有)
원금보장 여부	원금보장 가능(상품에 따라 원금보장 및 원금손실가능상품 존재)	원금 100% 보장	원금보존 추구(운용성 과에 좌우되므로 원금 보장 확약 불가)
예금보호	없음	보호대상	없음

자본시장법의 개정으로 원금보장형 ELS와 DLS는 원금이 보장되므로 채권의 성격이 있다는 의미에서 ELB(Equity Liked Bond)와 DLB(Derivative Linked Bond)라고 명칭을 변경하여 부르고 있다.

3) 주가연계예금(ELD)

주가지수연계정기예금(ELD: Equity Linked Deposits)은 투자원금 중 일부를 원금이 보장되는 이자율로 정기예금에 넣은 뒤 나머지 돈으로 주가지수옵션 등에 투자하여 만기 때 원금을 보장하면서도 이자수익으로 주가지수에 연동해 추가수익을 지급하는 예금상품이다. 주가지수에 따라 수익률을 추가 적용받을 수 있다는 점에서 ELS와 유사하지만 은행에서 판매하는 예금으로서 원금보장이 확실하고 예금자보호법에 의해 보호를 받을 수 있기 때문에 안정성면에서는 더 우수하다고 할 수 있다. 반면 ELS에 비해 수익률이 다소 떨어지며 상품이 다양하지 못하다.

4) 주가연계펀드(ELF)

투신사에서 발행되는 주가연계펀드(ELF: Equity Linked Fund)는 대부분의 펀드자산을 국공채나 우량회사채 등 안전성이 높은 채권에 투자하여 원금보전을 추구하면서 나머지 잔여재산을 증권사에서 발행하는 ELS나 주식워런트에 투자하여 펀드수익률이 주가에 연동되도록 설계된 펀드이다. ELF는 운용실적에 따라 수익률이 달라지면 원금손실을 볼 수도 있다.

5) 주식워런트증권(ELW)

주식워런트증권(ELW: Equity Linked Warrants)은 특정 주가 또는 주가지수의 변동에 연계하여 미리 정해진 방법에 따라 만기시 주권의 매수 또는 현금을 수수하는 권리가 부여된 신종증권이다. ELW는 삼성전자, 현대자동차 등과 같은 고가주를 적은 금액으로 매수하는 효과를 갖는다. 예를 들어 현대자동차 보통주에 직접 투자할 경우와 현대자동차 ELW에 투자할 경우의 투자금액과 투자수익률을 비교해 보자. 현대자동차 보통주를 시장에서 주당 7만 2,000원에 매수하여 1년 후 주가가 9만원이 되면 투자수익은 1만 8,000원(9만 원~7만 2,000원)으로 투자수익률은 25%(1만 8,000원/7만 2,000원)가 된다. 이에 반해 현대자동차 보통주를 1년 후 8만원에 매수할 수 있는 권리인 ELW를 5,000원에 매수한다고 가정하면 1년 후 주가가 9만 원이 되었을 때 투자수익은 5,000원(9만 원~8만 원~5,000원)이지만 투자수익률은 100%(5,000원/5,000원)가 된다.

발행된 ELW는 거래소시장에서 거래할 수 있지만 주식이 아니기 때문에 주주로서의 의결권을 행사하거나 배당금을 받을 수는 없다.

5 랩어카운트(Wrap account, 종합자산관리계좌)

랩어카운트는 증권사가 고객 예탁 자산을 고객의 투자 성향에 따라 배분하고 운용하는 등 통합적으로 관리해 주고 수수료(commission)가 아닌 일정 수준의 보수(fee)를 받는 종합자산관리계좌이다. 일임의 정도에 따라 자문형과 일임형으로 구분한다. 자문형 랩어카운트는 금융자산관리사(FP: financial planner)가 자산운용에 대해 고객에게 자문만 하고, 최종 결정은 고객이 한다. 반면 일임형 랩어카운트는 FP가 고객의 투자와 관련하여 모든 권한을 일임받아 대리권을 갖고 자산관리를 관리한다. 랩어카운트에 투자하기 위해서는 우선 투자자가 증권사를 직접 방문하여 FP와 면담을 통하여 설문지를 작성한 후 계좌신청서류를 작성하고 투자금액을 납입해야 한다.

표 12-7 일임형 랩어카운트의 예시

증권회사	상품명	특 징
교보	노블레스랩	고객 성향에 따른 자산 포트폴리오 구성
대우	마스터랩	대표기업 지수형 등 9가지, 자산관리 A/S를 통한 사후관리
삼성	삼성랩	랩운영위원회에서 편입종목, 전략 결정
현대	유퍼스트랩	주식에 투자하는 스톡랩, 펀드랩, 채권형 본드랩 등 3가지
LG	Wm랩	절대수익 추구 세이프플러스, 고액자산가를 위한 노블레스

6 단기 금융상품

1) 환매조건부채권

(1) 의의

환매조건부채권(RP: bond with repurchase agreements)이란 채권을 일정기간 후에 특정 가격으로 다시 매입 또는 매도할 수 있는 조건이 부여된 채권을 말한다. 환매조건부채권 매매는 당초의 매도자가 일단 채권을 재매입 조건부로 매도하였다가 일정기일이 지난 후에 동일한 채권을 다시 재매입하거나, 혹은 당초의 매입자가 일단 채권을 재매도 조건부로 매입하였다가 나중에 다시 매도하는 영업활동을 말한다. 즉, 금융투자회사가 단기적으로 자금이 필요한 경우 자기매매로 보유하고 있는 채권을 일정기간 후에 다시 매입한다는 조건으로 매도하여 필요한 자금을 조달할 수 있으며, 단기적인 여유자금이 있을 때에는 채권매도자에게 나중에 다시 판다는 조건으로 채권을 매입한다. 따라서 이 제도는 매매 취급기관이 보유하고 있는 채권을 일정한 기간 동안 유통시킴으로써 단기자금을 조달할 수 있게 하고, 단기 여유자금을 보유하고 있을 때에는 일정기간 동안 채권에 투자하여 단기자금 운용의 효율성을 높이는 기능을 한다.

(2) 대상채권 및 거래상대방

환매조건부채권 매매의 대상은 국채, 지방채, 특수채와 상장법인 및 등록법인이 발행한 채권으로 전환권행사 청구기간이 경과하지 않은 전환사채(CB: convertible bond)는 제외되고 있다. 환매조건부채권 매매는 그 종류에 따라 거래상대방이 다르다. 매도의 경우 일반법인 및 개인도 거래상대방이 될 수 있으나, 매수의 경우에는 거래 상대방이 당초의 약정을 위반할 위험이 있어, 거래상대방을 책임성 있는 법인으로 제한하고 있다.

(3) 운영과 효과

환매조건부채권 매매단위는 1만원이며 약정기간은 1일 이상 1년 이내를 원칙으로 하나 재연장이 가능하다. 환매조건부채권 매매는 취급기관과 거래상대방에게 단기적으로 자금을 조달하는 것이므로 자금을 사용하는 대가인 이율이 필요하다. 이를 매매이율이라고 하며 증권관리위원회 위원장이 정하도록 되어 있다. 매매이율은 환매조건부채권 매도와 매수에 따라 다르다.

환매조건부채권 매도의 경우는 취급기관이 거래상대방인 법인이나 개인투자자에게 일시적으로 보유하고 있는 채권을 양도하고 자금을 조달하는 것으로 볼 수 있어 매매취급기관의 입장에서는 수신업무와 동일하다. 반대로 환매조건부채권 매입은 거래상대방인 법인에게 그들이 보유하고 있는 채권을 양도받고 자금을 대여해 주는 역할을 하므로 취급기관의 입장에서 여신업무이다. 은행에 자금을 예금할 때보다 자금을 빌려 쓸 때의 이자가 높은 것과 마찬가지로 환매조건부채권 매입이율이 환매조건부채권 매도이율보다 높다.

환매조건부채권 매매는 투자자에게 고수익성의 확보와 거래의 안정성을 가져다주며 환금성이 높으므로 투자성 있는 상품임과 동시에, 취급기관은 자금의 조달에 있어서 금융기관 의존도를 낮추어 자체적인 자금조달을 고조시키는 효과를 가지고 있어 경제성이 높은 상품이라고 볼 수 있다.

알고 갑시다

• **특수채**

특수채란 특별법에 의하여 설립된 특별법인이 발행한 채무증권으로 대체로 특별한 목적을 가지고 발행된다. 산업은행이 투자재원 조달을 목적으로 발행한 산업금융채권, 주택자금의 지원을 위해 발행한 주택채권, 통화관리를 목적으로 발행한 통화안정채권 등이 이에 속한다.

2) 양도성예금증서

양도성예금증서(CD: certificate of deposit)는 정기예금에 유동성을 부여한 상품으로 은행이 예금자와 함께 이자, 만기, 액면 등 발행조건을 정하는 정기예금으로 유가증권은 아니지만 양도 가능한 상품이다. 금융실명제 이후 자금의 추적을 피하여 많은 음성자금이 유입되어 규모가 확대되었다.

양도성예금증서가 일반 정기예금과 다른 것은 무기명 할인식 양도가 가능하고 양도시에는 액면인 발행금액에서 이자를 차감하여 할인매출하며 매매대상의 제한이 없다는 점이다. 또한 2001년부터는 예금보험 보호 대상에서 제외되었다. 양도성예금증서는 시중은행 및 지방은행, 농 · 수 · 축협, 특수 및 외국은행에서 취급하며 발행한도는 없다. 액면 5천만원 권이 주종을 이루고 있어 5천만원 금액 단위로 투자해야 하기 때문에 그 이하의 금액은 투자가 불가능하다. 발행된 증서는 증권회사, 단자사, 종합금융회사 등의 영업창구를 통하여 매매되며 결제의 편리를 위하여 CD의 보관을 원하는 거래자에게는 실물의 보관증으로써 CD통장을 교부한다.

3) 기업어음

신종기업어음이라는 이름으로 발행되며 상업어음(CP: commercial paper)의 일종으로 무담보배서의 방법으로 판매되고 있다. 기업어음은 신용등급 A1에 D까지 6개의 등급으로 구성되어 있는데, 담보 없이 신용으로 발행되지만 때로는 금융기관의 지급보증을 첨부한 어음도 있다. 이 어음은 기업이 필요한 단기 운전자본의 용이한 조달을 위하여 도입되었으므로 수수료를 포함하더라도 은행의 차입비용보다는 낮아야 하지만 은행의 대출이 용이하지 않은 우리나라의 경우는 오히려 높은 경우가 많다.

어음의 발행 방법은 발행기업이 어음의 중개인수자 없이 직접 투자자에게 발행하는 직접발행과 발행된 어음을 일단 인수자가 인수한 뒤 투자자에게 판매하는 간접발행이 있다. 기업은 은행, 신용보증기금, 단자회사, 종합금융회사 등의 지급보증을 받아 기업어음을 발행할 수 있다.

증권사에서 취급하는 기업어음은 유가증권시장이나 코스닥시장에 상장된 기업으로 두 개 이상의 신용평가 전문기관으로부터 B등급 이상의 평가를 받은 기업어음 중에서 선별된 것이다. 거래금액은 액면기준 1억원 이상의 원단위로 거래된다. 만기까지 보유할 경우 확정수익이 발생하지만 발행회사가 부도날 경우에는 지급불능 상태가 생길 수 있으므로 발행사의 신용도를 잘 살펴야 한다. 또한 만기 전에 중도환매를 하면 투자수익률이 낮아질 수 있기 때문에 가급적 만기상환을 받는 것이 유리하다.

4) MMDA(시장금리부 수시입출금식 예금)

MMDA(money market deposit account)는 은행에서 취급하는 초단기 상품이다. 금액에 제한없이 통장을 개설할 수 있고 수시로 입 · 출금할 수 있으며 높은 이자를 지급한다는 점에서 저축예금과 차이는 없으나 예치금액에 따라 지급이자율을 차등한다는 점에서 다르다.

금리는 은행별로 자유화되어 있으며, 평잔액이 일정한도를 넘으면 보다 높은 금리를 적용한다.

5) CMA

어음관리계좌(CMA: cash management account)는 초기금융상품인데 미국에서 증권과 은행예금의 결합상품으로 개발되어 1977년부터 판매된 상품이다. 화폐시장에 직접 참여하기가 어려운 일반 투자고객을 위하여 금융기관이 다수의 고객으로부터 자금을 조달하여 이 자금을 주로 기업어음이나 통화조절용 채권 등 단기금융자산에 운용하고, 그 운용수익을 예탁기간에 따라 투자자에게 차등 지급한다.

CMA는 입출금이 자유로워 보통예금의 대체상품으로 이용되기도 한다. 보통예금의 경우 예금잔액이 10만원 이상일 경우 연간 0.1%의 금리를 적용받는데 반해 CMA는 1~7일만 맡겨도 높은 금리를 적용받는다. 또한 원리금 5천만원까지는 예금자 보호를 받을 수 있는 상품도 있으므로 안정성에도 일반 예금 못지 않다. 현재, CMA는 급여이체, 인터넷뱅킹, 결제대금 자동납부 등 다양한 서비스를 제공하고 있다.

6) MMF

1971년에 미국 증권회사가 최초로 도입한 상품으로, 우리나라에도 지난 96년 9월, 단기형펀드에 대한 수요확충과 장단기 금리의 안정을 도모하기 위해 도입된 단기금융시장상호기금(MMF: money market mutual fund)이다. MMF는 증권사에 취급하는 초단기 투자상품으로 원본의 안정성과 유동성을 보장함과 동시에 운용수익률을 올리려는 개방형 투자신탁의 일종이다. 저축자의 투자자금은 주로 국공채, CD, CP, BA 등에 투자하여 시중금리의 급상승시 예금금리를 상회하도록 고안된 상품이다. 개인이나 법인 누구나가 가입할 수 있고 투자기간은 1일 이상으로 수시입출금이 자유롭다. 그러나 MMDA나 CMA처럼 예금자보호를 받을 수는 없다.

알고 갑시다

- BA

  BA(bank acceptance)란 기업이 발행한 어음에 은행이 지급보증한 기업어음으로 무역어음에 많이 이용된다. 은행의 지급보증으로 신용도가 높으며 주로 기관투자가들의 투자대상인 상품이다.

7 부동산, 선박투자회사

부동산투자회사(REITs: Real Estate Investment Trusts)는 부동산 투자를 전문으로 하는 뮤추얼펀드이다. 소액투자자들로부터 자금을 모아 부동산이나 부동산 관련대출에 투자하여 발생한 수익을 투자자에게 배당하는 회사나 투자신탁으로 증권의 뮤추얼펀드와 유사하여 '부동산 뮤추얼펀드'라고 한다.

리츠는 설립형태에 따라 회사형과 신탁형으로 구분된다. 회사형은 뮤추얼펀드와 마찬가지로 주식을 발행하여 투자자를 모으는 형태로 투자자에게 일정기간을 단위로 배당을 하며 증권시장에 상장하여 주식을 사고 팔 수 있다. 신탁형은 수익증권을 발행하여 투자자를 모으는 형태로 상장이 금지되어 있다. 리츠의 특징은 주식처럼 소액으로도 부동산에 투자할 수 있어 일반인들도 쉽게 참여할 수 있으며, 증권화가 가능하여 증권시장에 상장하여 언제든지 팔 수 있다. 따라서 투자자는 주주로서의 권리를 가지며 만기에 상관없이 환금성을 확보할 수 있다. 한편 부동산투자회사와 유사한 것으로 선박투자회사도 있다. 이는 선박투자를 위한 펀드로 일반투자자(개인, 기관)로부터 자금을 모집하여 선박을 건조한 후, 이를 해운회사에 빌려주고 그 용선료를 투자자들에게 배당하는 방식으로 운용된다. 이는 대형 선박 1척의 건조에 엄청난 자금이 소요되므로 해운업체는 선박펀드를 통해 선박 건조 자금의 일부를 자본시장으로부터 조달할 수 있어 안정적으로 선박확보자금을 공급받을 수 있으며, 투자자는 선박건조로부터의 수입을 공유할 수 있다는 장점이 있다.

찾아보기

ㅂ

ㅅ

ㅇ

■ 저자소개

• 변종국(卞鍾國)

한국 외국어대학교 아랍어과 졸업
The University of Iowa at Iowa City(MBA)
The University of Maryland at College Park(국제재무 박사)
한국증권연구원 연구위원, 한국증권거래소 주가지수선물 개설협의회 위원
현, 영남대학교 경영학부 교수
E-mail: jcbyun@ynu.ac.kr

〈주요저서및논문〉 선물용어사전(공저, 대전서적, 1995)
현대투자론(공저, 대전서적, 1996)
경영분석과 시장환경분석(공저, 명경사, 2004)
기업재무관리(공저, 한국금융연수원, 2005)
The Equality of International Real Interest Rate : Cointegration and Error Correction Model
How Well Purchasing Power Parity Perform?
증시개방이 환율 · 통화량 · 주가에 미친 영향
현 · 선물간 선 · 후행성에 관한 연구 : 오차수정모형
주식수익률의 비대칭적 변동성의 결정요인에 관한 연구 외 다수

제3판 한 손에 잡히는 **증권시장**

2014년 2월 25일 초 판 1쇄 발행
2015년 7월 5일 제2판 1쇄 발행
2020년 2월 20일 제3판 1쇄 인쇄
2020년 2월 25일 제3판 1쇄 발행

저 자 **변 종 국**
발행인 **한 의 명**
발행처 **명 경 사**
주 소 : 경기도 파주시 탄현면 헤이리로 185, 40-27
전 화 : 02-2164-1591(代) 팩 스 : 02-2164-1594
Homepage : www.mkpub.co.kr
E-mail : mkspub@daum.net
등록 2000년 8월 9일 제 10-2024(倫)

• 정가 28,000원

ISBN 979-11-88052-27-1

이 도서의 국립중앙도서관 출판예정도서목록(CIP)은 서지정보유통지원시스템 홈페이지(http://seoji.nl.go.kr)와 국가자료공동목록시스템(http://www.nl.go.kr/kolisnet)에서 이용하실 수 있습니다. (CIP제어번호 : CIP2015017146)